중국인도 다시 읽는
중국 고전 I

이 상 옥 저

JEONJU UNIVERSITY PRESS
전주대학교 출판부

중국인도 다시 읽는 고전 시리즈

이상옥 저

서(序)

『중국인도 다시 읽는 고전 시리즈』를 선보인다. '고전(古典)'(classic)은 수 백 년 시간을 두고 많은 사람들에게 애호(愛好)되는 우리 정신에 자양분이 되는 것 중의 정수(精髓)이다.

새로운 학문과 지식도 많이 나오고 또 그런 것을 알아야 우리가 살 수 있지만 이 '고전'도 알아야만 우리가 '더 잘' 지혜롭게 살 수 있다. 그런 것을 알려면 실제 경험도 해야 하고 시행착오(試行錯誤)도 거쳐야 하는데 우리가 책 몇 권으로 금방 깨칠 수 있다면 그 얼마나 가치 있는 일인가. '고전'은 우리에게 부모님 같은, 선생님 같은 지혜와 삶의 목적을 일깨워 준다. 훌륭한 선인(先人)들이 모두 나의 선생님이라면 그 얼마나 좋은 일인가. 또 마음의 청량(淸凉)함으로 이 세상을 남보다 더 지혜롭고 의의(意義) 있게 살 수 있다면 그 얼마나 신나는 일인가.

'중국'은 우리에게 이제는 삶의 한 형식으로 다가왔다. '중국'을 모르면 우리는 우리의 생활을 상상할 수 없을 정도의 중요성을 가진다. 옛날의 소위 '봉건왕조시대'보다 훨씬 그 중요성이 커졌다. 그 옛날의 문화적인 상호 영향 관계에서 이제는 경제, 정치와 문화, 각종 민간 교류에 이르기까지 그 중요성은 우리가 생각할 수 있는 정도를 훨씬 넘어선다. 일일이 그 예를 여기서 들지 않는다. 여러분이 한번 생각해 보시라.

『중국인도 다시 읽는 고전 시리즈』는 우리에게 상수(常數)가 되어 버린 중국의 고전 중의 고전을 엄선(嚴選)했다. 바쁘고 할 것이 많은 우리가 짧은 시간에 '중국 고전'의 엑기스를 압축되고 정리된 방식으로 잘 전달받을 수 있다면 그 얼마나 바람직한 일인가.

그러나 여기에 몇 가지 해결할 문제가 있다. 먼저 무엇을 선정할 것인가의 문제이다. 딱히 없다. 무엇을 고르는 것은 솔직히 필자의 마음대로이다. 다만 필자가 필요한 여러 자료를 참고하여 선별할 것이다.

어떻게 고른 것을 정리하고 포맷(format)할 것인가의 문제가 또 있다. 이것도 또한 유사한 본 저작과 관련되는 권위 있는 저작들과 자료들을 참고할 것이다. 다만 포맷에 있어서 중요하다고 생각되는 것은 최대한 클래식 원본의 참 모습을 체감(體感)하게 해야 한다는 점이 아닐까.

이를 위해 필자는 클래식 원본의 내용을 소개할 뿐 아니라 그 배경, 그리고 원문의 부분 소개 등을 지면이 허락하는 대로 실을 예정이다. 순서는 중요도와 영향력, 그리고 시대 순을 적절히 배합(配合)하여 전개할 것이다.

또 하나 문제는 어떤 입장, 즉, 시각으로 고전을 소개하느냐의 문제이다. 이것은 어떤 마음가짐으로 고전을 보느냐의 문제와 다름 아니다. 어떻게 보느냐는 똑같은 고전을 보는데도 천차만별(千差萬

別)의 차이를 가져온다. 필자는 '우리', '나', 그리고 '우리나라'의 입장에서 고전이 이해되고 해석(解釋)되며 재생산(再生産)되어야 한다고 본다. 그것이 어떤 입장(立場)이냐의 문제는 글쎄...한번 생각해 보자.

중국 고전이 방대하여 고전과 중세, 근대와 현대 등으로 시기를 나눌 수 있고 고대도 고전이 다양하게 많은 수와 성격이 있으니 각기 특성(特性)에 맞추어 분류, 분책(分冊)으로 구성하려고 한다.

본 책은 중국 고전 시리즈의 첫 번째로 선진(先秦, 즉 진(秦)나라 이전 시기) 시기를 위주(爲主)로 구성(構成)했으며 고전의 선정은 현대 중국의 일반적인 분류와 선정의 기준에 따랐으며 각 고전 소개의 내용은 중국의 가장 일반적인 인터넷 사이트의 소개 항목을 주로 참조(參照)했다.

본 서를 열독(閱讀)하는데 있어서 한자(漢字)에 대한 공부를 할 필요성에 주안점을 두어 최대한 한자를 많이 삽입했다. 여기에는 우리가 상식적(常識的)으로 알아야 하는 한자 어휘(語彙)보다 더 많은 한자가 예시(例示)되어 있다. 그러나 이러한 것들을 여러분이 배우고 익힘으로써 중국 고전에 대한 이해(理解)를 더욱 넓힐 수 있을 뿐 아니라 시대가 요구하는 한자 어휘에 대한 요구를 충분히 충족(充足)시켜 주리라 믿는다.

한 가지 본 저서를 읽을 때 주의할 점은 여러분이 잘 모르는 한자를 위시(爲始)한 어휘가 비교적 많이 출현한다. 쉬운 우리말로 고치기가 어려운 점도 있지만 가능한 한 어휘의 확장(擴張)을 통해 더욱 더 깊고 풍부(豊富)하게 중국 고전을 이해하기 위한 나름

대로의 고충(苦衷)이었다.

총 45권의 역사적으로나 문화적으로 공인(公認)된 고전(古典) 중의 고전을 선정해서 수록했으며 수록의 순서는 중요도(重要度)와 일반에게 영향(影響)을 미친 정도, 중국 문화사적 입장에서 정통(正統)으로 분류된 고전 내용 들을 위주로 선정하였고 특히 유가(儒家)사상을 중심으로 하는 기본 경전(經典)과 제자(諸子) 백가(百家)의 사상을 중심으로 하는 자서(子書)를 위주로 수록(收錄)했음을 밝혀 둔다.

책 내용의 순서(順序)는 제목(題目), 작자(作者), 출간(出刊) 연대(年代), 책(冊)소개(紹介), 역사(歷史)배경(背景)과 영향(影響) 등과 책의 내용(內容)의 항목(項目)으로 나누어 설명(說明)과 분석(分析)을 가(加)하였다.

앞으로 계속 시리즈로 이어지는 본 저작은 중국 고전의 진수(眞髓)를 시대와 사상별(思想別)로 문화와 역사의 특성에 맞추어 중국의 본질에 대해 이해하도록 기획(企劃)되고 출판될 것이다. 특히 중국학(中國學)에 입문(入門)한 대학생 여러분에게 필요한 기본 지식(知識)이 되기 바라는 의도에서 본 저서 시리즈를 내 놓는다.

본 서를 읽고 여러분이 중국에 대해 기본적(基本的)인 정신문화를 두루두루 이해하게 되었다면 더할 나위없는 즐거움이 될 것이다.

독자 여러분의 질정(叱正)을 바라마지 않는다.

■ 목 차

본 문

논어(論語)

■ 제목:

논어(論語)-북송(北宋) 정치가 조보(趙普)의 유명한 격언-'『논어』 반쪽 만 있으면 천하를 통치(統治)할 수 있다.'

■ 작자:

공자(孔子, 기원전 551-479년) 이름 구(丘). 자(字) 중니(仲尼). 영문 Confucius. 혹은 공자의 제자(弟子)와 재전(再傳) 제자.(제자의 제자)

■ 출간 연대:

춘추(春秋) 말기부터 저술 시작하여 전국(戰國) 말까지 편집하여 저술 완성.

■ 책 소개:

논어는 어록(語錄)체를 채택(採擇)하고 있는 공자와 제자들 사이 언행(言行)의 대화록(對話錄)이다. 공자의 정치사상이 집중적(集中的)으로 표현(表現)된 책으로 유가(儒家)의 대표적인 경전이다. 유가사상은 그 핵심(核心)이 '인(仁)', '예(禮)'와 '중용(中庸)'으로 동양과 중국, 그리고 한국 사상의 가장 근간(根幹)적인 내용의 원천(源泉)이 된다. 그러므로 서양의 성경(聖經)에 비할 수 있는 저서이다.

말씀의 기록이 『논어(論語)』의 기술 형식이다. '논(論)'은 논의(論議)한 바를 기록한다는 의미이고 '어(語)'는 경전 어구나 잠언(箴言)을 일컫는 말로 '논어'는 곧 선사(先師), 즉, 가장 큰 스승인 공자(孔子)의 언행을 기록한 것이다.

『논어』는 1인이 아닌 여러 사람의 손으로 저작(著作)되었으며 공자의 제자, 공자의 재전(再傳) 제자, 즉, 공자 제자의 제자, 그리고 공자 학파 이외의 사람들에 의해 편찬된 것이다. 그러나 공자 제자의 기술이 주로 기록되어 있다.

『논어』는 생생한 인물의 언어 표현 묘사가 가장 잘 드러난 저작이다. 인물의 형상(形象)이 이로써 살아있는 듯 일상생활화 하여 드러난다. 모든 『논어』의 대화는 격언이다. 이를 통해 인물의 됨됨이와 상황에 대한 판단, 그리고 각종 개념(槪念)에 대한 이해를 얻을 수 있다. 공자의 살아있는 듯한 행동거지에 대한 정태(靜態)적인 묘사 뿐 아니라 개성 기질에 대해서 그 정신까지도 살아 옆에 있은 듯한 살아있는 묘사를 한다. 또한 공자를 중심으로 그 제자들의 형상도 성공적(成功的)으로 빚어내는데 성공한다.

자로(子路)는 진솔하고 성격이 급(急)하며, 안회(顔回)는 온화(溫和)하고 현명(賢明)하다. 자공(子貢)은 총명(聰明)하고 언변(言辯)에 능(能)하다. 증석(曾晳)은 소탈하며 속세(俗世)를 초월(超越)한 듯하다. 이렇게 모두 개성이 뚜렷하여 『논어』를 읽는 사람들에게 깊은 인상(印象)을 준다.

공자는 중국 최초의 대중(大衆) 교육가(敎育家)이다. 즉, 누구나 신분에 관계없이 능력만 되고 공부할 의욕만 있으면 모두 학생으로 받는다. 그 당시까지만 해도 귀족(貴族)이나 신분이 높은 사람만이 교육이나 문화에 접할 수 있는 사회였다. 그러한 불평등 사회를 근본적으로 개혁한 것이 공자였다. 개혁자로서 교육에 관한 제도를 혁신했을 뿐 아니라 교육의 방법도 독특했다. 천편일률(千篇一律)적인 주입식(注入式) 교육도 아무 내용도 모르는 채 대화나 논쟁만 하는 그런 토론(討論)식 교육도 아니었다. 바로 교육의 대상에 따라 내용과 방법을 달리하는 교육 방식이었다. 3,000년 가까운 옛날에 바로 맞춤식의 교육을 실시했다니 성인(聖人)이나 가능한 일이었다.

그 예를 보자. 다른 교육 대상의 다른 자질(資質)의 차이, 장점과 단점을 고려하고 또 덕행(德行) 수양과 학업 정도의 구체적인 상황을 고려하여 대상에게 맞는 교육을 실시했던 것이다. 공자는 정녕 '가르침에 피곤함을 몰랐다'는 정도로 열정(熱情)과 성의(誠意)를 다해 교육에 임했던 것이다. 공자의 정치사상을 이 세상에 실천(實踐)하기에 가장 적합한 방법이 바로 교육이었던 것이다.

공자의 주장(主張) 중 가장 중요시 한 것이 바로 '인(仁)'이었다. 제자들이 이구동성(異口同聲)으로 물었다. '도대체 '인'이 무엇입니까?' 공자는 제자에 따라 달리 대답한다. 안연에게는 '극기복례(克己復禮)'가 인이라고 하고, 중궁(仲弓)에게는 '자신이 하기 싫어하는 것을 남에게 시키지 마라, 자신이 하려고 하는 것을 남에게 하도록 권유(勸誘)한다.'라고 하고, 사마중(司馬中)에게는 '인한 사람은 말을 신중(愼重)하게 적게 한다.'고 한다. 안연은 학식(學識)이 높은 경지(境地)에 이르렀으므로 '인'의 강령(綱領)에 대해 얘기해 주었으며 중궁과 사마중에게는 '인'을 실천하기 위한 세세(細細)한 항목에 대해 얘기한다.

또 한 예로 제자들이 동시에 물었다. '진리를 들으면 어떻게 해야 하나요?' 공자는 자로에게는 '부모가 계시니까 그만큼 신중하게 행동해야 한다.'고 가르치고 염유(冉有)에게는 '들으면 바로 실행해야 한다.'고 가르쳤다. 자로는 행동이 앞서는 불의(不義)에 급한 성격을 보이는 제자이고 염유는 신중해서 실천이 결여되어 있는 제자이기 때문에 이렇게 사람에 따라 다르게 가르쳤던 것이다.

■ 역사배경과 영향 등:

『논어』가 탄생(誕生)한 후 줄곧 왕조의 애호(愛護)와 일반 백성의 생활(生活)신조(信條)가 되었다. 2천년 이상의 전제 군주 시대에 유일하게 출세할 수 있는 길은 바로 이 『논어』를 중심으로 하는 사서삼경(四書三經)을 암기(暗記)하고 이를 응용(應用)하여 빈틈없는 운율(韻律)을 갖춘 문장을 만들어야 과거에 급제(及第)할 수 있는 유일한 통로의 대표적인 교과서가 되었다.

그러나 1911년 신해혁명으로 봉건 전제군주 시대가 막을 내리고 공화제가 시작되었다. 중국의 긴 암흑시대가 끝나고 민주정치의 시대가 개막(開幕)되었는데 바로 이 때와 맞추어 『논어』의 운명도 중국인들이 '공자점(孔子店, 공자 상점, 즉, 공자의 사상을 깎아내리는 가치가 들어있는 것을 비유하는 구호(口號)식의 용어) 타도(打倒)'를 기치(旗幟)로 내걸고 이것을 없애야만 새로운 중국이 비로소 탄생된다는 '문화혁명'의 논리(論理)를 내세웠다.

그러나 필경(畢竟) 『논어』는 중국인들과 이미 너무 친숙(親熟)하게 되어 버린 후였다. '중국과 중국인= 『논어』'의 공식(公式)이 성립(成立)해 버릴 정도로 중국 문화와 사상철학을 대표하는 정신적인 유산(遺産)이 되어 버렸다. 소위 '문화혁명'의 광풍이 지나가고 이제는 전통 사상의 애호를 다시 주장하게 되었다. 공산당(共産黨) 정부(政府)나 인민이나 모두 그렇다. 전통(傳統) 문화는 중국이 세계에 내세울 수 있는 가장 위대한 문화적 유산의 하나로 '영원(永遠)히' 자리 잡고 있는 듯 보인다.

여러분, 그러니까 최소한 한번 만이라도 이 『논어』를 한번 훑어보거나 아니면 이 '다이제스트'(digest)라도 한번 봐야 하지 않을까? 중국에 뿐 만 아니라 우리나라에도 지대(至大)한 영향(影響)을 미쳤음 에랴.

■ 책 주요 내용:

『논어』의 내용은 다양한 당시 생활과 이에 대응하는 사고방식(思考方式)을 적나라하게 보여주고 있다. 즉, 『논어』의 특징(特徵)이 인간의 상황(狀況)과 경우(境遇)(case) 별로 구체적(具體的)인 행위(行爲) 준칙(準則)(rule)을 제공해 주는데 그 의의(意義)가 있었다. 사람은 존귀(尊貴)하고 이 세상의 무엇보다도 귀중(貴重)한 존재이다. 이 무엇보다 귀중한 존재를 어떻게 알 수 있는가. 바로 '인(仁)'의 마음을 가지고 있기 때문이다. '인'이란 그럼 무엇인가. 바로 인간을 인간답게 만들어 주는 생각인데 바로 '인간성'과 '인간미'를 나타내는 성격이다.

한마디로 내가 나를 존중(尊重)하고 사랑하며 남도 나와 같이 존중하고 사랑하는 일이다. 이것은 착한 마음을 가진 것이 바로 인간인데 이것이 바로 '인'의 본성이다. '인'한 마음이 인간(남)과의 관계에서 적절하게 표현되어야 하는데 그것이 바로 '예(禮)'의 규범이다. '인'이 인간 내면의 착한 본성이라고 하면 '예'는 인간에 외재한 겉으로 드러나는 행동 양식(樣式)이다.

『논어』는 그야말로 고대 중국의 단순한 생활양식과 그 배경이 되는 행위의 동기(動機)와 목적, 그리고 인간 간의 관계와 인간으로써 마땅히 해야 하는 행위 준칙(準則) 등에 대한 일련의 공자와 그 제자 사이의 대화체 진술(陳述)로 구성된 저술이다. 그러므로 쉬운 방식으로 어려운 문제들－인간 본성과 인격 도야(陶冶), 각종 학문, 인간 행위를 규정하는 '예'에 대해 마치 대화하듯이 생생하게 쉽게 풀어놓고 있는 고금을 관통(貫通)하는 진리의 진술이다.

『논어』를 크게 본 저에서는 세 부분으로 나누어 귀납한다. 첫째, 인간 인간됨에 대한 지침이다. 인간은 무엇이며 어때야 하나. 이 문제는 가장 기본적인 인간 스스로 짊어진 인간 존재에 관한 본질적인 문제이다. 공자의 대답은 제일 중요한 요소가 정직과 정정당당(正正堂堂)하고 솔직(率直)하며 시원시원하고 꾸밈없는 정대(正大)한 마음씨이다. 이것을 '광명뇌락(光明磊落)'이라고 한다. 인간됨의 본질적(本質的)인 물음은 곧 인간다움과 다름이 아닌데 그것은 정직이 가장 중요한 기준이 되는 성격이다. 정직해야만 '광명뇌락'한 마음씨를 소유하게 되는 것이다. 부정직하게 사는 사람은 그러므로 요행(僥倖)으로 화(禍)를 면하며 사는 것이다.

두 번째 인간됨의 중요한 요소가 '인덕(仁德)'이다. 공자가 가장 많이 언급한 성격인데 '인덕'의 품성은 '부모에게 효도와 형제간의 우애(友愛), 행동의 신중하고 신뢰성(信賴性) 있는 행동, 남에 대한 사랑, 그리고 착하게 살도록 노력하는 것이다.' 그러고 나서 여력이 있으면 학문(學問)에 힘쓰는 것이다. 즉, 인간됨이 우선이고 그 다음 지식과 능력, 공부가 그 다음인 것이다.

그러면 어떻게 착하게 살 수 있는 것인가? 즉, 인(仁)하게 사는 것인가? 그 방법은 가장 중요한 것이 '자신을 극복(克服)하고 예절(禮節)을 잘 지키는 것이다.' 즉, 자신의 극복은 내가 내면(內面)으로 강(強)한 마음, 과단(果斷), 소박(素朴), 겸손(謙遜)의 정신으로 수양(修養)하는 것이고 예절을 바르게 하는 것은 외향(外向)으로 공손(恭遜), 관후(寬厚, 관대하고 온후함), 신실(信實), 근민(勤敏), 자혜(慈惠)롭게 행동하는 것이다.

세 번째 인간됨의 요소는 수양을 중시하는 것이다. 증자(曾子)의 유명한 명제(命題)같이 하루에 세 번 자신을 반성(反省)하는 것이다. 그 내용은 '남에게 충실(充實)하지 못했나? 친구와의 우정에서 성실(誠實)하게 대하지 못했나? 그리고 배운 것을 잘 익히지 않았나?'하는 것이었다. 이렇게 자신 품덕(品德, 품성(品性)과 덕성(德性)을 수양하고 이 기초 하에서 인간의 전체적인 발전을 위해 노력해야 한다. 즉, '도(道)에 뜻을 두고(올바른 뜻을 세우고) 덕(德)에 의거하여 모든 사고와 행동을 하며 예(藝, 즉, 지식과 공부(工夫), 문학(文學)과 예술(藝術) 등)에 대해 조예(造詣)를 갖도록 노력(努力)하는 것이다.

둘째의 『논어』의 중요한 정신은 학습에 대한 중요성이다. 배움이란 유가(儒家) 사상에 따르면 미완(未完)의 인간을 완성(完成)시키는 중요한 매개이다. 학문을 추구하는 첫걸음은 공자에 따르면 배우기를 사랑해야 하고 배우기를 즐겨야 한다.

공자는 말한다. '아는 사람은 좋아하는 사람만 못하고 좋아하는 사람은 즐기는 사람만 못하다.' 공자가 그의 수제자 격인 안연(顔淵)을 높이 평가하는 이유는 '꽁보리밥과 표주박의 물, 그리고 골목길의 집이 그의 유일한 소유(所有)이면서 다른 사람들 같이 우려하지 않고 즐기는 성품(性品)을 결코 바꾸지 않는다.'

또한 배우려면 기본자세가 묵묵(黙黙)히 지식을 익혀야 한다. 배우면서 싫증을 내면 안 된다. 전심전력(全心全力)으로 배우려고 노력하며 배우는 과정이 어려움을 알면서도 용맹(勇猛)하게 앞으로 전진(前進)하는 자세(姿勢)가 또한 필요하다. 진리(眞理)를 추구(追求)하는 마음의 자세는 세속에 관련(關聯)되어서는 결코 안 되는 것이다.

학습의 방법(方法)은 『논어』 첫머리의 '배운 것을 틈나는 대로 복습(復習)하면 또한 즐겁지 아니한가?'라는 구절(句節)에 가장 명확(明確)히 표현(表現)되어 있다. 또한 '온고지신(溫故知新)'이라는 우리가 익히 알고 있는 숙어(熟語)도 바로 『논어』에서 유래(由來)된 것이다. 즉, '옛 것을 익혀서 새로운 것을 알다'라는 뜻이다. 이와 동시에 공자는 특별히 배움과 사고(思考)의 결합(結合)을 중시(重視)했다. 또한 실천(實踐)에 용감할 것을 주장(主張)했다. '배우고 생각하지 않으면 미혹(迷惑)에 빠지고 생각만 하고 배우지 않으면 정신(精神)이 피폐(疲弊)해져서 위태롭다.' 진실된 뜻을 아는데 최대한 노력하라는 '계속 갈고 닦으라'는 수양(修養)의 일환(一環)으로서의 공부 방법을 제시(提示)한다.

학습의 내용은 광범위(廣範圍)하고 편파적(偏頗的)이지 않은 전면적(全面的)이고 고른 내용을 배우기를 주문(主文)한다. 공자는 네 가지를 학습의 강요(綱要, 중요한 근본적인 내용)로서 드는데 문(文), 행(行), 충(忠)과 신(信)이다. 즉, 문화지식, 품성수양, 중후(重厚)한 충성심, 신의를 지키는 것 등이다. 또한 광범위하게 배우는 것 못지않게 근본적인 것을 배우기를 강조한다. 바로 '일관(一貫)'된 뜻을 익히라는 것이다. 즉, 한 가지 도리로 자신의 학설을 꿰뚫을 수 있다는 것이 공자의 설명이다. 이렇게 학습하는 데는 근본을 익히는 것이 중요하다.

학습의 목적은 중점이 '치용'(致用)에 두어졌다. 책만 읽고 내용만 숙지(熟知)하면 안 된다. 이론(理論)과 실제(實際)가 결합해야 한다. 응용(應用)과 실천이 따라야 한다. '하나를 알면 셋을 이해할 수 있는' 융통적인 지식 응용의 정신이 필요하다. 공자는 '시(詩)를 삼백 수 암송(暗誦)하여 이를 정치에 응용하지 못하면 무슨 소용 있는가?' 라고 반문한다. 공자의 제자인 자하(子夏)의 사상 속에 '학이치용'(學以致用)의 정신이 잘 드러나 있다.

'벼슬을 하는데 여력이 있으면 공부해야 하고 학습한 후에 여력(餘力)이 있으면 벼슬길에 나가라.'는 명제이다. 즉, 벼슬과 학문은 밀접한 관련이 있다. 공부의 사용처는 바로 벼슬에 있는 것이다. 그리고 교육을 통해 '덕(德)과 재(才)를 겸비한 인재를 배양해야 한다.' 공자가 보기에 학습의 목적은 도의(道義), 진리(眞理)의 추구에 있는 것이다. 그러므로 '선비는 도(道)에 뜻을 둔다.' 그래서 '아침에 도를 들으면 저녁에 죽어도 좋은' 것이다.

세 번째 『논어』를 관통(貫通)하는 의미는 '교육'이다. 공자는 중국 고대의 저명한 정치가이기도 하다. 일생을 교육 사업에 종사하고 수많은 제자를 배출(輩出)했다. 『논어』는 바로 공자의 이상이기도 한 이상(理想)을 실제로 제자들에게 교육하면서 얻은 풍부(豊富)한 경험(經驗)의 소산(所産)이고 이에 대해 비교적 많은 내용을 개괄하고 있다. 그 내용을 간단히 몇 가지로 귀납(歸納)해 보면 다음과 같다.

첫째로 교육(教育) 지도(指導) 사상(思想)을 들 수 있다. 공자는 일생을 '능력 있고 배울 의사(意思)가 있은 사람이면 신분 귀천(貴賤)을 안 가리고 누구나 받아서 교육한다.'라는 위대한 생각을 세운 고대 최초의 인물이다. 누구에게나 기회를 균등(均等)하게 제공한다. 국가 인구의 대다수(大多數)를 차지하는 평민에게 교육의 기회(機會)를 확대(擴大)했다. 인간 신분의 등급(等級)을 이로써 타파(打破)한다. 이것은 당시로서는 혁명적(革命的)인 사상의 실천이었다.

둘째로 교육의 기본 방법에 대해서이다. 공자는 '사람의 능력에 따라 교육을 실시한다.'의 명제를 제시한다. '중간 정도 이상의 사람에게는 심오(深奧)한 진리를 가르칠 수 있고 중등 재지(才智, 재능과 지혜) 이하의 사람에게는 심오한 도리를 그와 나누면 안 된다.' 이 사상을 관철(貫徹)하기 위해 공자는 교육의 대상(對象)인 자신의 학생이 관찰한 것과 이해한 것에 대해 매우 주의를 기울였다. 이렇게 관찰하고 이해한 지식의 기초 하에서 공자는 각기 다른 교육을 실시한다.

'염구(冉求)는 일을 처리(處理)하는데 겁(怯)이 많고 자로(子路)는 담(膽)이 커서 스스로 옳다고 자부(自負)하는 형이다. 그러므로 염구는 격려(激勵)하여 실천을 많이 하도록 가르치고 자로는 제지(制止)하고 신중하기를 당부(當付)해야 한다.' 공자는 유도(誘導)하는 식의 계발(啓發)교육을 중시한다. 옛것을 돌아보아 오늘날 그 뜻을 알게 하는 방법 등을 사용한다. 예로 '예'(禮)를 체험함으로써 이것이 충신(忠信)과 인의(仁義)를 근본으로 하는 도리라는 것을 계발(啓發)시키는 방법 등이다. 제자가 열심히 노력하여 그래도 생각이 나지 않을 때 비로소 그를 계발시키고, 말을 하려는데 말을 하지 못할 때라야 비로소 그를 계발시킨다는 말을 공자는 남긴다. 또한 이러한 정신으로 점진(漸進)적으로 순서(順序)적으로 계발 교육을 추진하는 것이 중요한 방법이다.

셋째로 교육의 기본 내용에 대해서이다. 공자의 교육 내용은 그 당시로서는 매우 광범위한 것이었는데 주대(周代) 귀족학교에서 사용한 '육예(六藝)'를 연용(沿用)하여 사용했다. 즉, 시(詩), 서(書), 예(禮), 악(樂), 역(易)과 춘추(春秋)이다. 시, 서, 예와 악을 평소의 교육 교재로 사용하고 역과 춘추는 공자가 만년(晩年)에 연구하여 교학에 사용한 내용이다. 공자가 '나이 50에 역(易)을 배웠다.'고 술회(述懷)한다. 시와 서는 말이나 행동의 원칙이 되는 내용이고 인간의 감정 등을 담고 있다. 예는 인간 행동의 준칙을 규정(規定)한 규범이다. 악은 인간의 인격을 완성하게 해주는 좋은 매개이다. 역과 춘추는 소수의 수재 학생들에게 교습했던 내용이었다.

즉, 그 대상은 '육예에 정통한 72인'이었던 것이다. 이 육예 중에서 가장 중시했던 것은 공자에 의하면 시와 예이다. '시를 모르면 말을 할 수 없다.', '시 삼백 수를 암송할 수 있으면 정치를 할 수 있다.', '시 삼백 수를 한마디로 그 내용을 압축(壓縮)한다면 생각함에 사악(邪惡)함이 없다'고 할 것이다.

넷째로 교육의 배양 목표를 들 수 있다. 공자는 교육 목표로 인의(仁義)와 예(禮)를 사용하여 인간의 영혼(靈魂)을 정화(淨化)하는 것 외에도 인간 사회의 행위를 서로 협조(協調)하게 하고 이 외에도 인의의 마음을 지닌 '사(士)'와 '군자(君子)'를 배양하여 사회를 위한 봉사(奉仕)를 담당(擔當)케 하는 것이 최대의 목적이었다. 이것이 공자의 저명한 교육목적의 명제인 '선비가 우수한 사람이면 마땅히 벼슬길에 나가야 한다.'는 것으로 집약(集約)되어 표현되었다.

그러므로 공자는 제자들이 정치에 관여(關與)하려 했을 때 적극 격려(激勵)하고 추천했던 것이다. 공자 자신도 벼슬길에 나가기를 바랐던 바가 있었다. 이로써 교육을 통해 당시 사회가 요구하는 사회적 가치(價値)를 체현(體現)시켜 줄 수 있었던 것이다.

노자(老子)

■ **제목:**

노자(老子)

■ **작자:**

노자(老子, 기원전 571-471년 경). 도가(道家)학파의 창시인. 당(唐) 무후(武後, 즉, 여황제인 무측천(武側天)에 의해 태상노군(太上老君)으로 추증(追贈)됨. 도교(道教) 창시자.

■ **출간 연대:**

전국(戰國) 중전기(中前期) 까지 편집 저술 완성.

■ **책 소개:**

5천 자로 구성되어 있음. 『노자』(老子), 혹은 『도덕경』(道德經)으로 알려짐. 『역경』(易經)과 『논어』(論語)와 더불어 중국인에 가장 심오한 영향을 끼친 삼부 저작으로 꼽힘. 상하 양책으로 나뉘어져 있고 81장으로 구분되어 있음. 전(前) 37장은 상편 도경(道經)이고 제38장 이후는 덕경(德經)에 속함. 책 전체에 관통하는 사상의 구조는 도(道)는 덕(德)의 체(體)이고 덕(德)은 도(道)의 용(用)이라는 사상임.

■ 역사 배경과 영향 등:

『도덕경』의 기본 사상은 변증법(辨證法, 옳은 생각이나 사물과 이와 반대되는 생각이나 사물이 존재(存在)하거나 이 둘이 상대방으로 해서 상호 변화(變化)되는 과정(過程)을 통해 그 다음에는 이 둘의 상반된 성질(性質)이 종합을 이룬다는 사고방식과 사물 인식 과정의 한 방법)이다. 공자에 비해 농후(濃厚)한 철학적 사유 체계를 담고 있어서 '중국 철학의 아버지'로 불림. 또한 그리스 철학과 더불어 세계 철학의 두 원천(源泉)으로 지목되기도 함. 노자의 사상은 장자(莊子)에게 계승되어 유가와 후일의 불교와 함께 중국 전통 사상 문화의 핵심을 구성함. 도교(道敎)가 출현하여 노자는 태상(太上)노군(老君)으로 추증(追增)되고 도교는 노자를 태상노군의 제18대 화신(化身)으로 칭함. 『열선전』(列仙傳)에서 노자는 신선(神仙)으로 추앙(推仰)되기도 함.

■ 책 주요 내용:

노자의 사상 주장은 '무위(無爲, 감각의 인식 세계에서 보기에 아무 것도 행위 하지 않는 것 같이 보이는 상태. 노자의 주장은 실은 이것이 유위(有爲, 행위 하는 상태)보다 더 높은 경계임)'에 집중되어 있다. 노자의 이상정치의 경계는 '국가가 서로 마주보고 있어서 개와 닭이 짖는 소리가 서로 들리더라도 사람들이 죽을 때까지 서로 왕래하지 않는다.'는 것이었다. 노자는 도(道)를 우주만물의 변화의 근원으로 해석했다. '도'는 객관적인 자연 규율(規律)이고 동시에 독립적이고 변형(變形)되지 않으며 주행(周行)하는데 굳건하다는 영원의 의미를 담고 있다.

『노자』의 주요 사상 노선인 '변증법'이란 원시적인 형식의 간단한 '변증법'으로 모든 사물은 모두 정 반면(正反面)의 두 가지 측면이나 성격을 가지고 있다. '돌아오는 것(혹은 반대되는 것)은 도(道)의 움직임 때문이다.'라는 명제에서 보듯 사물은 대립에서 전화(轉化)로 바뀌어 '정(正)은 기이(奇異)한 것으로 전환되고 선(善)은 요괴(妖怪)한 것으로 전환된다.', '화(禍)는 복(福)이 그 속에 그것에 의존(依存)해 있으며 복은 화가 잠복(潛伏)해 있다.'

노자 사상 방법의 정화(精華)를 몇 가지 더 음미해 보자. 세간(世間)의 사물이 모두 유(有)와 무(無)의 통일이고 '유와 무가 상생(相生)한다.' 무가 기초가 되어 '천하의 만물이 유에서 생겨나왔고 유는 무에서 탄생했다.', '하늘의 도는 남은 것을 덜어내고 부족한 것을 채운다.', '사람의 도는 그러나 다르다. 부족한 것을 덜어내어 여유 있는 곳에다 쓴다.', '백성이 배가 고픈 이유는 지배층(支配層)이 자신의 배를 채우기 위해 세금을 과다하게 징수(徵收)했기 때문이다.', '백성의 죽음은 가볍게 여기고 지배층은 자신의 사욕(私慾)을 채우려 하기 위함이니 백성이 죽음을 두려워 않는 이유는 생활의 욕심(慾心)을 차리지 않은 사람은 죽음을 두려워 않기 때문이다.'

노자의 이러한 철학의 기본 정신은 중국 철학과 중국인의 사유 방식에 막대(莫大)한 영향을 끼쳐왔다.

맹자(孟子)

■ **제목:**

맹자(孟子)

■ **작자:**

맹자(기원전 372-289년. 영문 Mencius). 성인(聖人)으로 추증(追增)된 공자의 뒤를 이어 아성(亞聖)으로 추앙됨

■ **출간 연대:**

맹자 생존 시기인 기원전 372-289 년 이후, 즉, 맹자 사후(死後). 전국(戰國) 중기.

■ **책 소개:**

『맹자』는 현재 7편이 남아있다. 「양(梁)혜왕(惠王)」 상하(上下), 「공손축(公孫丑)」 상하, 「등문공(騰文公)」 상하, 「이루(離樓)」 상하, 「만장(萬章)」 상하, 「고자(告子)」 상하, 및 「진심(盡心)」 상하가 그것이다.

『맹자』 전편(全篇)에 표출된 주장은 맹자의 성선론(性善論)에 기초한 '인정(仁政)'과 '왕도(王道)'이다. 이것의 구체적인 실천은 '덕치(德治)'를 실현(實現)하는 것이다.

남송(南宋) 대(大) 유학자 주희(朱熹)가 『맹자』와 『논어』,

『대학(大學)』 및 『중용(中庸)』을 합하여 사서(四書)로 정하고 이것이 과거(科擧)의 필수 과목 내용이 되었다. 이는 청말(淸末)까지 지속(持續)되었다. 『맹자』는 사서 중 가장 분량이 많은 경전으로 3만 5천자가 넘는다.

『맹자』의 문장은 설득력을 가지고 창달(暢達), 즉, 소통(疏通)이 잘 되는 매끄러운 문체로 되어 있다. 변론(辯論)식의 기운이 충만(充滿)한 씩씩한 정의(正義)의 기운이 넘치는 힘 있는 문장(文章)들이다. 논리 정연(井然)하고 기지(機智)가 첨예(尖銳)하게 작용하는 전통(傳統) 산문(散文)의 백미(白米)라고 할 수 있다.

■ 역사 배경과 영향 등:

맹자는 유가(儒家) 사상의 가장 대표적인 인물 중의 일인(一人)이다. 당(唐) 왕조 중기 한유(韓愈)는 『원도(原道)』를 지어 맹자를 선진 유가 중의 유일하게 공자의 '도통(道通)'을 계승(繼承)한 인물로 규정한 이래로 맹자에 대한 승격(昇格)운동이 출현했다. 이렇게 하여 맹자와 『맹자』의 지위는 부단히 상승했다. 송(宋) 신종(神宗) 희영(熙寧) 4년(1071년)에 『맹자』는 과거고시 과목 중의 하나로 지정(指定)되었다. 원풍(元豊) 6년(1083년)에는 맹자가 최초로 관방(官方)에 의해 '추국공(鄒國公)'으로 추증되었다. 익년(翌年, 다음해) 공묘(孔廟)에 배향(配享)되도록 비준(批准)되었다.

이후 『맹자』는 유가 경전으로 승격되어 남송(南宋) 주희(朱熹)에 의해 '사서' 중의 하나로 지정되었다. 원(元) 왕조 지순(至順) 원(元)년(1330년) 맹자는 '아성공(亞聖公)'으로 추증되어 이후 맹자는 '아성'으로 불리게 되었다. 그 지위는 공자 다음가는 것이었다.

명(明) 조(朝) 주원장(朱元璋)은 『맹자(孟子)절문(節文)』을 지어 『맹자』 중의 장구(章句)를 삭제(削除)했다. 삭제한 구절은 ' 민중이 가장 귀(貴)하고 국가가 그 다음이며 군주(君主)가 가장 귀하지 않다. ' 도적(盜賊)은 일개 남자로 불린다. 한 사람 주(紂)를 토벌(討伐)했다는 애기는 들었어도 군주를 시해(弑害)했다는 애기는 듣지 못했다.' 라고 한 내용(內容) 때문이었다.

■ 책 주요 내용:

『맹자』 의 주요 사상은 다음과 같이 몇 가지로 요약, 정리할 수 있다. 첫째, 민본(民本) 사상으로 맹자는 '백성이 가장 중요하고 그 다음 사직(社稷)이며 군주가 가장 중요하지 않다.'고 주장한다. 사직은 국가라는 추상(抽象) 명사의 표현이다. 맹자는 군주란 인민을 애호(愛好)하는 것을 최우선의 임무(任務)로 삼아야 한다고 주장한다.

위정자(爲政者)는 인민의 권리를 보장(保障)해야 한다. 한 걸음 더 나아가 군주가 무도(無道)하면 인민은 정권을 뒤엎을 권리가 있다고 단언(斷言)한다. 봉건 전제 군주시대에서는 너무나 혁신(革新)적인 사상이 아닐 수 없다. 그러므로 역대 왕조와 제왕(帝王)들에게서 환영을 결코 받았던 것은 아니었다. 명(明) 대의 태조는 『맹자』 의 관련 내용을 삭제하고 맹자를 공자 등을 배향(配享)한 사당(祠堂)에서 그 위패(位牌)를 치워버렸을 정도였다.

『한서(漢書)』 「예문지(藝文志)」 에도 『맹자』 를 제자(諸子) 중의 하나로 간주(看做)하여 자서(子書) 로 보았다. 이렇게 너무나 혁신적인 주장 때문에 대접(待接)을 못 받은 『맹자』 는 오대(五大) 십국(十國)의 후촉(後蜀) 때 군주 맹창(孟昶)의 명령으로 해서(楷書)로 11경(經)을 석각(石刻)하도록 하였다. 이것이 바로

『맹자』가 「경서(經書)」에 산입(算入)되기 시작한 시점(時點)이 되었다. 남송(南宋) 효종(孝宗) 때 주희(朱熹)가 『맹자』를 『논어』, 『대학』과 『중용』과 더불어 「사서(四書)」로 규정하여 그 때부터 「십삼경(十三經)」 중의 하나가 되었다. 이로써 『맹자』의 지위는 최고조(最高潮)에 달하였다.

둘째, 인정(仁政) 학설(學說)이다. 맹자는 공자(孔子)의 덕치(德治) 사상을 계승(繼承), 발전(發展)하여 인정 학설을 주장했다. 이것이 맹자 정치 학설의 중심이다. 맹자는 '친친(親親)', 즉, 가족(家族)을 가족으로 대(對)하고, '장장(長長)', 어른을 어른으로 모시는 원칙을 정치에 운용(運用)한다.

통치자와 피통치자를 엄격하게 구분하여 '머리를 쓰는 사람은 남을 다스리는 지위에 있게 되고 육체노동을 하는 사람은 남에게 다스림을 당한다.'는 명제(命題)를 남긴다. 주(周) 왕조의 천자(天子)로부터 서인(庶人)에 이르기까지의 등급(等級)제도(制度)를 모방(模倣)하여 통치-피 통치(被統治)의 계급 질서(秩序)를 확립(確立)했다.

한편으로 통치자와 피치자의 관계를 부모와 자녀의 관계로 환원(還元)하여 통치자가 부모 같은 마음으로 자녀에게 관심(關心)을 갖듯 인민에 대한 고통 등을 돌보아 주고 인민은 부모와 같이 친근하게 통치자를 모셔야 된다는 논리를 편다.

맹자는 가장 이상적인 정치가 바로 인정(仁政)을 실행하는 것이며 이것으로 인민을 충심(衷心)으로 보호(保護)할 수 있다고 주장한다. 그렇지 않고 인민을 돌보지 않으면 학정(虐政)을 펴는 것과 같아 인민의 민심(民心)을 잃고 독부(獨夫)가 되고 인민의 적(敵)이 되는 것이다. 그러면 인민들이 들고 일어나 타도(打倒)하는 대상이 되고 만다.

인정의 구체적인 내용은 광범위하여 경제, 정치, 교육 및 통일천하의 방법 등에 걸쳐 있고 이를 꿰뚫는 사상은 민본(民本) 사상이 된다. 이 사상이 바로 춘추(春秋) 시대 중민(重民) 경신(輕神)의 사상으로 맹자를 통하여 발전하고 대성(大成)하게 된 것이다.

맹자는 전국(戰國) 시대의 경험에 근거(根據)하여 각국 흥망의 규율(規律)을 총 결론지어 민주 성격이 농후한 유명한 명제를 남긴다. 즉, '국민이 가장 중요하고 국가가 그 다음으로 중요하며 군주가 가장 중요하지 않다.'는 명제이다. 민심의 향배(向背)가 맹자에게는 가장 중요한 국가 흥망(興亡)의 열쇠가 되는 셈이다.

맹자는 수많은 역사 사례를 들어 천하를 얻는 것과 잃는 것에 대한 문제를 논의하고 있다. '인정의 시작은 경계(經界)부터 시작한다.' 소위 경계란 밭을 구분 짓는 경계선을 의미한다. 소위 정전제(井田制)를 실시하는 것이다. 맹자가 구상하는 정전제는 일종의 봉건(封建)성적인 자연(自然) 경제를 의미한다. 한 가구를 기준으로 하는 소농(小農)을 기초로 하여 노역 지조(地租)의 착취방식을 채택하는 것이다. 매 농가는 5무(畝) 면적(面積)을 가진 집과 100무의 전답을 소유하게 된다. 그럼으로써 자급자족(自給自足)이 가능하다. 맹자는 '백성(百姓)의 도리(道理)는 항산(恒産)이면 항심(恒心)이 된다. 항산이 없으면 항심도 없다.', 즉, 생산(生産), 즉, 일정한 직업(職業)과 소득(所得)이 있어야 안정되게 생활할 수 있는 마음을 지니게 되는 것이다. 직업이 없으면 마음도 안정되게 가질 수 없다는 의미이다.

그러므로 인민으로 하여금 일정한 생산이 있어야 한다는 것을 강조한다. 토지를 매개로 하여 안정된 직업을 가져야만 백성이 형률(刑律)을 어기지 못하게 될 것이다. 맹자는 인민의 물질생활이 보장되어야 통치자가 학교를 세우고 효제(孝悌), 즉, 효도와 형제간의 우애(友愛)를 다하는 도리로 교화(敎化)를 해 나간다. 그럼으로써 그들을 선(善)의 방향으로 인도할 수 있게 되는 것이다. 이것이 부모, 형제간의 효도와 우애, 웃어른을 모시는 도덕 풍상(風尙)을 조성할 수 있는 것이다. 즉, 사람마다 부모를 정성껏 모시고 웃어른을 섬기면 천하는 태평(太平)하게 되는 것이다.

맹자는 통치자가 인정(仁政)을 실현하면 천하 인민의 충심(衷心)적인 지지를 얻을 수 있게 된다. 이렇게 해야 천하를 다스리는데 무적(無敵)인 것이다. 맹자가 주장하는 인정은 통치자의 '차마하지 못하는 인간의 선한 마음의 발단(發端), 즉, 불인인지심(不忍人之心)'의 기초에서 얻을 수 있는 것이다. 이러한 '불인인지심'이 있어야 '불인인지정(不忍人之政)'이 획득되는 것이다. '불인인지심'은 일종의 동정(同情)과 인애(仁愛)의 마음이다.

그러나 이러한 동정과 인애의 마음은 묵자(墨子)의 겸애(兼愛)와 다르다. 어디까지나 혈연(血緣)적 감정에서 출발하는 것이다. 맹자는 주장한다. '부모에게 효도하는 마음을 확대(擴大)하여 백성을 어질게 다스린다.', '나의 어른을 섬기는 마음을 확대하여 남의 어른도 섬긴다.', '나의 어린이를 돌보는 마음을 확대하여 남의 어린이에게 미친다.' 이러한 준칙(準則)은 '불인인지심'이 정치적으로 체현(體現)된 것이다.

맹자는 윤리와 정치를 긴밀(緊密)하게 결합시켜 도덕 수양을 강조하는 것으로 정치의 근본을 삼았다. 맹자는 '천하의 근본은 국가에 있고 국가의 근본은 집안(가정, 家庭)에 있으며 집의 근본은 신체(身體)에 있다' 후에 『대학』에서 주장하는 '수제(修齊) 치평(治平)', 즉, 마음을 다스려서 천하를 다스리게 되는 발판으로 삼는다는 원리(原理)가 바로 맹자가 주장하는 이러한 사상을 발전(發展)시켜 제시(提示)된 것이다.

셋째, 도덕 윤리의 사상이다. 맹자는 도덕규범을 네 가지로 나누었다. 즉, 인(仁), 의(義), 예(禮), 지(智)이다. 동시에 인륜 관계를 다섯 가지로 개괄(槪括)하는데 이는 부자유친(父子有親), 군신유의(君臣有義), 부부유별(夫婦有別), 장유유서(長幼有序), 및 붕우유신(朋友有信)이다. 맹자는 인, 의, 예, 지의 네 가지 중에서 인을 가장 중요한 것으로 보았다. 인과 의의 기초는 효(孝)와 제(悌)이고 효와 제는 부모와 형제의 혈연관계를 처리하는 기본적인 도덕규범이다. 맹자는 사회 성원 각자가 인의(仁義)로써 각종 사람 사이의 관계(關係)를 처리(處理)하면 봉건 질서의 안정(安定)과 천하(天下)의 통일(統一)에 매우 유리(有利)한 형세(形勢)를 얻을 수 있다.

이러한 도덕규범의 기원을 설명하기 위해 맹자는 성선(性善)론의 사상을 주장한다. 그 의미는 '사회 구성원 각자 사이에 분업(分業)의 상이(相異)성과 계급(階級)의 차별(差別)성이 있지만 그들의 인성(人性)은 동일하다. 성인과 나는 같은 부류(部類)인 것이다.' 맹자는 통치자와 피치자를 평등한 지위(地位)에 놓고 그들이 가진 보편(普遍)적인 인성(人性)을 탐색(探索)한다. 이러한 사상은 당시 사회 변혁(變革)과 노예(奴隸) 해방(解放)의 역사 조류(潮流)에 적응(適應)하는 결과를 낳았고 인류 인식의 심화(深化)와 윤리(倫理) 사상(思想)이 발전하는데 거대한 추진력(推進力)이 되었다.

장자(莊子)

■ **제목:**

장자(莊子)

■ **작자:**

장자(莊子, 기원전 369-286년) 장(莊)씨, 이름 주(周), 초(楚) 장(莊)왕 후예(後裔). 전국(戰國) 시대 송(宋)국인. 중국의 저명한 사상가, 철학자, 문학가. 도가(道家)학파의 대표인물. 노자(老子)의 사상과 더불어 '노장(老莊)철학'으로 불림. 생활이 빈곤(貧困)했으나 부귀영화(富貴榮華)를 멀리하고 권세(權勢)와 명리(名利)를 가벼이 여김.

장자의 평소 주장은 독립인격(獨立人格)을 유지(維持)하고 보호(保護)하는 것에 역점(力點)을 둠. 유유자적(悠悠自適)하는 인간 세상을 초월(超越)하는 경지(境地)에서 정신적 자유를 누리는 행태(行態)인 소요(逍遙)를 추구(追求)하고 독립, 자주적인 인간형을 그리는 무시(無恃)를 그의 정신의 주요 실천 지침(指針)으로 삼았다. 당(唐) 대에는 '남화(南華)진인(眞人)'으로 추앙(推仰)되었고 그의 주요 저작인 『장자』는 『남화진경(眞經)』으로 불려진다.

■ **출간 연대:**

전국시대 중기

■ 책 소개:

『장자』의 저작은 33편으로 구성되어 있으며 '내편'과 '외편' 및 '잡편'의 세 부분으로 나누어져 있다. '내편' 7편이 장자의 저작이고 '외편' 15편이 장자 제자의 저작이다. 장자 사상의 진실(眞實)된 면모(面貌)를 알 수 있는 책이다. 잡편 11편은 사상의 영향관계가 조금 복잡(複雜)하다. 장자 학파 혹은 후대의 학자들에 의해 기록되었다고 보여 진다.

「도척」(盜跖)이나 「설검」(說劍) 같이 장자 학파의 사상이 아니라고 여겨지는 부분도 있다. 내편은 장자철학을 가장 잘 표현한 곳으로 「제물론」(齊物論), 「소요유」(逍遙游)와 「대종사」(大宗師)와 같은 곳에 집중적으로 표현되어 있다.

■ 역사 배경과 영향 등:

장자는 세상의 어지러움을 미워하고 세속적인 것을 혐오(嫌惡)하는 철학자였다. 전국시대에 태어나 양(梁)혜왕(惠王)과 제(齊)선왕(宣王)과 동시대 인물로 맹자(孟子)보다 약간 연령(年齡)이 낮았다. 몽(蒙)국의 칠원(漆園) 소리(小吏)를 지냈으며 매우 곤궁(困窮)한 생활을 보냈다. 그럼에도 불구하고 장자는 초(楚)위(威)왕의 초빙(招聘)을 거절(拒絶)하고 도덕적인 청렴(淸廉)과 정직한 성품을 나타냈으며 상당(相當)히 예리(銳利)한 두뇌(頭腦)를 가진 인물이었다.

일생을 명리(名利)에 담백(淡白)하고 품성(品性)을 수양하기를 주장했으며 청정(淸淨)하고 무위(無爲)한 인간상과 세상에 대한 비판(批判)은 바로 세상에 대한 비분강개(悲憤慷慨)와 절망(絶望)의 표현이기도 했다. 이는 장자의 고결(高潔)한 세상에 대한 사랑과 진솔(眞率)한 애정(愛情)을 나타내 보이는 것이기도 했다.

■ **책 주요 내용:**

몇 가지 중요한 장자의 관점을 정리한다.

첫째, 생명에 대한 고찰(考察)과 애착(愛着)의 정신이다. 장자는 말한다. 우리의 생명은 유한(有限)하다. 그러나 지식(知識)은 무한(無限)하다. 유한한 생명으로 무한한 지식을 추구한다면 피곤(疲困)을 느끼게 될 것이다. 우리가 부단히 쉬지 않고 지식을 추구한다고 하면 그 피곤은 배(倍)가 될 것이다.

둘째, 이름(명, 名, 즉 ,명분)과 지식에 대한 성찰(省察)이다. 이름(명, 名)은 상호 모순(矛盾)되는 성질의 원인을 제공한다. 지(智)는 상호 투쟁(鬪爭)하는 수단이 된다. 명과 지 양자(兩者)는 흉기(凶器)이다. 그것을 사용하면 안 된다.

셋째, 도(道)에 대한 고찰이다. 천하에 도가 있다면 성인은 그 사업을 성취할 수 있다. 천하에 도가 없다면 성인은 생명을 보전(保全)할 수 있을 뿐이다. 현재 이 시대에 형벌(刑罰)만을 피할 수 있을 뿐이다. 행복을 털과 같이 가볍다면 어떻게 이를 받아들일지 모른다. 화(禍)가 대지(大地)같이 무겁다면 어떻게 피(避)해야 할지 모른다.

넷째, 용(用), 즉, 사용(使用)의 원리에 대한 언급(言及)이다. 사람들은 유용(有用)의 용처(用處)를 모두 알고 있다. 그러나 무용(無用)의 이보다 더 큰 용처라는 것은 모른다.

다섯째, 물과 고기의 관계는 어떠한가? 시냇물이 마르면 고기는 육지(陸地)에 갇히게 된다. 시냇물은 아가미에 물을 불어 넣어준다. 고기는 남은 물을 시냇물에 끼얹어 준다. 이러한 상황은 감동(感動)적이지만 강호(江湖)에서 유유(悠悠)히 고기가 유영(遊泳)하는 것만큼은 못하다. 상대방의 존재를 잊을 수 있기 때문이다. 이것이 정신 자유를 체현하기 위한 추구이다.

여섯째, 대자연과 나의 관계는 무엇으로 환원되는가? 대자연은 나에게 형체(形體)를 준다. 생명을 주어 나를 움직이게 한다. 늙게 하여 나를 한가(閑暇)롭게 한다. 죽게 하여 나를 안식(安息)하게 한다. 그러므로 나를 생존(生存)하게 하고 똑같이 나를 사망(死亡)하게 하는 것이다.

일곱째, 봄과 여름에만 생존하는 곤충(昆蟲)은 겨울에 대해 얘기할 필요가 없다. 이런 이치로 말이 통하지 않는 사람에게는 말할 필요가 없다.

여덟째, 우물 바닥에 있는 개구리에게는 대해의 광활(廣闊)함을 얘기할 필요가 없다. 얘기가 안 통하는 사람에게 얘기할 필요가 없다는 말이다.

시경(詩經)

■ **제목:**

시경(詩經)

■ **작자:**

미상(未詳). 광범위한 지역의 민간 악가(樂歌)를 채집함.

■ **출간 연대:**

지금부터 2500백 년 전인 주(周)대.

■ **책 소개:**

시가(詩歌) 350수를 싣고 있다. 내용으로 보아 풍(風), 아(雅)와 송(頌)의 세 부분으로 나눈다. '풍'은 15수의 지방의 민가(民歌, 민요)를 담고 있으며 이 지방은 오늘날의 산서, 협서, 하남, 하북, 산동 및 호북 북부 일대를 가리킨다. 그래서 '15국풍(國風)'이라고 한다. 160편이 있으며 『시경』의 핵심 내용이 된다.

'풍'의 뜻은 토풍(土風), 풍요(風謠)의 의미를 띠고 있다. '아'는 정성(正聲) 아악(雅樂)으로 귀족의 향연이나 제후의 조회(朝會)시에 연주되던 악가(樂歌)가 산재한 형상에 따라 '대아(大雅)', '소아(小雅)'의 105편이 있으며 그 중 31편이 '대아'이고 74편이 '소아'이다.

'송'은 제사(祭祀)에 연주되던 악가로 '주송'(周頌)이 31편, '노(魯)송(頌)'이 4편, 그리고 '상(商)송(頌)'이 5편으로 총 40편으로 구성되어 있다. 『시경』은 중국의 고전이자 유가(儒家)사상의 핵심(核心)인 '오경(五經)'의 하나이다.

■ 역사 배경과 영향 등:

공자(孔子)는 『시경』의 305편 한편 한편이 모두 고사(故事)를 가지고 있고 그 고사(이야기)들은 모두 하나씩의 도리를 가지고 있는 것으로 보았다. 그래서 많은 도리가 『시경』 속에 있으며 모든 『시경』 속의 도리를 하나도 빠짐없이 하나의 표현(表現)으로 한다면 그것은 '사무사(思無邪)'라고 할 수 있다고 하였다.

즉, 인간의 생각과 사상, 염두(念頭)는 모두 천리(天理), 즉, 하늘의 이치 중에서 나온 것으로 사욕(私慾)으로 왜곡(歪曲)할 수 없는 것이라는 말이다. 이 한마디가 바로 『시경』의 사상과 도리를 개괄(概括)하는 표현이 되었다.

■ 책 주요 내용:

『시경』은 총 305수의 시가를 싣고 있는데 그 중 6편이 '생시(笙詩)'로 표제(標題)만 보이고 내용이 없다. 현존하는 305편은 표제(標題)와 문사(文辭)를 모두 갖추고 있으며 전국 시대에 예악(禮樂)이 붕괴(崩壞)되고 악보(樂譜)가 대량 실전(失傳)되었다. 현존하는 가사(歌詞)는 모두 『시경』에 수록(收錄)되었다. 선진(先秦)시기에는 『시(詩)』라 칭하였고 시가의 숫자를 취해 『시삼백』이라고 하였다.

서한(西漢) 시대에는 유가의 경전으로 추앙되어 비로소 『시경』이라 불려서 오늘날까지 사용되고 있다. 여기에 수록된 시들은 모두 음악에 맞추어 가사(歌辭)가 만들어진 작품들이어서 고대 시가, 음악, 무용이 서로 결합된 형식을 갖추었다. 그러나 장기간의 전승(傳承) 과정 중에 악보와 무용은 없어져 버리고 시가만 남게 되었다.

『시경』은 전면적으로 주(周)대(서주(西周), 동주(東周)와 춘추(春秋) 중기(中期)의 사회생활을 그 시대 배경으로 한다. 중국 노예사회의 흥성(興盛)에서 쇠퇴(衰退)시기까지의 역사적인 면모(面貌)를 사실적으로 묘사(描寫)하고 있다.

어떤 시(위풍)는 냉소(冷笑)적인 어조(語調)로 노예주인의 탐욕(貪慾)적인 성격과 불로소득(不勞所得)을 바라는 기생(寄生)의 본성을 상징(象徵)적으로 묘사(描寫)하고 있고 인민 대중의 반항(反抗)의 소리와 이성(理性)적인 생활에 대한 바람을 담고 있다. 노예제 붕괴에 따른 노예의 각성(覺醒)을 담고 있다. 또 어떤 시들(소아, 유풍, 당풍)은 전쟁에 징발(徵發)된 장정(壯丁)들의 고향(故鄕)에 대한 그리움과 전쟁(戰爭)을 원망(怨望)하는 애환(哀歡)을 담고 있다.

또한 어떤 시들(왕풍, 위풍)은 전쟁에 징발(徵發)된 남편(男便)을 그리고 있다. 이렇게 서로 다른 각도에서 서주 시기의 불합리한 병역(兵役)제도와 전쟁 노역(勞役)이 인민에게 끼치는 무한한 고통과 재난(災難)을 반영하고 있는 것이다. 또 어떤 시들(주남)은 부녀(婦女)들의 노동(勞動) 과정을 사실(事實)적으로 묘사(描

寫)하고 있으며 '유풍'은 노예의 1년 사계절(四季節)의 노동생활을 그리고 '소아'는 노예(奴隷)의 목양(牧羊)생활을 묘사하고 있다.

청춘 남녀의 애정을 묘사한 작품들도 있는데 '진풍'은 남녀의 꿈과 같은 추구를 담고 있고, '정풍'과 '북풍'은 남녀의 애정적인 만남을 표현하고 있다. '왕풍'은 남녀 간의 고통스러운 상사(相思)의 마음을 담고 있으며 '위풍'과 '소남'은 남녀 간의 상호 선물을, '당풍'과 '정풍'은 가장(家長)의 간섭(干涉)과 사회(社會) 여론(輿論)이 청년 남녀에게 주는 고통(苦痛)을 반영(反映)하고 있다. '북풍'과 '위풍'은 버림받은 여인의 애원(哀怨)을 그리며 남자의 배은망덕(背恩忘德)에 분노(忿怒)하며 꾸짖고 있어서 계급(階級)사회의 수많은 부녀(婦女)의 비참(悲慘)한 운명(運命)을 반영(反映)하고 있는 것이다.

주역(周易)

■ 제목:

주역(周易)

■ 작자:

미상(未詳)

■ 출간 연대:

미상

■ 책 소개:

『주역』은 중국의 가장 중요한 문화, 사상 방면의 고전이다.

고대 중국인들이 이 책에 의거하여 미래를 예측(豫測)하고 국가 대사를 결정하는 등 그 당시의 현상(現狀)과 상황(狀況)을 반영한 책이다. 위로는 하늘(자연)을, 아래로는 대지(大地)를, 그리고 그 가운데 인사(人事)를 예측(豫測)하는 중요한 근거(根據)가 되는 책이었다.

고대인들이 과학적인 방법을 적용(適用)하기 전에 의존(依存)했던 수단(手段)이 되었다. 그러므로 과학적이라고 하기에는 문제가 많다. 오히려 과학적인 합리성(合理性)적인 측면(側面)에서 그 성격(性格)을 찾을 수는 있을 것이다. 그러므로 과학이라기보다는 문화의 성격을 가진 저술(著述)이다.

『주역』에서의 '주'는 동한(東漢) 정현(鄭玄)의 『역론』(易論)에 '주'를 '주보'(周普)라고 한 말이 나온다. 즉, 주도면밀(周到綿密)하게 갖추어진 천지 만물(萬物)과 자연(自然)은 운행(運行)과 순환(循環)을 거듭한다는 의미를 띠고 있다. '역'은 다음 몇 가지의 해석을 가진다.

첫째, 전갈의 의미이다. 전갈을 나타내는 상형(象形)글자로 허신(許愼)의 『설문해자』(說文解字)에 전갈은 몸의 색깔을 변화(變化)시키므로 '변색용(變色龍)'이라고 불리며 '역'의 뜻을 전갈의 변화를 의미하는 뜻과 같은 것으로 보았다.

둘째, 서주(西周)의 '역'은 서주 예악제도의 변혁을 그 조건으로 한다. 당시 예(禮)는 절도(節度) 있는 규칙을 의미하고 역은 아악(雅樂)을 의미(意味)하는 것이었다. 이 둘은 모두 통치(通治)계층(階層)이 백성(百姓)을 다스리는 방법과 종법(宗法)제도를 보호유지하는 수단(手段)과 도구(道具)로 보았다. '주역'은 이러한 의미에서 서주의 음악(音樂)과 악기(樂器)를 제어(制御)하는 규칙으로 상류층 사회에서 통용(通用)되는 의미였다.

셋째, 일월(日月)을 의미한다. 넷째, 일출(日出)을 의미한다. 다섯째, 점복(占卜)의 이름이다. 여섯째, 변역(變易)과 변화의 의미를 띤다. 천하 만물은 항시 변화하며 그러므로 『주역』은 인간이 변역에 대한 인식(認識)과 방법(方法)을 지도(指導)해주는 서적

(書籍)이다. 일곱째, 교역(交易)의 의미를 띤다. 음양의 소장(消長)의 상호 변화를 의미하며 태극도(太極圖) 같은 것이 그 일례(一例)이다.

여덟째, 역은 '도(道)'를 의미한다. 항상(恒常)적인 진리를 의미하며 사물이 시공(時空)에 따라 변환(變幻)하지만 따라 이 항상적인 도는 변화하지 않는다. 결론(結論)적으로 정현의 정리(整理)에 의하면 역은 세 가지 의미를 띠는데 역간(易諫), 변역, 그리고 불역(不易)의 세 가지이다. 역간은 자연에의 순응(順應)과 그것을 역과 간의 두 성질로 요약(要約)하고, 변역은 시시각각(時時刻刻)으로 변화하는 상태를 의미하며 불역은 항상 변화하지 않는 생태(生態)를 의미한다.

『시경』의 내용을 예로 들면 '일취월장(日就月將)'에서 일월의 운행은 인위(人爲)적이지 않은 자연적인 것을 표현하며 이것이 간역(簡易)이고 그 위치(位置)와 형상(形象)은 시시각각으로 변화하는데 이것이 변역이며 언제나 동쪽에서 떠서 서쪽으로 지는 것이 불역인 것이다.

■ 역사 배경과 영향 등:

『주역』은 오랜 세월 동안 많은 중국인들에 의해 제작된 것이다. 점복(占卜)은 원래 중국 고대 문명의 중요한 한 부분을 차지한다. 하(夏) 상(商) 양 대에 점복이 중요한 국가의 대사가 되었으며 갑골문(甲骨文)과 금문(金文)을 거치면서 주(周)대에 완전한 부호(符號) 체계(體系)를 이루었다. 이것이 고대 중국의 역사와 문화에 중요한 역할(役割)을 수행(遂行)했다.

한편으로는 점치는 일을 해석하여 문자로 기록하는 일이었고 또 다른 하나는 새로운 점치는 원칙(原則)을 수립하여 새로운 기구(器具)를 사용하여 점을 치는 일이었다. 이러한 고대의 사정이 모두 이 『주역』 안에 기재(記載)되어 있다. 그러므로 고대의 철학, 자연과학 및 사회과학의 경전(經典)이 되었다.

『주역』은 육경(六經)의 가장 먼저 나오는 책이 되었다. 육경은 역(易), 시(詩), 서(書), 예(禮), 악(樂)과 춘추(春秋)를 일컫는다. 공자(孔子)도 세 번이나 책이 끊어질 정도로 읽었으며 진시황(秦始皇)도 책과 유학자를 모두 묻어버리는 일을 저지르는 분서갱유(焚書坑儒) 시(時) 감히 이를 태우지 못했다.

■ 책 주요 내용:

『역경』은 경전의 의미를 띠며 『주역』은 『상서(尙書)』, 『시경(詩經)』, 『예기(禮記)』 및 『춘추(春秋)』와 더불어 오경(五經)에 속한다.

『주역』의 내용은 다음과 같다. '경(經)'과 '전(傳)'의 두 부분으로 나누어져 있으며 '경'은 64괘(掛)의 괘형(掛形) 부호와 괘효사(爻辭)로 구성되어 있다. '64괘'는 '8괘'가 두 번씩 중첩(重疊)되어 나타내는 형태로 '8괘'는 '음', '양'의 두 효(爻)가 3중첩을 이루어 구성되는 것이다.

『주역』의 '음'과 '양'은 각각 중단(中斷)되었거나 연결(連結)된 선 모양(模樣)의 형상(形象)을 나타낸다. 즉, '– –'와 '______'를 나타내는 것이다. 고대인들은 음양의 범주(範疇)로 한서(寒暑), 일월, 남녀, 주야(晝夜), 기우(奇偶, 홀짝) 등 여러 개념(槪念)을 표현하는 것이다. 이것이 곧 일양(一陽)과 일음(一陰)이 조화(調和)를 이루어 도(道)가 되는 것이다. 이러한 '음'과 '양'의 기초 하에서 성인은 그 부호를 세 중첩하여 8가지의 형상을 만들어 낸다. 이것이 각기 서로 다른 괘명(掛名)을 나타내는데 이것에 각각의 상응(相應)하는 상징(象徵)의 의미를 부여(賦與)하고 이를 '팔괘'라고 한다.

구체적으로 이렇게 음양 2개가 중첩된 양상이 3중첩되면 모두 64가지의 괘가 형성된다. 이것이 64괘이고 384효가 된다. 이것이 상징으로 각각의 의미를 나타내는데 이것이 괘효사(卦爻辭)이다. 이것이 모두 의미를 갖고 있고 이것에 인간사를 대응하여 그 앞날을 예측하는데 사용하는 것이 『주역』의 한 기능(機能)이다.

서경(書經)

■ **제목:**

서경(書經)

■ **작자:**

미상(未詳)

■ **출간 연대:**

춘추 시대 공자 이전(以前)

■ **책 소개:**

『상서(尙書)』 혹은 『서(書)』라고 한다. 다(多) 체재(體裁) 문헌 회편(匯編), 즉, 여러 가지 문장(文章) 형식(形式)이 혼합(混合)된 중국 최초(最初)의 역사서(歷史書)이다. 『서경』의 내용은 중국 최초의 신화(神話) 속의 임금인 요(堯)와 순(舜)으로부터 춘추 시기의 진(秦) 목공(穆公)에 이르기까지 중국 최초의 왕조(王朝)인 하(夏), 상(商), 주(周)의 삼대(三代)를 포함(包含)하고 있다. 『서경』은 중국 고대의 역사와 정치사상의 연구에 중요한 자료(資料)이며 사서오경(四書五經)의 중요한 경전 중의 하나이다.

4000-2600여년 이전의 역사를 기술(記述)하고 있는데 당(唐), 우(虞), 하(夏), 상(商), 주(周)의 역사를 전(典), 훈(訓), 고(誥), 서(誓)와 명(命) 등의 부(部)로 나뉜다. 『서경』은 공자가 주(周)에서부터 삼대(三代)에 이르기까지의 정치에 대한 문헌(文獻)을 수집하여 3천 편을 모아 분류하여 가감(加減)의 방법을 통하여 120편을 정리(整理)하여 『서경』으로 서명(書名)을 지었다.

『서경』은 원명이 『서』로 한 대(漢代)에 『상서』로 개칭(改稱)했고 이 의미는 상대(上代)의 책이라는 것이었다. 중국 최초의 고대 역사문헌과 고대 사적(事迹)과 저작을 부분적으로 모은 책이다. 상(商)과 주(周), 특히 서주(西周) 초기의 중요한 역사를 담고 있는 사료이다.

『서경』은 공자가 편집하여 완성한 책으로 전해지며 몇 몇 편은 후대 유가가 보충하여 삽입한 것이다. 서한(西漢) 초기에 28편이 존재했으나 한대에 통용(通用)하는 문자(文字)인 예서(隸書)로 필사(筆寫)하여 『금문(今文)상서』로 불린다. 이에 대해 한 무제 때 공자가 주거(住居)했던 저택(邸宅)의 벽(壁)에서 발견된 것을 『고문(古文)상서』라고 한다. 그러나 이것은 편목(便目), 즉, 제목과 소량(小量)의 내용만이 전해진다.

동진(東晋) 시기의 매색(梅賾)이 패러디한 『고문상서』가 있는데 이는 『금문상서』보다 16편이 많다. 현재 통행하는 『십삼경주소(注疏)』본(本) 『상서』는 『금문상서』와 위조(僞造)본(本) 『고문상서』의 조합(組合)본이라고 보면 된다.

■ **역사 배경과 영향 등:**

한(漢) 왕조 이후 『서경』은 중국 봉건 사회의 정치철학 경전으로 간주되었다. 즉, 제왕의 교과서(教科書)이자 귀족(貴族) 자제(子弟)들과 사대부(士大夫)가 반드시 읽어야 하는 '대경(大經) 대법(大法)'으로 자리 잡았다. 이렇게 중국 역사상 큰 영향을 남겼다.

■ **책 주요 내용:**

『서경』에 기록된 내용은 우(虞), 하(夏), 상(商)과 주(周)대의 전(典), 모(謨), 훈(訓), 고(誥), 서(誓)와 명(命) 등의 문헌이다. 그 중 우와 하 및 상대의 문헌 일부분은 구전(口傳)을 통해 기록된 것으로 신뢰성(信賴性)이 떨어진다. '전'은 중요한 사실(史實) 혹은 전제(專題) 사실의 기재(記載)를 의미하며 '모'는 군신(君臣)의 모략을 기록한 것이며 '훈'은 신하가 군주를 깨우치는 말을 기록한 것이다. '고'는 독려(督勵)하는 내용을 담은 포고(布告)같은 성격의 문장이며 '서'는 군주가 병사들을 훈계(訓戒)하는 내용을 담고 있다. '명'은 군주의 명령(命令)에 대한 내용이다.

『서경』에는 또한 인명(人名)으로 제목을 붙인 경우가 있는데 『반경』(盤庚)과 『미자』(微子)등이 여기에 속하고 사건을 중심으로 표제를 단 『고종융왈』(高宗肜曰)과 『서백감여』(西伯戡黎)와 내용을 표제(標題)로 단 『홍범』(洪範)과 『무일』(無逸) 등의 형식으로 분류(分類)할 수 있다. 이러한 내용들은 모두 언행(言行)을 기록한 산문(散文)에 속한다.

서사적 내용이 비교적 많은 『고명』(顧命)과 『요전』(堯典) 등의 내용 중에서 『우공』(禹貢)편은 하(夏) 왕조 우(禹)임금이 황

하(黃河)를 치수(治水)한 기록을 담고 있다. 그러나 이 편은 고대 지리지(地理地)와 같은 것으로 『서경』의 다른 편들과 체제가 다른 점으로 보아 후대 사람의 저술(著述)인 것으로 추측(推測)된다.

문학 방면에서는 『서경』은 중국 고대의 산문의 시초(始初)로 평가된다. 『좌전』(左傳) 등에 기록된 바에 따르면 『서경』 전에 『삼분』(三墳) 등이 기록되어 있으나 전해 내려오지 않는다. 『서경』의 문장은 구조(構造)가 점차로 완전하게 자리 잡아 일정한 품격(品格)을 지니게 되었다. 후에 춘추전국 시기 산문의 발흥에 계승과 발전이 이루어졌다. 진(秦)과 한(漢) 이후 각 조대(朝代)의 제고(制誥), 조령(詔令), 장주(章奏) 등의 문장은 모두 『서경』의 영향을 받았다.

춘추(春秋)

■ **제목:**

춘추(春秋)

■ **작자:**

공자의 정리, 편찬(編纂)

■ **출간 연대:**

공자 생존의 시기. 대략 기원전 450년 좌우

■ **책 소개:**

『춘추』는 유가(儒家) 오경 중의 하나이다. 공자가 노(魯)국의 사서(史書)에 의거하여 수정(修正)을 가해 완성한 저술이다. 각 제후국의 중요한 역사 사건을 기재하였고 왕도(王道) 사상을 선양(宣揚)하였다. 이 저술로 인하여 그 이후 '춘추'라는 용어는 중국 역사상의 한 시기로 자리 잡게 되었다.

『춘추』는 『인경』(麟經), 『인사』(麟史)라고도 하며 노국의 편년사(編年史)이다. 공자의 수정을 거쳐 완성되었다. 노국의 은(隱)공 원년(元年)(기원전 722년)부터 애(哀)공 14년(기원전 481년)까지의 역사에 대한 연대기별(年代記別) 사건 중심으로 기록한 편년체 사서 중 중국 최고(最古)의 권위서이다. 그러나 그 사료적 가치가 큼에도 불구하고 완전하게 기술되어 있지 않아 왕안석(王

安石)은 『춘추』를 '단편(斷篇)적이고 산만(散漫)한 보고서(報告書)' 같은 것으로 혹평(酷評)한다.

중국의 상고(上古) 시기에는 봄과 가을이 모든 제후가 왕실(王室)에 알현(謁見)하는 시절(時節)이었다. 그러므로 왕실과 제후의 여러 가지 사건에 대한 기술이 되어 있으며 1년 4계절 중에 발생하는 대사(大事)에 대한 기록이 주를 이루었다.

■ 역사 배경과 영향 등:

'춘추(春秋)' 용어는 여러 가지 의미를 가지고 있다. 특히 중국문화에서 중요한 역할을 차지하는 의미들이다. 그 몇 가지를 들어보면 다음과 같다. 첫째, 1년을 의미한다. 고대 중국은 농경 위주의 사회이고 1년 중 춘추는 중요한 두 계절을 가리킨다. 봄에 파종(播種)하고 가을에 추수(秋收)하는 형식은 춘추를 1년의 가장 중요한 순환(循環)과 교체(交替)의 시기(時期)로 보았다.

그러므로 춘추를 1년을 대신하는 용어로 사용했다. 그러므로 세월과 광음(光陰)을 의미하는 것이기도 했다. 일설에는 고대에 최초에는 4계절에 대한 인식이 부족하여 봄과 가을(춘추) 만 있는지 알았다고 한다. 그러므로 고대인은 고서(古書)에서 '춘추'를 1년으로 여겼다. 어떤 상황 하에서는 사람의 연령(年齡)과 수명(壽命)을 가리키는 말이기도 했다. 춘추라고 하면 나이 든 어른의 나이를 말하는 것이었다.

둘째, 역사를 가리킨다. 셋째, 시대를 나타낸다. 노(魯)국(國)에서 『춘추』를 편찬하여 얻어진 말이다. 일반적으로 기원전 770년부터 476년까지의 기간이다. 넷째, 유가 경전의 하나이다. 편년체(編年體) 춘추사를 가리킨다. 전하는 바에 따르면 공자(孔子)가 노국 사관(史官)이 편찬한 『춘추』를 정리, 수정하여 완성한 것이라 한다.

기원전 722년부터 481년까지 242년 동안의 사사(史事)를 나타낸다. 이렇게 『춘추』는 중국 최초의 편년체 사서(史書)가 되었다. 다섯째, 고대 사서(史書)의 통칭이다. 문필(文筆)의 일종으로 '춘추필법(春秋筆法)'이라 한다.

이러한 의미에서 『춘추』는 중국인의 역사에 대한 기록의 총칭(總稱)이 되고 특히 춘추시대에 시작된 중국의 '르네상스'에 대한 대표적인 기록을 남긴 저작(著作) 중의 하나가 되었다.

■ **책 주요 내용:**

『춘추』는 사건을 기록한 역사서이다. 사건의 기록이 간략(簡略)하게 기술되어 있고 문장 표현이 간단명료(簡單明瞭)하게 되어 있다. 242년간의 제후 간의 전쟁, 맹회(盟會), 찬시(簒弑)와 제사(祭祀), 재이(災異) 예속(禮俗) 등이 모두 기록되어 있다. 노국 12대의 연대별 기록이 모두 정확히 들어맞는다.

예를 들어 기록되어 있는 일식과 서양학자의 『식경』(蝕經)을 비교하면 30 여 차례의 상호 부합하는 것을 알 수 있다. 현대의 관점(觀點)에서 보아 이런 차원에서 『춘추』는 신사(信史)로서 믿음을 주는 역사의 기록서임을 알 수 있다.

『춘추』의 최초 원문은 1만 8천자에 불과했다. 그러나 현존(現存)하는 판본은 1만 6천자이다. 언어 표현 상 간단하게 표시하고 용어 사용에 있어서 질서 있는 표현 양식을 보여준다. 그러나 문장이 너무나도 간결(簡潔)해서 일반인이 이해하기가 어렵다.

그래서 여러 가지 주석본이 출현했는데 그것들을 '전(傳)'이라고 한다. 그 중 좌구명(左丘明)의 『춘추좌씨전(春秋左氏傳)』, 공양고(公羊高)의 『춘추공양전(春秋公羊傳)』, 곡량적(穀梁赤)의 『춘추곡량전(春秋穀梁傳)』의 세 저작(著作)을 합쳐서 『춘추(春秋)삼전(三傳)』이라 하고 유가 경전에 포함시킨다.

현 『춘추』 원문을 『좌전』과 합쳐 '경(經)' 이라 하고 『좌전』의 새로 보충한 내용을 '전(傳)'이라 한다. 공양전과 곡량전은 서한(西漢)의 초기에 저술되었으며 당시 통용되던 예서(隷書)로 쓰여진 것이다. 그래서 금문(今文)이라 한다.

좌전은 2종류가 있는데 1종류는 공자의 저택 벽 속에서 나왔으며 진(秦) 조(朝) 이전의 고대 자체로 씌어져 있어서 이를 고문(古文)이라 한다. 다른 한 종류는 전국(戰國) 시대의 순경(荀卿)에 의해 전승되어 온 것이다.

공양전과 곡량전은 좌전과 아주 다른 양상을 보이고 있다. 공양전과 곡량전은 '미언(微言)대의(大義)'를 주장하는데 이는 공자의 본의(本意)가 잘 드러나게 서술하는 것이다. 『춘추』를 공자의 저작으로 보기 때문이다. 그러므로 견강부회(牽强附會)의 혐의(嫌疑)가 있는 내용이 있다고 주장하는 사람들이 있게 되는 것은 이 때문이다.

좌전은 사실(史實)에 충실하여 『춘추』 중에 기록되지 않은 대사(大事)를 보충(補充)했다. 그러므로 『춘추』의 기록과 차이가 있는 부분이 있는 곳이 있는데 그럼에도 불구하고 좌전의 사료로서의 가치가 공양전이나 곡량전보다 크다고 한다.

묵자(墨子)

■ 제목:

묵자(墨子)

■ 작자:

묵적(墨翟), 즉, 묵자

■ 출간 연대:

묵자(기원전 468-376년) 사후(死後).

■ 책 소개:

『묵자』는 내용이 광범위한 묵가 사상의 대표적인 정치 철학 저작이다. 정치, 군사, 철학, 윤리, 논리, 과학기술 등의 분야를 포함하고 있다. 1인의 저작이 아닌 여러 사람의 저작이며 한 시대가 아닌 여러 시대에 걸쳐 완성되었다.

■ 역사 배경과 영향 등:

『묵자』의 학설은 크게 6가지로 나눌 수 있다. 겸애(兼愛)비공(非攻), 천지(天志)명귀(明鬼), 상동(尙同)상현(尙賢), 절용(節用)절장(節葬), 비악(非樂)과 비명(非命)의 여섯 부분이다. 겸애비공은 평등하게 남을 사랑하는 정신과 남을 공격하지 않는 평화주의론자의 정신이다.

천지명귀는 하늘이 뜻과 의지를 가지고 있어서 군주를 통해 천의(天意)를 실현(實現)하는 것으로 보았다. 즉, 하늘이 민(民)에게 벌을 주거나 상을 주거나 할 수 있는 의지를 지닌 존재로 본다. 그러나 귀신의 존재를 믿었기 때문에 군주 권력을 제한하는 민주적인 사상을 지녔지만 한편으로는 미신을 믿는 사상을 가지고 있었다.

상현상동은 백성과 천자가 모두 하늘의 의지와 일심동체가 되어야 한다는 것이다. 이를 위해 정의를 실천하는 '의정(義政)'을 실천해야 한다고 주장한다. 백성은 군주에 복종해야 하고 지배계층은 피지배계층의 고충을 이해해야 한다. 군주는 그러므로 어진 현인(賢人)이 담당해야 한다.

절용절장은 군주와 귀족의 사치낭비를 공격한다. 장례(葬禮)와 절약(節約)을 강조하는 것이다. 청렴(淸廉)한 생활(生活)신조(信條)가 묵자의 몸소 실천한 항목이었다. 비악은 음악을 반대하여 이를 사치라고 여기는 것이다. 비명(非命)은 유가(儒家)의 '생사는 운명(運命)이 정해져 있고 부귀(富貴)는 하늘에 달려있다'는 운명론을 배격(排擊)한다. 이러한 주장은 '운명을 대중을 우둔(愚鈍)하게 만드는 가식(假飾)적인 것'으로 규정한다. 이러한 사상이 인간의 창조력(創造力)을 소모(消耗)하게 하고 손상(損傷)시키며 이러한 운명을 거부(拒否)해야 한다는 것이 묵자의 주장이다.

이러한 선진(先進)적이고 민주적인 요소와 비민주적인 요소가 섞여있고 과학적인 정신과 미신적인 정신이 뒤섞인 묵자 사상은 절대적인 희생(犧牲)과 봉사(奉仕)를 강조하고 사회적인 무한한 베풂의 사상을 견지하여 결국 3대 묵자 후에 사상의 맥이 끊기고 말았다.

근대 이후 중국 사상 연구에 열을 올리게 된 이후부터 중국 자신을 돌아보고 자신의 유산(遺產)을 찾아 모색하는 재인식(再認識)의 차원(次元)에서 양계초 등에 의해 묵자 사상이 재조명(再照明)을 받게 되었다.

■ **책 주요 내용:**

『묵자』의 내용은 크게 다음 5 가지로 나눌 수 있다. 첫째, 「친사(親士)」, 「수신(修身)」, 「소염(所染)」, 「법의(法儀)」 「칠환(七患)」, 「사과(辭過)」 및 「삼변(三辯)」의 7편을 하나로 묶을 수 있다. 이 부류는 잡가(雜家)의 주장을 담고 있다. 전 3편은 도가, 유가 및 법가의 내용을 담고 있고 후 4편은 묵가의 주장인 묵학(墨學)의 개요(概要)를 포괄(包括)한다.

둘째, 「상현(尙賢)」 상중하편, 「상동(尙同)」 상중하편, 「겸애(兼愛)」 상중하편, 「비공(非攻)」 상중하편, 「절용(節用)」 상중하편, 「절장(節葬)」 상중하편, 「명귀(明鬼)」 상중하편, 「비악(非樂)」 상중하편, 「비명(非命)」 상중하편, 및 「비유(非儒)」 상중하편, 등 모두 14편을 담고 있는 내용의 부류로 묵가의 주요 정치사상을 나타낸다. 「비공」 상편과 「비유」 하편을 제외(除外)하고는 각 편 모두 '자(子)묵자왈'의 4자가 들어 있다. 이것으로 보아 묵자 제자들이 묵자의 말씀을 기록한 것으로 보인다.

셋째, 「경(經)」 상하편, 「설경(說經)」 상하편, 「대취(大取)」, 「소취(小取)」 편 등 모두 6편이 해당되는 부류(部類)로 묵변(墨辯), 혹은 묵경(墨經)이라 한다. 이 6편은 어려운 내용으로 되어 있으며 고자(古字)가 많고 변리(辨理)가 심오(深奧)한 특징(特徵)을 나타낸다.

소위 중국 관련 학계에서 주장하는 '소박한 유물주의(唯物主義)'와 '유심(唯心)주의(主義)'이론, '광자역학'과 '수학' 등 자연과학이론, 사회과학, 윤리학, 논리학 등 이론이 전편에서 찾을 수 있다. 그러나 이해가 어렵고 『묵자』 저작의 정수(精髓)를 담고 있는 부분이다.

넷째, 「경주(耕柱)」, 「귀의(貴義)」, 「공맹(公孟)」, 「노문(魯問)」, 「공수(公輸)」 등 5편이 한 분류로 묵자 제자가 묵자에 대해 기록한 언행을 중심으로 기술한다. 묵자의 평생 기록이라고 할 수 있고 『논어』에 비견(比肩)할 수 있다.

다섯째, 수성(守城)의 각 편이 한 부류로 그것들은 「비성문(備城門)」, 「비고림(備高臨)」, 「비제(備梯)」, 「비수(備水)」, 「비돌(備突)」, 「비혈(備穴)」, 「비아전(備虫我傳), 「영적사(迎敵祀)」, 「기치(旗幟)」, 「호령(號令)」 및 「잡수(雜守)」 등 11편이 하나의 범주로 묵가의 병법(兵法)에 대한 내용을 담고 있다.

묵자는 비공(非攻), 즉, 공격을 하지 않기와 방어(防禦) 위주의 계획(計劃)을 주장했다. 여기의 11편 모두가 수비(守備)의 법을 주요 주제로 한다. 묵가 병법은 묵학의 제자들이 연구하여 완성한 것이다. 그러나 이 11편은 고어(古語)가 많고 고대 병법의 진법(陣法)용어가 적지 않아 번역(飜譯)과 이해(理解)가 어렵다.

한비자(韓非子)

■ **제목:**

한비자(韓非子)

■ **작자:**

한비자(기원전 281-233년)

■ **출간 연대:**

전국(戰國) 말기

■ **책 소개:**

중국 법가(法家) 사상의 집대성 저작. 전국 말기 한비자의 저작. 10여 만자로 구성됨. 대부분이 한비자의 작품으로 법(法), 술(術)과 세(勢)를 상호 결합(結合)한 법치(法治)이론을 내세운다. 이로써 선진(先秦) 법가 이론의 최고봉(最高峰)이 되었다. 본 저작은 진(秦)이 육국(六國)을 통일하는 데 이론적인 무기(武器)가 되었으며 동시에 이후 봉건 전제(專制) 제도에 이론적 근거를 제공(提供)했다.

■ **역사 배경과 영향 등:**

당시 중국 사상계(思想界)에는 유가(儒家), 묵가(墨家)가 현학(顯學)으로 유행(流行)하였으며 이들은 '법(法) 선왕(先王)'과 '복고(復古)'를 숭상(崇尙)하는 경향(傾向)을 지닌 사상(思想)이었다.

이에 반해 한비자는 복고(復古)를 반대하고 인시(因時)제의(制宜), 즉, 시대와 상황에 따라 적절(適切)히 응용(應用)할 수 있는 실용(實用)적인 사상 노선(路線)을 지닌 사상이 진정한 값어치 있는 사상이라고 주장(主張)했다.

한비자는 그러므로 당시 형세 상황에 비추어 법치(法治)와 중상(重賞), 중벌(重罰), 중농(重農)과 중전(重戰), 즉, 상벌의 장려(奬勵)와 농사(農事)의 중시(重視) 및 전쟁의 불가피성(不可避性)을 주장했다. 이러한 주장은 군권(君權) 신수(神授)을 제창하여 군주의 권력을 신성(神聖)시하는 계기(繼起)를 이루었다. 진(秦) 왕조 이후 중국 역대의 봉건 왕조의 통치 이념은 모두 한비자의 학설의 영향을 받았던 것이 사실이다.

■ 책 주요 내용:

『한비자』의 사상을 크게 다음 몇 가지로 나눌 수 있다. 첫째, 군주중앙집권의 이론적 근거를 제시한다. 한비자는 군주의 절대(絶代) 권력을 옹호(擁護)하고 강조(强調)한다. 국가의 대권(大權)은 군주에 집중(集中)되어야 한다. 군주는 자신 1인의 손 안에 필연(必然)적으로 권세를 지녀야 하며 이래야 천하를 다스릴 수 있는 것이다.

이러한 군주 권력의 절대화를 위해 군주는 각종 수단으로 세습(世襲) 귀족(貴族)을 제거(除去)해야 한다. 동시에 실제 행정 등에 능하고 훈련(訓練)이 된 봉건 관리로 하여금 귀족을 대신하게 해야 한다. 한비자는 정치의 본질을 개혁과 법치에 있다고 보았다. '법'이란 엄격(嚴格)하게 집행(執行)해야 되는 것이다. 누구도 이에 예외가 될 수 없다. 이를 실천하기 위해 엄형(嚴刑)과 중벌(重罰)을 실시해야 한다고 주장한다. 이렇게 해야 인민이 복종하고 사회가 안정되며 봉건 통치 집단이 공고(鞏固)해 지는 것이다.

민중은 순자(荀子)의 성악설을 받아들여 본성이 악하다고 보았다. 그러므로 법으로 민중을 제한해야 한다. 형을 민중에게 집행해야 한다. 그러므로 형벌을 민중에게 가하는 행위는 인민을 사랑하는 행위와 다름 아니다. 그러나 인민의 노역(勞役)과 세금(稅金) 부과(賦課)에는 반대(反對)한다. 이는 신하의 세력만 불릴 뿐이고 군주의 통치력의 약화(弱化)를 가져오기 때문이다.

신하에 대한 주장을 보면 다섯 가지 부류의 신하는 경계(警戒)하고 이를 멀리해야 한다. 즉, 학자(즉, 유가), 말만 많은 사람(즉, 종횡가), 칼을 지니고 있는 사람(유협, 遊俠), 귀족에 부화뇌동(附和雷同)하고 병역(兵役)을 기피하는 자, 상공(商工) 종사자 등이다. 이들은 법제를 혼란시키고 경전(耕戰), 즉, 농사지으며 전쟁에 임하는 형태에 무익한 '국가의 벌레'이므로 반드시 이를 제거해야 한다.

또한 8가지 경계해야 할 유형은 다음과 같다. 군주의 처(妻)와 첩(妾), 군주의 시중을 드는 주변 인물들, 군주의 형제 친척, 군주에 아첨하는 자, 공공(公共) 재산(財産)을 사사(私事)로이 취하여 민중에 영합(迎合)하는 자, 유세객(遊說客)을 찾아 인심을 매수(買收)하는 자, 여론을 제조하는 신하, 망명(亡命)한 자를 부양하는 자 및 국고(國庫) 재력(財力)을 사용하여 대국과 외교를 맺고 개인 세력을 배양(培養)하는 신하 들이 이들이다.

둘째, 한비자의 정치사상이다. 한비자는 '역사(歷史)진화론(進化論)'을 숭상한다. 역사는 부단(不斷)히 진보(進步)하는 것이다. 역사의 과거에 의존하지 말고 현재의 실제 상황에 맞추어 정책을 제정해야 한다. 그의 역사관은 지주(地主)계급(階級)의 개혁에 이론적인 근거를 제시했다.

한비자는 민중에 대해 성악설의 관점(觀點)에서 이를 다룰 것을 주장한다. 인간 본성은 본래 이익을 추구하게 마련이다.

열자(列子)

■ **제목:**

열자(列子)

■ **작자:**

열자, 즉, 열구(列寇), 혹은 열어구(列御寇). 도교(道敎)에서 '충허진인(沖虛眞人)'으로 추앙(推仰)받는다.

■ **출간 연대:**

전국 시기(기원전 450-375년)

■ **책 소개:**

『열자』는 『충허경(沖虛經)』이라고도 하며 반고(班固)의 『예문지(藝文志)』에는 8권으로 구성되어 있다고 기록되고 있다. 저작 속에는 선진(先秦) 우언(寓言) 고사(故事)와 신화 전설 중의 유익(有益)한 작품이 많이 기재되어 있다. 고사들의 내용은 우리에게 교훈(敎訓)을 주고 있는데 배우고 학습하는데 있어서 사물이나 인간사의 현상에 대한 고찰(考察) 뿐 아니라 왜 그런 현상과 인간의 일이 일어났는지의 이유에 대해 알아야 한다는 내용을 담고 있다. 진정한 진리의 갖춤은 열심히 노력하여 얻는 산지식에 있는 것이다. 지식과 기능은 끝이 없는 것으로 일부분을 배워서 만족하면 안 된다는 가르침이다.

또 다른 고사들은 노인의 신기한 기예(技藝)에 대한 언급이 수록되어 있다. 이들의 기예는 각고의 노력과 연마(鍊磨) 끝에 탄생한 것으로 자신의 노력으로 운명과 자신의 성격을 바꿀 수 있다는 계시(啓示)를 주고 있다.

■ 역사 배경과 영향 등:

『열자』는 제자백가 중의 도가(道家) 및 도교(道敎)에 속하는 사상을 담고 있다. 전국 시대는 전쟁의 포화 속에서 백성이 도탄(塗炭)에 빠진 세상이 어지러운 시기였다. 이 시기의 열자는 매우 궁핍하게 생활했고 그의 재능과 인격을 알아 본 후원자들에 양식(糧食) 등을 제공하겠다는 호의를 그는 항상 거절했다.

그의 안색(顔色)은 기아(饑餓)로 인하여 황색(黃色)으로 야위었으며 항상 배고픔이라는 기본적인 문제에 시달려야 했다. 그는 이러한 상황 하에서 후원자(後援者)들의 호의(好意)를 거절(拒絶)하고 남에게 이해되지 않는 인물로 비추게 되었다. 심지어는 이러한 인물이 존재(存在)했는지에 대한 논란(論難)이 있을 정도였다.

열자의 배고픔 속에서 양식 제공을 거절하는 행동을 이해하지 못하는 것은 아내도 마찬가지였다. 그러는 아내에게 그는 이렇게 답한다. "그(후원자)가 나에게 양식을 주고자 함은 남의 얘기를 듣고 그렇게 하고자 하는 것 이니 또 다른 사람의 말을 듣고 나를 원망할 수 있는 것이요. 그러니 내가 받을 수 없는 것이다." 1년 후 정국(鄭國)에서 반란(叛亂)이 일어나 열자에게 호의를 보인 후원자인 자양(子陽)이 피살되고 그의 무리가 모두 사형(死刑)에 처해졌으나 열자만은 안전하게 남게 되었다. 이러한 열자의 고사가 정주(鄭州) 민간(民間)에 전해 내려오고 있는 것이다.

■ **책 주요 내용:**

열자의 대도(大道)에 순응하고 명리(名利)에 담백하며 청정(淸淨)하게 수도(修道)하는 자세가 그대로 『열자』의 저작(著作) 속에 주된 사상의 흐름을 이루고 있다.

허(虛)를 숭상하고 현묘(玄妙)한 도를 수련하여 익히는 것에 대해 얘기하고 있기도 하다. 황제(黃帝)와 노자(老子)를 그의 사상의 스승으로 여기고 있다.

몇 가지 『열자』 속의 중요한 사상을 담은 우언 고사를 중심으로 저서의 사상을 살펴보자.

고사 하나: 열자가 생활이 궁핍(窮乏)하여 얼굴색이 항상 굶주림에 절어 있었다. 어떤 사람이 정국의 상경(上卿)인 자양(子陽)에게 이 일을 꺼냈다. "열어구(열자의 이름)는 도(道)를 가진 인물인데 당신이 다스리는 국가에 거주하고 있으면서 아주 빈곤(貧困)하게 생활하고 있다. 당신이 현달(賢達)을 좋아하지 않는가?" 자양이 즉각 관리(官吏)를 열자에게 파견하여 양식을 주려 하였다. 열자는 파견 온 관리를 보고 재삼(再三) 거절하고 한사코 자양이 제공하는 양식을 받지 않았다.

관리가 떠난 후 열자는 집으로 들어갔다. 열자의 처가 원망(怨望)에 찬 어조로 그를 힐난(詰難)하고 가슴을 치며 상심(傷心)하여 말하기를 "도를 가진 사람의 처와 자녀로서 일락(逸樂)을 마음껏 누리기는커녕 모두 기아로 허덕이고 있으니 어떻게 된 일이요? 정나라 재상(宰相)인 자양이 당신을 존경(尊敬)하여 식량(食量)을 가져다준다고 있으나 당신이 거절하고 받지를 않으니 우리 운명은 기아를 참으라는 팔자(八字)가 아니겠소?" 열자가 웃으며 말하기를 "정국 자양은 나를 결코 이해하는 사람이 아니오. 그가 다른 사람의 말을 듣고 사람을 보내 나에게 식량을 주려고 한 것이니 그가 나를 벌(罰)하려 할 때도 다른 사람의 말을 듣고 그리 할 것이니 이것이 내가 바로 그가 주는 식량은 받지 않는 이유요." 그 후 백성이 반란을 일으켜 자양을 살해(殺害)했다. (그러나 자양과 관계를 맺지 않은 열자는 무사(無事)할 수 있었다.)

고사 둘: 유명한 우공이산(愚公移山)의 고사가 나오는 얘기.

태행(太行)과 왕옥(王屋) 두 산이 있는데 둘레가 칠 백리(里)에 이르고 높이가 칠, 팔천 장(丈)이나 되었다. 이 두 산은 기(冀)주(州)의 남쪽에 위치해 있었는데 황하의 북쪽이 된다.

북산(北山)의 우공(愚公)은 나이가 이미 90 세가 가까워지는 노인으로 산 앞에 살고 있었다. 산의 북쪽으로 가는 교통이 막히는 것에 고생(苦生)을 많이 하여 항상 먼 길을 돌아 다녀야 했다. 그래서 전 가족을 소집하여 상의하여 말하기를 "내가 너희들과 모든 힘을 다하여 험난한 대산(大山)을 평평하게 깎아 버리겠다. 그러면 예(豫)주(州)의 남부로 바로 통하게 되어 한수(漢水)의 남쪽 해안에 닿게 된다. 그렇게 하면 되지 않겠니?" 가족 모두가 그의 의견에 찬성(贊成)했다.

그의 처가 물었다. "당신의 힘으로 귀부 같은 작은 산도 깎지 못할 것인데 하물며 태행, 왕옥 같은 큰 산은 어떻게 할 수 있겠는가? 게다가 깎은 흙은 또 어디다가 버릴 수 있겠는가?" 가족 모두 이구동성(異口同聲)으로 말했다. "그것들을 발해 바닷가인 은토(隱土)의 북쪽에 버립시다." 그래서 들 것을 짊어진 세 아들 손자들을 데리고 돌을 뚫고 흙을 파고 키로 날라서 발해 바닷가로 가져갔다. 이웃 경성(京城) 씨(氏)의 과부에 아들이 하나 있는데 막 일곱 살이 되었다. 그도 깡충깡충 뛰며 그들을 도왔다. 겨울이 가고 여름이 가고 계절이 바뀔 때 겨우 한번 왕복(往復)할 수 있었다.

하곡(河曲) 지수(智叟)라는 노인이 웃으며 우공에게 그만 둘 것을 권하며 이렇게 말했다. "당신 정말 총명(聰明)하구려. 이 세상에 살날이 얼마나 남았다고 남은 한 가닥 힘으로 산 위의 나무 한 그루조차 뽑아 낼 힘이 없는 것 같은데 흙과 돌을 어떻게 할 수 있단 말이요?"

북산의 우공이 장탄식(長歎息)을 하며 대답했다. "당신 사상이 완고(頑固)하고 완고한 정도(程度)가 사리(事理)에 통달할 경지(境地)에 오르지 못했으니 고아(孤兒)와 과부(寡婦)에게 조차도 못 미치구려. 내가 죽는다 해도 아들이 있고 아들이 또 손자(孫子)를 낳고 손자가 또 아들을 낳고 손자의 아들이 또 아들을 낳는다오. 아들은 또 손자를 낳는다오. 자자손손(子子孫孫) 끊이지 않고 이어질 것이요. 그러나 산은 더 이상 커지지 않고 자라지 않을 것이니 산을 모두 파서 평평(平平)하게 못하리라고 걱정할 필요 있소?" 하곡 지수는 대답하지 못했다.

산신이 우공이 산을 옮긴다는 말을 듣고 끊임없이 산을 파 나갈 것을 두려워하여 천제(天帝)에게 이 일을 아뢰었다. 천제는 우공의 성심(誠心)에 감동하여 대력(大力) 신과(神夸) 아씨(娥氏)의 두 아들로 하여금 두 산을 각각 짊어지고 옮길 것을 명령했다. 하나는 삭방(朔方)의 동부에 다른 하나는 옹주(雍州)의 남쪽으로 옮겼다.

이로부터 기주의 남쪽으로부터 한수의 남쪽까지 고산(高山)이 더 이상 길을 가로막는 일은 없어졌다.

고사 셋째: 공자(孔子)가 동쪽으로 유학(遊學)을 떠났다. 가는 길 도중(途中)에 두 아이가 말다툼을 하는 광경을 목격하게 되었다. 공자가 그 이유를 물었다. 한 아이가 대답했다. "해가 뜰 때 시간이 더 사람에게 가까이 있고 해가 하늘 가운데 떠 있으면 그 때가 더 사람에게서 먼 것 같아요." 다른 아이는 해가 뜰 때가 사람으로부터 멀고 해가 떠 있으면 사람에게서 가깝다고 주장했다.

한 아이가 대답했다. "해가 뜨면 그 시간에 차바퀴 같이 크고 해가 중천(中天)에 뜨면 접시같이 작아진다. 이것으로 봐서 먼 데 있는 것이 작고 가까이 있는 것이 큰 것이 아니겠느냐?"

다른 아이가 말한다. "해가 뜰 때는 황량하고 차갑고 냉랭하고 해가 머리 위에 뜨면 뜨거운 국 같이 뜨겁지 않느냐? 이것으로 봐서 가까운 것이 뜨겁고 멀리 있는 것이 차가운 이치(理致)가 아니겠느냐?"

공자는 누구의 말이 맞는지 판단(判斷)하지 못하고 우물쭈물하였다. 이에 두 아이는 웃으며 말했다. "당신의 견식(見識)이 넓다고 누가 말했었나요?"

여씨춘추(呂氏春秋)

■ **제목:**

여씨춘추(呂氏春秋) 혹은 여람(呂覽)

■ **작자:**

여불위(呂不韋)(?-기원전 235년)

■ **출간 연대:**

전국 말년(기원전 239년 전후)

■ **책 소개:**

『여씨춘추』는 진(秦)국 승상 여불위가 편찬한 고대 백과전서(百科全書) 류(類)의 저서이다. 팔람(八覽), 육론(六論), 십이기(十二紀) 등의 편으로 구성되어 있으며 20여 만자의 분량이다. 『여씨춘추』는 전국 말년(기원전 239년 전후) 진국 승상 여불위가 자신이 조직(組織)한 각 분야의 문객(門客)을 모아 집단이 편찬한 잡가(雜家)에 속하는 작품이다. 여불위는 본 서의 명칭을 천지 만물의 고금의 사리(事理)를 모두 모아 저술했다는 의미로 『여씨춘추』라 이름 지었다.

■ **역사 배경과 영향 등:**

『여씨춘추』의 작자인 여불위는 중국 역사상 가장 강력한 위업

(偉業)을 이룬 진시황(秦始皇)을 보좌(輔佐)하여 전국을 통일(統一)한 인물이다. 사업도 하여 엄청나게 많은 재산을 모은 인물이다. 그는 세상을 보는 눈을 가지고 있어서 자신의 가산(家産)을 들여 조국(趙國)에 인질(人質)로 잡혀있던 진(秦) 소왕(昭王)의 손(孫)인 이인(異人)을 적자(嫡子)로 내세우는데 공을 세워 이인이 후에 진 장양(庄襄)왕으로 즉위하자 승상(丞相)으로 임용(任用)되었다.

이 시기는 위(魏) 국의 신릉군(信陵君), 초(楚) 국의 춘신군(春申君), 조(趙)국의 맹상군(孟嘗君) 등이 포진(布陣)하고 있어 모두 천하의 인재를 자신의 빈객(賓客)으로 모으는데 경쟁(競爭)적이었다. 여불위는 진국이 강대(强大)함으로 인식(認識)하고 역시 천하의 인재를 모아 문인(文人) 학사(學士)가 삼천 명이나 되었다.

여불위는 위에 열거한 사공자(公子)와 다른 점은 용맹한 무사(武士) 뿐 아니라 문재(文才)도 중시(重視)했다. 여불위의 계산은 본래 모략(謀略)에 능한 자신에 비추어 머리를 쓰는 사람들을 중시(重視)했다는 점이다. 여불위는 원래 상인 출신으로 이러한 문인(文人)들을 이용하여 자신의 포부(抱負)를 실현하려고 계획(計劃)했던 것이다. 그래서 천하의 인재들을 모두 모아 방대(尨大)한 백과전서 격인 『여씨춘추』를 저술했던 것이다.

그는 자신의 저서에 자부하여 함양성 입구에 방(榜)을 붙여 한 글자라도 고칠 수 있는 자가 나타나면 천금(千金)으로 후사(厚賜)한다고 했다. 전국 시대의 지혜와 지식, 그리고 사상의 보고(寶庫)로 비록 '잡가'이지만 중국 사상의 정수를 고스란히 정리한 점에서 높이 평가되고 있다.

■ 책 주요 내용:

『여씨춘추』는 선진(先秦) 제자(諸子) 사상에 대한 총 결론(結論)과 비평(批評)적인 성격을 띤 저서이다. 모든 제자백가의 사상을 통일한다는 의미를 띠고 있다. 각 사상의 장, 단점을 모두 흡수(吸收)하여 비판적으로 통일을 기한다는 것이다. 그러므로 각(各)가(家) 사상에 대한 개조(改造)와 발전(發展), 그리고 삭제(削除) 등을 포함(包含)하고 있다. 유가(儒家)는 군권(君權)을 주장하는데 이는 『여씨춘추』에서 흡수(吸收)되고 새로운 면모(面貌)로 변화되어 신(新) 천자(天子)를 추대하는 것을 주된 사상으로 한다. 즉, 봉건 집권 국가를 건립(建立)한다는 것이다.

공자(孔子)가 왕조의 천하 통일을 주장했지만 전제(專制) 군주제를 결코 강조하지는 않았다. 그러나 『여씨춘추』는 '집일(執一)'과 '박(搏)' 같은 개념을 새로이 발명(發明)한다. 이로써 유가사상을 빌어 중앙집권(中央集權)을 합리화하는 것이다. 이것이 유가사상의 새로운 해석이자 발전인 것이다.

묵가(墨家) 사상도 『여씨춘추』가 새로이 개조(改造)할 대상이었다. 묵자가 제창(提唱)한 '절장(節葬)', 즉, 장례에 대한 절약의 관념에 대해 『여씨춘추』는 찬성(贊成)하고 있다. 그러므로 후장(厚葬)의 풍습(風習)에 대해 비판(批判)을 가한다. 그러나 묵자의 또 다른 중요한 사상인 '비공'(非攻)에 대해서는 반박(反駁)을 가한다. 전쟁(戰爭)에 반대하는 '비공'(공격 않기)에 대해 정의(正義)로운 전쟁은 불가피(不可避)하다는 점을 밝힌다. 전쟁에 반대한다는 단순한 주장은 의미가 없다고 주장한다.

그러므로 '비공'은 올바른 것이 아니다. 정의의 전쟁은 무도(無道)를 공격하고 '불의(不義)'를 정벌하는 전쟁은 불의(不義)의 세력(勢力)을 제거(除去)하고 백성(百姓)을 편안(便安)하게 하는 명목(名目) 뿐 아니라 인민의 충심(衷心)에 어린 지지(支持)를 얻을 수 있다는 점을 강조한다. 이러한 주장은 여불위가 재상으로 있는 진(秦)국이 전국(戰國)을 통일하는 명분(名分)을 살려주는 역할(役割)을 담당(擔當)했다는 평가(評價)를 받는다.

물질(物質)의 기원(起源) 문제에 대해서 『여씨춘추』는 송윤학파(宋尹學派)의 '정기'(精氣)설을 개조한다. 송윤학파는 '무릇 물질의 정기는 생명을 위한 것이니 아래로는 오곡(五穀)을 낳게 하고 위로는 별들을 배치했다.'는 주장을 『여씨춘추』에서는 '만물의 존재는 태일(太一)에서 발생하여 음양으로 변화한다.'는 주장을 하게 된다.

즉, 만물은 모두 '태일'에서 근원한다는 것이다. 태일이 만물의 본원(本源)이다. 세계 만물이 모두 '태일'에서 파생(派生)되어 나온 것이다. 또한 음양 이기(二氣)에서 변화(變化)되어 이루어진 것이다. '태일은 무엇인가? 도(道)와 다름 아니다. 보려 해도 보이지 않고 들으려 해도 들리지 않는 것이다. 형상(形象)이 없는 것이...바로 도이다. 형태(形態)가 없어서 이름 붙일 수도 없다. 억지로 붙인다면 태일이라 할 수 있다.' '도(道)'는 '태일'이고 '태일'은 '정기(精氣)'이다. 이것으로 보아 명백(明白)히 노자(老子)의 영향임을 알 수 있다.

『여씨춘추』는 '정기(도)'가 파생(派生)되어 생겨난 만물이 부단히 쉬지 않고 운동하고 있는 것을 가리킨다. '만물이 변화를 거듭하여 끝없이 변화를 하는 과정이다.' 위로는 하늘의 별들로 부터 아래로는 지상의 초목(草木) 천수(泉水)에 이르기까지 모두 끊임없이 운동을 거듭한다. '하늘은 높고 일월(日月) 성신(星辰) 운기(雲氣) 우로(雨露)는 쉼이 없다. 대지는 광대하고 시냇물 초목 등은 모두 휴식(休息)이 없다. 주의할 점은 『여씨춘추』는 물질 운동을 순환(循環) 반복(反復)의 과정으로 보았다는 데에 있다.

『여씨춘추』의 사회-역사관은 역사는 부단히 발전한다는 것이다. '오늘에 비해 옛날은 옛날에서 본 후세와 같다. 역사의 발전은 오늘의 입장에서 본 후세는 오늘날에서 본 옛날과 같다. 그러므로 오늘을 이해하기 위해서는 옛날을 알아야 한다. 옛날을 안다는 것은 미래를 아는 것과 같다. 고금(古今) 전후(前後)가 모두 이렇다.' 곧 역사의 발전은 하나하나의 단계(段階)를 밟는 것이다.

오늘날의 입장에서 보는 것은 미래의 입장(立場)에서 오늘을 보는 것과 같다. 옛날이 없으면 오늘도 없다. 과거를 이해하면 오늘을 이해하는 것에 도움이 된다. 그러나 과거를 이해하는 것이 과거 인습(因襲)에 얽매어 변화하려 하지 않는 것과는 다른 의미이다. 이와는 반대로 시대가 변화하면 상응(相應)하는 법규(法規), 정책(政策) 등도 따라서 변화해야 한다. 그럼으로써 시대의 요구(要求)에 부응(符應)해야 한다.

『여씨춘추』는 그러므로 발전적 역사관(歷史觀)을 주장한다. '법이 없으면 난리가 일어난다. 법을 지키며 변화를 하지 않으면 이치에 맞지 않는다. 난리(亂離)와 이치에 맞지 않는 것은 나라를 다스리기가 어렵다. 세상이 바뀌면 변법(變法, 법을 바꾸는 것)도 필요하다. 그러므로 모든 일에는 법을 따라서 움직여야 한다. 변법자는 시대에 따라 변화한다.

『여씨춘추』는 노장(老莊)의 무위(無爲)사상을 계승(繼承)하고 있다. 정권(政權)을 공고(鞏固)하게 하기 위해서는 청정(淸淨, 고요하게 마음을 수양(修養)하는 행위, 허정(虛靜)이라고도 한다) 무위의 정신이 필요하다.

이러한 '허정'과 '무위'의 정신이 필요하며 이러한 정신이 있어야만 무위(無爲, 아무 것도 하지 않음으로써 하는 것 이상의 이치를 깨닫는 행위)와 동시에 무불위(無不爲, 하지 않는 행위가 없음, 즉, 모든 행위를 하는 유위(有爲)의 경지를 통해 무위로 나아갈 수 있는 경지에 도달할 수 있음)의 자유 경계(境界)에 도달할 수 있는 것이다.

『여씨춘추』는 음악 미학 사상을 표현하고 있다. 음악의 탄생(誕生)과 우주 만물을 연계(連繫)시켜 '도량(度量)에서 탄생하고 태일에 근본을 두고 있는 것'으로 음악을 들고 있다. '심(心)'과 '물(物)'의 감응 관계로부터 음악 탄생의 심리(心理) 과정을 논술하고 '적(適)'의 개념을 제시한다. '적'은 심미(審美) 인식의 하나의 표상(表象)으로 인간이 음악을 통해 심미 인식에 이르는 상징(象徵)적 표상을 말한다. 이로써 음(音)의 '적'과 '심'의 '적'이 미(美)의 감수(感受, 미가 주는 심미 의식)를 받는다는 것을 강조하고 있다.

순자(荀子)

■ **제목:**

순자(荀子)

■ **작자:**

순자(기원전 313-238년)

■ **출간 연대:**

전국 말엽

■ **책 소개:**

순자는 전국 말기 조(趙)국인이다. 순(荀) 경(卿) 혹은 손(孫) 경(卿)이라고도 불린다. 유가의 대표적인 인물로 사상가, 정치가, 문학가(文學家)이기도 하다. 당시 학문이 가장 왕성한 제(齊)국의 직하(稷下) 학궁(學宮)에 세 차례나 제주(祭酒, 즉, 대표)로 임명(任命)되었다. 주요하게 성악설을 주장하여 맹자(孟子)의 성선설과 비교(比較)가 되고 있다. 유가 전적(典籍)을 새로 정리(整理)하는데 중요한 공헌(貢獻)을 했다.

■ **역사 배경과 영향 등:**

순자가 활약하던 시대는 전국(戰國)의 혼란기로 그의 사상은 현실주의의 경향의 특징을 보인다. 유가사상의 범주(範疇)에서 공자나 맹자와는 달리 예의와 도덕 교육을 중시하고 정법(政法)제도의 징벌(懲罰)작용을 강조한 것도 이러한 역사적, 시대적인 맥락(脈絡)에서 탄생한 것이다.

순자의 입실(入室) 제자인 한비(韓非)나 이사(李斯)는 모두 후일 법가(法家)의 대표인물이 되었다. 법가사상은 전국을 통일하고 중국 최초의 강력한 중앙집권 전제군주시대를 연 진시황을 도와 통일의 위업을 이룩한 견인차(牽引車)가 된 사상이었다.

그러므로 순자는 유가와 법가의 사이에서 과도(過度)기적 인물이며 성악설을 중심으로 교육과 학습, 강력한 법치를 주장하여 봉건 왕조에서 중국의 주류 사상과 이데올로기였던 유가 사상의 입장에서 후대에 걸쳐 많은 논란과 비판을 받은 사상가가 되었다.

사마천(司馬遷)의 『사기』(史記)에 의하면 이사(李斯)가 '순경(荀卿), 즉 순자로부터 제왕의 술(術)을 배웠다'고 기술(記述)하고 있다. 순자 사상은 전국의 혼란 시대와 그 후의 진(秦) 왕조의 천하 통일에 대한 사상적 무기(武器)를 제공한 결과(結果)를 낳았다.

순자의 사상은 사회 질서의 유지를 중시하고 공자의 인(仁)과 맹자의 의(義)를 중시하는 유가 사상과는 달리 예(禮)를 중시하는 사회 맥락에 관계되는 사상의 특징을 나타냈다. 경험(經驗)과 인사(人事)를 중요시하여 신비주의(神秘主義) 사상을 반대하고 인위적인 노력을 강조했다. 즉, 사회에서의 인간의 행위 규범(規範)을 중시하는 경향을 나타냈다.

순자는 그러나 자신이 공자의 사상을 계승한 진정한 제자라고 자칭했다. 공자를 성인으로 추앙(推仰)하고 맹자와 자사(子思) 계열(系列)의 사맹(思孟)학파의 철학 사상을 반대하고 자공(子貢)과 자신 순자가 공자사상을 진정(眞正)으로 계승했다고 주장했다. 순자는 인간의 탄생 이후부터의 욕망(慾望) 만족(滿足)에 집착(執着)한다는 가설(假設)을 내세운다.

욕망이 만족을 얻지 못하면 인간은 남과 다툼이 일어나며 인성(人性)이 본래 악하다는 주장에 이르게 된다. 그러므로 성왕(聖王)이 주체(主體)가 되어 예법(禮法)으로 만인(萬人)을 교화(敎化)하여 인간성(人間性)을 새로이 수양하여 인격(人格)을 제고(提高)해야 한다는 주장(主張)을 내세운다.

■ **책 주요 내용:**

순자의 『순자』의 저서는 32편으로 구성되어 있으며 유가(儒家) 사상의 기초(基礎) 하에서 각 제자백가 사상을 자신의 사상에 맞게 개조, 종합(綜合)하여 체계를 건립한 것이다. 고대 유물주의(唯物主義) 사상의 전통(傳統)을 발전시킨 것으로 평가(評價)되고 있다.

내용은 철학(哲學), 논리(論理), 정치(政治) 및 도덕(道德)의 여러 분야(分野)를 포함하고 있으며 자연관(自然觀) 부분에서는 천명(天命)과 귀신(鬼神)을 반대하여 자연 규율이 인간의 의지로 전이(轉移)되는 것이 아니라는 견해를 표명한다. 인간이 자연규율에 순응(順應)해야 번영(繁榮)과 발전이 있을 수 있다는 입장을 견지한다.

인간성, 즉, 인성(人性) 부분에서는 '성악론'을 제시하여 인성이 '성(性)'과 '위(僞)'의 두 부분으로 되어 있으며 '성'이 본성으로 악(惡)을 나타내는 동물적 본능이며 '위'가 인위적인 속성(屬性)으로 선(善)을 나타내는 예악(禮樂)과 교화를 담당한다. 이것은 천부(天賦)적인 도덕관념(道德觀念)을 부인하는 것을 의미하며 후천적(後天的)인 환경(環境)과 교육(教育)이 인간(人間)에 대한 영향을 강조한 것이다.

『순자』에 나타난 정치사상은 유가의 예치(禮治)에 바탕을 둔 통치의 원칙을 강조하고 인간의 물질적 욕구에 주목하여 경제(經濟)와 예치, 그리고 법치의 결합(結合)을 강조했다. 인식론(認識論)에 있어서는 인간의 사유가 현실을 반영한다는 점을 인정하였으나 인간의 감각(感覺)기능(機能)인 감관(感官)의 작용을 경시(輕視)하는 경향을 나타내기도 했다.

순자의 중요한 저작인 『권학(勸學)편』에서는 학습(學習)을 강조하는 견해를 강조했다. 학습이 실제(實際)와 연계되어야 하고 학습은 반드시 사용되어야 한다는 학이치용(學以治用)의 관점을 강조했다. 학습 태도(態度)는 끊임없이 노력(努力)하고 집중하여 사물의 이치(理致)를 궁구(窮究)하는 태도(態度)를 견지(堅持)했으며 교사(教師)의 교학(教學) 중의 지위(地位)와 작용(作用)을 매우 중시(重視)했다.

순자의 학습 강조 이론(理論)은 국가의 부강(富强)이라는 목적(目的)을 달성(達成)하는 하나의 방편(方便)으로 여겨졌다. 국가가 발전하려면 교사(教師)를 중시해야 하고 동시에 교사에 대해 엄격(嚴格)한 요구(要求)가 필요(必要)하다고 보았다. 교사가 학생에게 모범(模範)을 보여주지 못한다면 학생은 열심히 배운 것을 실천(實踐)하려고 하지 않을 것이라는 것이 순자의 학습 강조의 논리(論理)였다.

전국책(戰國策)

■ **제목:**

전국책(戰國策)

■ **작자:**

미상(未詳)

■ **출간 연대:**

전국 시대. 서한(西漢) 말 유향(劉向)이 새로이 편집(編輯)함.

■ **책 소개:**

『전국책』은 『국책』(國策)이라고도 하며 서한(西漢) 말 유향(劉向)이 전국(戰國)의 사서(史書)를 종합, 정리, 편집하여 동주(東周), 서주(西周), 진(秦), 제(齊), 초(楚), 조(趙), 위(魏), 한(韓), 연(燕), 송(宋), 위(衛)와 중산(中山)의 12국 12책(策)으로 나누어 편찬한 저서이다.

본 서에 기록된 역사는 기원전 490년의 지백(智伯)이 범(范)씨를 멸망시킨 때부터 기원전 221년의 고점리(高漸離)가 진시황(秦始皇)을 축격(築擊), 즉, 격(擊)이라는 13현(絃)의 고대 중국의 현악기로 진시황을 살해하려고 한 사건이 발생한 시기까지의 역사를 담고 있다. 약 12만 자로 구성되어 있으며 선진(先秦) 역사 산문(散文) 중 최고의 백미(白米)로 꼽히는 중국 문화와 역사 상 영향력 있는 저술이다.

『전국책』은 일종의 국별체(國別體) 사서(史書)로 전국 시대의 국가별 역사 특징(特徵)과 사회 풍모(風貌)를 묘사하고 있는 전국 시대 역사를 연구(硏究)하는데 귀중한 전적(典籍)이 된다.

전국 시대의 종횡가의 정치 주장과 책략을 담고 있으며 서한(西漢) 말 유향(劉向)이 전국의 사서(史書)에 근거하여 33권, 497편을 편집하여 『전국책』으로 이름 지었다. 그러나 송(宋) 대에 이미 없어진 것을 증공(曾鞏)이 보충(補充)하여 다시 편찬했다. 그리고 동한(東漢)의 고유(高誘)가 주석(註釋)을 붙인 판본(板本)은 이미 소실(消失)되었다.

『전국책』은 중국 고대 전국시대의 정치투쟁(政治鬪爭)의 역사를 기록한 사서로 종횡가(縱橫家) 유세(遊說) 류(類)의 표현이 담긴 저서이다. 전국 당시의 칠국(七國)의 풍운(風雲) 변환(變換)을 담고 있으며 합종연횡(合縱連橫), 전쟁의 연면(連綿)함, 정권의 무상(無常)한 경질(更迭) 등의 역사 사실이 모두 모사(謀士)의 책략과 지사(智士)의 논변(論辯)과 관련(關聯)된 것이었다.

그러므로 표현의 우미(優美)함, 생동(生動)하는 언어미(言語美), 웅변(雄辯)적 언사(言辭)와 기지(機智)의 절묘(絶妙)함, 인물(人物)의 생동감 있는 묘사, 우언적인 표현으로 철리(哲理)를 천술(闡述)하는 것 등은 모두 고전 문학과 역사적 사료의 가치가 풍부(豊富)한 것으로 사료되고 있다.

저명한 우언(寓言)으로 '화사첨족'(畵蛇添足), '망양보뢰'(亡羊補牢), '교토삼굴'(狡兎三窟)과 '호가호위'(狐假虎威) 등 중국 문화와 언어 생활에서 상용(常用)하는 속담(俗談)이 수록(收錄)된 원전(原典)이다.

■ 역사 배경과 영향 등:

전국 시대의 인간의 정신 풍범(風範)과 사상 재간(才幹) 등에 대한 생동적인 언어와 표현, 문학성과 역사성이 뛰어난 시대를 우화(寓話)적으로 묘사한 명저(名著)이다.

본 저술을 통하여 복잡한 당시 시대 상황과 사상의 풍모를 엿볼 수 있으며 복잡한 사상의 계보(系譜) 속에서 정치, 문화와 역사가 어우러진 종합적 사상의 면모(面貌)를 생생하게 알 수 있다.

종횡가적 사상의 경향이 농후(濃厚)한 본 저서는 종횡가 모사(某事)꾼들의 미사여구(美辭麗句)와 우화적인 묘사가 가장 돋보이는 내용이다. 중국의 가장 저명한 역사 저술인 사마천(司馬遷)의 『사기』(史記)가 바로 이 『전국책』에서 90권 분량의 사료를 직접 취재(取材)했을 정도로 중요한 영향을 미쳤다.

그러나 『전국책』의 수많은 기재된 내용이 믿을 수 없을 정도로 과장(誇張)되거나 사실과 부합(符合)하지 않은 점이 많으며 과도(過度)하게 명리(名利)를 추구(追求)한다는 본 저서의 중점(重點)적인 내용의 경향으로 유가사상보다는 종횡가적 성향이 농후하며 이로 인하여 문학적 가치(價值)가 큰 반면 사학적인 가치는 떨어지는 것으로 평가(評價)되고 있다.

■ **책 주요 내용:**

전국 시대 모신(謀臣) 책사(策士), 즉, 정치적인 안목(眼目)이 있는 재능 있는 인재들의 정치 주장과 투쟁 책략이 고스란히 담겨 있는 저술이다.

다음 몇 가지로 본 서의 중요 사상을 정리해 보자. 첫째, 민본 사상이다. 「추기풍제왕납간」(鄒忌諷齊王納諫)(제책일)(齊策一) 중에 민본 사상이 여실히 드러나 있다. 제위왕(齊威王)이 대중의 의견을 청취(聽取)한 후 제국의 정치가 잘 되었다. 그리하여 '연(燕), 조(趙), 한(韓)과 위(魏) 국 등에서 이를 듣고 모두 제(齊)국에 조배(朝拜)하였다.' 고 기술하고 있다.

「중산책」(中山策) 중의 한편인 「소왕기식민선병」(昭王旣息民繕兵)은 민심(民心)의 중요성을 역설(逆說)적으로 설명(說明)하고 있다. 장평(長平)의 전쟁(戰爭)에서 진군(秦軍) 백기(白起)가 조군(趙軍)을 대파(大破)했다. 그러나 후일 소왕이 등극(登極)하여 백기로 하여금 다시 조국(祖國)을 공격(攻擊)할 것을 명령했을 때 그는 명령(命令)을 이행(履行)하려고 하지 않았다.

그의 이유는 이랬다. '오늘날 진국이 조군을 장평에서 격파(擊破)했는데 완전히 평정(平定)하지 못하였고 조국은 고아와 어린이들을 잘 보살펴 국민의 지지를 얻고 군대와 무기를 잘 조련(調練)하여 강성(强盛)하게 되었다. 또한 성곽(城郭) 등을 공고하게 구축(構築)했다. 왕은 신하의 말을 귀담아 듣고 신하는 전사(戰死)한 병사를 위해 몸을 아끼지 않는다. 평원군(平原君)의 신하는 모두 군대를 위해 처첩(妻妾)으로 하여금 옷을 깁게 하는 등 신하와 백성이 동심(同心) 일체(一體)가 되어 있으니 이는 구천(句踐)이 회계에서 처한 때와 같은 상황이다.' 그러므로 그는 '출병(出兵)해봐야 공을 세울 수 없다.'고 단정한다. 그는 결론적으로 말한다. '신이 보기에 해(害)가 많습니다. 이익(利益)은 보이지 않습니다.'

둘째, 정의(正義)를 숭상하고 왕후(王侯)를 멸시(蔑視)하며 폭력(暴力)에 반항하는 의협(義俠)과 고사(高士) 등의 영웅(英雄)인물(人物) 들을 『전국책』에서 칭송(稱頌)하는 노래를 하고 있다. 「조책삼」(趙策三)에 아무 벼슬도 없는 포의(布衣)지사(之士)인 노중련(魯仲連)이 '동해(東海)를 건너가 죽을지언정 폭력에 신음(呻吟)하는 진(秦)의 신민(臣民)을 참을 수 없다.'고 선언(宣言)한다. 진시황을 암살(暗殺)하려던 연(燕)의 형가(荊軻)와 섭정(攝政) 등의 인물은 모두 정의를 세우고 악의 세력을 미워하며 폭력을 자행(恣行)하는 자에 대한 복수(復讎)를 하는데 몸을 바친 인물들을 묘사하고 있다.

약자(弱者)를 위하고 가난(家難)하고 곤란에 처한 사람들을 도우며 침략(侵略)에 반대하는 인물들의 형상 들이 『전국책』에는 적나라(赤裸裸)하게 묘사되어 있다. 연(燕)과 조(趙) 양국을 설득(說得)하여 위(魏)국을 도울 군대를 출병시킨 맹상군(孟嘗君), 위(魏)왕이 진(秦)과 한(韓)국을 공격하는 것을 못하게 한 신능군(信陵君), '백사중견'(百舍重繭)을 아까워하지 않고 들여 초(楚)왕을 설득하고 전화(戰禍)를 모면(謀免)하게 한 묵자(墨子) 등은 모두 이러한 인물들이다. 이들의 높은 뜻과 고결(高潔)한 행동은 『전국책』이 전달(傳達)하려고 한 역사의 메시지인 것이다.

셋째, 현재(賢才)를 중시하고 인재를 아끼며 지모(智謀)를 숭상하고 지교(智巧)를 높이 사는 사상이 드러나 있다. 제 선(宣)왕이 왕두(王斗)의 의견을 채택(採擇)하여 '5인의 선비를 중용하니 제국이 대치(大治)되었다.'(「제책4」)(齊策四)

진효공(秦孝公)이 상앙(商鞅)을 재상으로 임명하여 변법(變法)을 실시(實施)하니 1년 사이에 '길에 떨어져 있는 물건을 백성이 감히 줍지를 않고 군대를 개혁(改革)하여 모든 제후가 이를 두려워했다.'(「진책1」)(秦策一)

또한 기발한 책략(策略)과 특별(特別)한 지혜(知慧)를 가진 사람, 특별한 장기(長技)를 지닌 사람들을 출신(出身) 성분(成分)의 귀천(貴賤)과 직업(職業)을 불문(不問)하고 모두 긍정적(肯定的)으로 여기는 풍조(風潮)가 여실(如實)히 드러나고 있다. '입으로 더러운 말이나 그 말의 옳지 않음을 따지지 않고 소용되는 것은 모두 사용한다.'는 실용적이고 진보(進步)적인 관점을 취한다.

요가(姚賈)는 원래 양(梁)국의 문지기의 아들로 절도(竊盜) 행위(行爲)의 전과(前科)가 있는 자이나 외교(外交)에 능하여 진(秦)왕은 그를 외교관(外交官)을 채용(採用)했다. 급기야 요가는 진국을 위하여 4 국이 공격하여 포위(包圍)되는 위기(危機)를 해결(解決)하는 공(功)을 세운다.

춘추좌씨전(春秋左氏傳)

■ 제목:

춘추좌씨전(春秋左氏傳), 혹은 좌전(左傳)

■ 작자:

미상. 춘추 말년(末年) 좌구명(左丘明)이라는 설이 있음.

■ 출간 연대:

춘추 말엽(末葉) 혹은 전국 초기(初期).

■ 책 소개:

춘추 말엽 노국의 사관(史官)인 좌구명이 공자의 『춘추(春秋)』를 해석하기 위하여 저술했다는 설이 있음. 『좌전』은 실질적(實質的)으로 독립적(獨立的)으로 저술된 사서로 노(魯) 은(隱) 공원(公元)년(기원전 722년)부터 노 도(悼)공 14년(기원전 453년)까지 『춘추』를 바탕으로 하여 춘추 시대의 구체적인 사실로 『춘추』의 강목(綱目)을 설명했다. 유가의 중요한 경전으로 간주(看做)된다.

■ 역사 배경과 영향 등:

『춘추좌씨전』은 『춘추곡량(谷梁)전』과 『춘추공양(公羊)전』과 함께 '춘추(春秋)삼전(三傳)'으로 불린다. 『좌전』의 저자

(著者)는 사마천(司馬遷)과 반고(班固)에 의해 모두 좌구명으로 증명(證明)되고 있다. 현존(現存)하는 가장 믿을만한 당시에 관한 사료로 전국 초년(初年)의 무명(無名)인의 저작(著作)이라는 설도 제기(提起)되고 있고 『좌전』의 문장(文章) 중 서술(敍述) 풍격(風格)이 서로 상이(相異)한 부분(部分)이 있어 그 신뢰도(信賴度)가 의심(疑心)이 되나 진위(眞僞)를 증명할 사료가 존재(存在)하지 않아 추측(推測)만 할 뿐이다.

『좌전』은 후세(後世)에 역사학의 분야(分野)에서 가장 큰 영향을 미쳤다. 『춘추』의 편년체를 발전시켰을 뿐 아니라 당시 유행(流行)한 응용문(應用文)을 보존(保存)하여 후세(後世)에 응용문에 대한 모범(模範)적인 사례(事例)를 제공(提供)하고 있다.

■ 책 주요 내용:

『좌전』은 춘추 시대의 사회 상황을 기록한 중요한 전적(典籍)이다. 왕실의 역사 기록(당안, 檔案)과 노사(魯史)의 책서(策書), 제후(諸侯)의 국사(國史) 등에서 자료(資料)를 취재하여 기술했다. 사건의 기록은 기본적으로 『춘추』 노(魯) 십이공(十二公)을 그 순서로 하여 제후국 사이의 초빙(招聘), 동맹(同盟), 정벌(征伐), 혼상(婚喪)과 찬탈(簒奪)과 시해(弑害) 등을 포함(包含)하고 있으며 후세(後世)의 사학(史學)과 문학(文學)에 모두 중요한 영향을 미쳤다.

주(周) 왕실(王室)의 쇠약(衰弱), 제후(諸侯) 쟁패(爭霸)의 역사를 기록하였으며 예의(禮儀) 규범(規範), 전장(典章)제도, 사회풍속, 민족 관계, 도덕관념, 천문 지리, 역법 시령(時令), 고대 문헌, 신화 전설과 가요 언어 등 모두 기술과 평론이 수록되어 있다.

노국 일국의 역사 사실 뿐 아니라 각국의 역사를 겸비하여 기록했다. 정치 대사(大事) 뿐 아니라 사회 각 영역(領域)의 '소사(小事)'도 기록하여 『춘추』의 물 흐르듯 하는 기술(技術) 방식(方式)에서 벗어나 체계적(體系的)이고 조직적(組織的)인 사서 편찬 방법을 채택하여 춘추 시대의 사실 뿐 아니라 고대의 사실(史實)도 상당 부분 인증(認證)하여 이러한 부분이 『좌전』의 사료 가치를 높이고 있다.

춘추공양전(春秋公羊傳)

■ **제목:**

춘추공양전(春秋公羊傳)

■ **작자:**

공양고(公羊高). 전국(戰國) 시대의 제(齊)국인으로 공자(孔子)의 제자인 자하(子夏)의 제자

■ **출간 연대:**

전국 시대

■ **책 소개:**

유가 경전 중의 하나로 춘추 시대의 역사를 기록한 책. 서술 기간은 노(魯)국 은공(隱公) 원년(元年)(기원전 722년)으로부터 애공(哀公) 14년(기원전 481년)에 이르는 시기로 『춘추』의 역사 기술 기간과 상동함.

본 서는 처음에는 구두(口頭)로 전승되어 내려오다가 서한(西漢) 경제(景帝) 시 현손(玄孫) 공양수(公羊壽)에 이르러 공양수가 역시 제(齊)국인인 호모생(胡母生)(이름 자도, 子都)과 같이 『춘추공양전』을 죽백(竹帛)에 저술한 책이다. 이 책에 대한 주석(註釋)본(本)으로 대표적인 것이 동한(東漢)의 『춘추공양해고(解詁)』, 당(唐)조(朝) 서언(徐彦)의 『공양전소(傳疏)』 및 청조

(淸朝) 진립(陳立)의 『공양의소(義疏)』가 있다.

『춘추공양전』은 『공양전』 혹은 『공양춘추』라고 불리며 『춘추』를 전문적(專門的)으로 해석한 전적(典籍)이다.

본 서에 기록된 역사 기간이 『춘추』와 일치(一致)하며 그 기간은 기원전 722년부터 481년까지이다. 본 서의 저작 동기(動機)는 『춘추』의 중요한 의미인 구체적(具體的)인 역사 사실에 얽매이지 않고 역사 사실로 인한 거시적인 교훈을 얻고자 하는 의미를 새기는 '역사의 교훈과 진정한 뜻'을 해석해내는 '미언대의(微言大義)'를 새로이 재해석하는데 그 의미를 부여한다. 문답 방식으로 『춘추』의 경전을 해석한다.

『공양전』의 체재(體裁) 특징은 경전(經傳), 즉, 경과 전을 한데 합쳐서 『춘추』가 남긴 역사적 교훈과 뜻(대의, 大義)을 문장 하나하나 서술해 나가는 방식을 취하고 있다. 이로써 『좌전(左傳)』이 사실(史實)을 중심으로 기술하는 방식과 다르다.

『공양전』은 금문(今文)경학(금문경학은 유가 경서를 연구하는 목적으로 형성된 학파로 진시황의 정책에 그 출현(出現)에 근원(根源)을 둔다. 진시황의 분서갱유(焚書坑儒) 사건으로 의약(醫藥), 복서(卜筮), 종수(種樹) 같은 내용의 책을 제외하고 민간의 책을 모두 불사르게 명령한 사건이다. 그러므로 잔존(殘存)한 전적 중에서 관방(官方)에 남은 것은 직사(職司) 박사관(博士官) 만이 이를 열람하고 연구할 수 있었다.

이후 양한(兩漢), 즉, 서한과 동한 시기에 박사관 들은 국가에서 지정(指定)하여 서한의 문자로 새로이 유학 경전들을 편찬하여 정부의 정치사상과 체제에 맞는 해석을 위주로 연구하여 독특한 관점을 형성했다. 그러나 애제(哀帝) 때 유흠(劉歆)이 비서(秘書)를 관장하는 지위에 오르게 되고 그는 고문경(古文經)을 발견했고 이는 금문(今文)으로 저술된 소위 금문경(今文經)과 내용이 달랐다. 이들은 고문을 보존 연구하기 위해 그들을 고문경이라고 하고 그들과 대립(對立)되는 새로운 문자로 저작된 저술을 그들과 구분(區分)하기 위해 금문경이라 하여 천 년 이상을 이들의 대립과 논쟁이 계속되었다.

이러한 금문학파와 고문학파의 역사적, 문화적, 그리고 학문적 연원과 발전, 사상의 이동(異同) 및 논쟁의 역사를 양파(兩派)의 논쟁과 대립, 발전의 중요한 중국 고대의 역사-문화 현상으로 본다.)의 중요한 경적(經籍)이며 역대 금문경학가가 자신들의 정치적 의견을 피력(披瀝)하는 논리의 주요한 근거가 되는 도구적인 의미의 저술이다. 이와 동시에 선진(先秦) 시대부터 한(漢)대까지 유가사상을 연구하는 중요한 자료가 된다.

■ 역사 배경과 영향 등:

『공양전』은 한(漢) 초에 씌어져서 한 대 통용되던 예서(隸書)로 집필(執筆)되었다. 이것은 금문경학가의 이론 색채가 농후한 대표적인 전적(典籍)임을 증명하는 것이었다. 공양학자 들은 기본적으로 『춘추경』이 공자가 춘추 242년의 사사(史事)를 자신의 정치 관점으로 표시하는 것으로 보아 『춘추경』 곳곳에 '미언대의(微言大義)', 즉, 역사에 대한 재해석을 하는 방법으로 그 의미를 추출(抽出)함의 이해 방법을 사용한다.

이것은 전술한 바와 같이 고문학파가 『춘추』를 역사 저작의 하나로 보는 입장과 상충(相衝)된다. 『공양전』이 전국 초기부터 한 왕조 초기까지의 기간 동안의 계승 체계를 다음과 같이 설정(設定)하고 있다. 자하(子夏)->공양(公羊)고(高)->공양(公羊)평(平)->공양(公羊)지(地)->공양(公羊)감(敢)->공양(公羊)수(壽)->호모자도(胡母子都)(생, 生)의 계보(系譜)로 전승된다.

공양학파는 『춘추』에 대한 연구를 구전(口傳)의 전승되어 내려온 역사를 위주로 시작했다. 한(漢) 경제(景帝)때 호모생과 그의 선생인 공양수가 한 대의 예서(隸書)를 사용하여 완성하여 『공양전』이 세상에 빛을 보게 되었다.

한 왕조 초기에 사마천(司馬遷)의 사기(史記)의 「유림(儒林)열전(列傳)」에 보면 『공양전』의 삼가(三家)를 언급하고 있다. 즉, 『공양전』에 가장 저명(著名)한 권위자(權威者) 3명을 지목(指目)했는데 동중서(董仲舒), 공손홍(公孫弘), 그리고 호모생의 세 학자이다. 그러나 이 들 중 호모생이 종사(宗師)로 추앙(推仰)받을 만 하고 나머지 이 인은 모두 공양학가 중의 하나의 학파를 형성할 뿐이라고 동한 시기의 하휴(何休)의 『공양 해고(解詁)』에서 밝히고 있다.

서한 초기에 시대는 바야흐로 봉건 대(大)일통(一統)의 정치사상을 요구하고 있었다. 『공양춘추』는 바로 이러한 사대 상황 하에서 제학(齊學)의 학자 들이 공자의 『춘추』에 대해 개조한 결과인 것이다. 그러므로 그들은 한무제(武帝)에게서 중시되었다. 한 경재(景帝) 시 호모생과 동중서가 박사(博士)로 임명(任命)되었다. 이 두 사람은 같이 『공양춘추』를 저술하게 되었다. 호모생과 동중서의 이인(二人)의 관계는 동중서가 호모생의 제자라는 설이 있다. 왜냐하면 동중서가 호모생의 덕(德)에 대해 칭송하는 저서를 펴낸 적이 있기 때문이었다.

동중서와 호모생을 대표로 하는 학자들이 유학(儒學)의 이론을 개조하여 대일통의 시대의 수요에 부응하는 유학을 만들어 한무제의 뜻에 부합하려고 하였다. 그리하여 그들은 '백가(百家)파출(罷黜) 유술(儒術)독존(獨尊)', 즉, '유가를 제외한 다른 제자(諸子)백가(百家)를 모두 배척하고 오로지 유가만을 최상의 유일한 지위에 올려놓는다.'는 의미를 지닌 정치적 메시지로 통치 지위를 획득하게 되었다.

호모생의 제자는 셀 수 없이 많이 있었는데 유명한 사람으로 공손홍을 제외하고 난릉의 (蘭陵)의 저대(褚大), 동평(東平)의 영공(嬴公), 광주(廣州)의 단중(段仲), 온지(溫之)의 여보서(呂步舒) 등이 전해져 내려오고 있다.

『공양춘추』는 중국 전통 문화에서 중요한 지위를 차지한다. 동한의 하휴, 당(唐) 대의 서언(徐彦), 청(淸) 대 중후기의 상주(常州) 학파의 장존여(莊存與), 공광삼(孔廣森), 유봉록(劉逢祿), 공자진(龔自珍)과 위원(魏源) 등의 기라성 같은 학자들이 이 학파에 속해 있다. 또한 근대 이후 중국의 위기 시대에 유신(維新)파로 활약했던 강유위(康有爲)와 양계초(梁启超) 등도 모두 공양학파에 속하는 영향력 있는 인물들이었다.

이로써 공양학파는 근대 이후에도 중국의 정치 기후(氣候)에 큰 영향력을 미치는 사상과 역사관이 되었다.

■ **책 주요 내용:**

『춘추공양전』은 금문(今文)학파의 중견(中堅)의 위치를 점하는 중요한 문헌으로 독특한 자신의 이론 체계를 가지고 있다. 주요한 본 서의 이론 체계로 다음 세 가지를 들 수 있다. 첫째, 정치성을 들 수 있다. '개제(改制)', 즉, 제도를 개혁하여 새로운 정치를 시도하는 것과 '대일통(大一統)의 선양(宣揚)', 즉, 정치 세력을 결집(結集)하여 국가의 통일을 기하며 이로 인하여 강력한 전제군주 정치체제의 통치 체제를 구축(構築)하는 것 등을 주요 정치적인 주장으로 삼는다. 통치 계층에 반대되는 모든 세력을 평정(平正) 진압(鎭壓)하여 후대를 위한 입법(立法)을 실시하여 통치체제의 모범을 보인다.

둘째, 변역(變易)성을 들 수 있다. 변역성이라는 것은 역사는 끊임없이 변화하여 발전한다는 역사철학을 의미한다. 『춘추공양전』은 '삼세설(三世說)'의 역사 철학 이론을 형성했다. 『공양전』에 '내가 보고 목격한 세상사(世上事)에 대한 여러 가지 설, 내가 들은 옛날의 세상사에 대한 여러 가지 설, 그리고 내가 전해들은 세상사에 대한 여러 가지 설'이라는 언급이 이 '삼세설'의 역사 철학에 대한 학설 형성의 초기 형태로 나타난다.

서한의 동중서(董仲舒)는 이 이론을 발전시켜 춘추 12공(公)을 '내가 본 세상 역사, 내가 들은 세상 역사 및 내가 전해들은 세상 역사'의 세 단계로 역사를 나누고 있다. 이는 춘추 시기 242년을 고정된 판에 박은 변화가 없는 역사로 보지 않고 일정한 표준(標準)에 의해 서로 구별되는 단계로 나누는 것을 의미한다.

『춘추공양전』의 '삼세설'은 '전해들은 세상사 역사'를 '거난세

(據亂世)'라고 하고 그 성격을 '나라 안과 바깥에 모두 같은 민족이 난립하고 있는 상황'으로 규정하고, '들은 세상 역사'는 '승평세(升平世)'라고 하여 '국내에는 여러 제후가 국외에는 이적(夷狄), 즉 오랑캐가 대치하고 있는 상황'이며, '내가 본 세상사'는 '태평세(太平世)'로 '오랑캐가 국내에서 벼슬을 받고 복속(服屬)하여 천하가 모두 통일된 세상'으로 규정하고 있다.

금문 공양가의 이론에 따르면 『춘추』의 '의(義)', 즉, 뜻의 중요한 내용 중의 하나는 '장(張)삼세(三世)'이다. 즉, 공자(孔子)가 춘추 242년의 역사를 '거난세', '승평세'와 '태평세'로 나누었다는 이론이다. 금문가의 이러한 인식에는 다음 두 가지 주의할 점이 있다.

첫째, 그들이 '묘사'하는 역사운동은 사실(史實)에 부합하지 않고 '이상(理想)'에만 부합할 뿐이다. 춘추 '본연(本然)'의 역사적 관점에서 보면 '삼세설'의 무망(巫妄), 즉, 허황(虛荒)된 미신적 성격은 쉽게 알아차릴 수 있다. 근대의 저명한 실증사학자인 고힐강(顧頡剛)은 그의 저작 『춘추 삼전(三傳) 및 국어(國語)의 종합연구』에서 다음과 같이 지적하고 있다. '이 삼세설은 결코 믿을 수 없다. 사실상 춘추 시대가 내려갈수록 더욱 더 태평하지 못한 시대가 되었고 정치적인 반란과 이에 따른 민중의 고통(苦痛)은 말할 수 없이 심했는데 어찌 태평(太平)을 논할 수 있단 말인가?'

최소한 한(漢)대로부터 시작하여 금문공양가 들은 이미 인류 역사 운동의 규율성에 대해 풍부한 상상력(想像力)을 동원하여 이론적인 검토를 하고 있었다. 공양가의 논술에 따르면 인류 역사의 발전은 '거난세'로부터 상대적으로 평화롭고 안정된 '승평세'로 진입하며 다시 '태평세'로 나아간다는 것이다. 일종의 '이상'적인 사회발전의 궤도(軌道)를 상상하는 것이다. 이러한 이론에는 '역사의 운동은 규율이 지배한다.'는 사상이 뿌리를 내리고 있다.

둘째, '삼세설'은 본질적인 규정 상 순환론적 성격을 띠고 있다. 거난세-승평세-태평세의 '삼세(三世)'의 순환 범위 내에서 부단히 '전진' 발전하는 규칙이 존재한다. 그러므로 이것은 곧 '진화(進化)'의 서열(序列)이 되는 것을 의미한다. 하휴(何休)의 『공양전』에 대한 주석본은 『예기(禮記). 예운(禮運)』편의 대동(大同)과 소강(小康)에 대한 묘사를 혼합해 삽입하여 하나의 완전한 체계를 지닌 '삼세설'의 역사 철학을 완성했다. 이는 역사는 진화하는 것이라는 논리를 그 바탕으로 하고 있으며 변역(變易)과 변혁(變革)은 역사의 보편적(普遍的)인 법칙이라는 이론이다.

하휴의 해석에 의하면 춘추 242년의 역사는 전해들은 쇠(衰)난세(亂世), 들은 승평세, 그리고 스스로 보게 된 태평세의 삼 단계를 거쳐 발전한다. 이 삼세는 모두 '예(禮)'를 기본적인 발전 동력(動力)으로 본다는 이론이다. 이것이 하휴의 역사진화론이며 공양전 자체는 단순한 의미를 띠고 있을 뿐이다. 동한(東漢) 시대 이후부터 봉건 사회의 구조(構造)가 점차 안정을 찾아가고 '존고(尊古)'를 주장하는 고문학가에게는 정치 지도 사상으로 삼을 만한 역사적 상황으로 변화하고 있었다.

그러므로 고문학가들은 '개제'와 '변역'을 주장하는 금문학가의 숭고한 지위를 대신하게 되었다. 금문공양학설은 이로써 1천 년 이상을 침체되어 있는 운명에 처하게 되었고 청(淸) 중엽에 이르러 비로소 재기(再起)의 기회(機會)를 잡게 되었다.

춘추곡량전(春秋穀梁傳)

■ 제목:

춘추곡량전(春秋穀梁傳)

■ 작자:

일설(一說)에 의하면 공자(孔子)의 제자인 자하(子夏)가 이 책의 내용을 구두(口頭)로 곡량숙(穀梁俶)(또는 이름을 곡량적(赤)이라고 하고 자(字)를 원시(元始)라고 한다)에게 전해 주었고 곡량적은 그것을 기록하여 책으로 완성한다.

■ 출간 연대:

서한(西漢)

■ 책 소개:

『춘추곡량전』은 『곡량전』이라고 약칭(略稱)하여 호칭하기도 한다. 그러나 실제적으로는 이 책의 구술(口述)전(傳)은 이미 존재해 있었으며 이것이 책으로 만들어진 시기는 서한(西漢) 때였다.

『곡량전』은 어록(語錄)체와 대화 문체(文體) 위주로 되어 있고 이러한 방식으로 『춘추』를 주해(註解)했다. 본 저작은 전국 시기부터 한 왕조까지 기간 동안의 유가사상의 변천(變遷) 과정과 그 내용을 연구하는데 있어서 중요한 문헌이 된다.

『춘추』 표현의 언사(言辭)가 은유적(隱喩的)이고 간결(簡潔)하며 요약적(要約的)으로 표출(表出)되어 있어서 후대 사람들로 하여금 많은 불편(不便)을 주었다. 그러므로 『춘추』 경문(經文)의 내용 대의(大義), 즉, 중요한 의미가 잘 드러나서 이해되게 하기 위해서 많은 학자들이 해석과 주석을 다는 작업에 매달려 왔다.

이러한 작업을 그들은 원문의 부족함을 보충하는 것으로 자신의 사명(使命)으로 여겼던 것이다. 『한서(漢書). 예문지(藝文志)』에 의하면 이러한 『춘추』의 주석본이 한(漢) 대에 5본이 있었고 그 후 『추씨전(鄒氏傳)』이 11권, 『협씨전(夾氏傳)』이 11권이 있었다는 기록이 있으나 이미 실전(失傳)되었다.

오로지 현존하는 것은 『좌씨전』, 『공양전』과 『곡량전』의 삼전(三傳)만이 오늘날까지 전해 내려오고 있다. 이를 '춘추(春秋) 삼전(三傳)'이라고 한다. 후대의 고증(考證)으로는 『곡량전』에서 공양자(公羊子)의 말을 인용하여 이를 반박한 내용이 기록되어 있다. 그러므로 본 『곡량전』의 완성 시기가 『공양전』보다 늦은 것으로 판단된다.

『곡량전』의 비교적 평가가 좋은 주석본은 진(晉)국의 노(魯)인(人) 범녕(范寧)이 지은 『춘추공량전 집해(集解)』, 당(唐) 조(朝)의 양사훈(楊士勛)의 『춘추공양 전소(傳疏)』 및 청(淸) 대의 종문증(鍾文烝)의 『곡량보주(補注)』가 각 시대별로의 대표작이다.

■ **역사 배경과 영향 등:**

이 '춘추삼전'은 서한 시기 이후로 거의 전승의 맥(脈)이 끊어졌다. 근대에 이르러 비로소 재조명되고 빛을 보게 되었다. 그러나 그 중에서도 금문(今文)에 속하는 『공양전』과 고문(古文)에 속하는 『좌전』은 일정 기간 동안 사람들의 주목(注目)을 받고 중시된 반면 『공양전』과 같이 금문에 속하는 『춘추곡량전』은 거의 연구되거나 주목받는 일이 없었다.

실제적으로 서한 후기에 일시적으로 『곡량전』에 대한 크게 유행하는 시기가 있었다. 그리고 그 여파로 당시 사회 정치의 각 방면(方面)에 영향을 미쳤다. 『공양전』과 비교하여 『춘추곡량전』의 중요한 특징(特徵)은 예악(禮樂)과 교화(敎化)를 중시하고 인덕(仁德)을 지닌 정치를 중시한다는 점이다. 이것이 바로 서한 시기의 통치계층의 정치적인 목적과 부합하는 일이기도 했다.

■ **책 주요 내용:**

『곡량전』에 기재된 내용은 노(魯)국 은(隱)공(公) 원년(元年)부터 노국 애(哀)공 14년까지의 기간이다. 그 체재(體裁)는 『공양전』과 흡사하다.

『곡량전』은 유가 사상을 널리 선양(宣揚)하는 것이 주요한 목적이다. 이는 통치계층의 피지배계층에 대한 예의(禮義) 교화(敎化)와 종법(宗法) 정의(情誼)를 힘써 노력하는 것을 의미한다. 통치(統治)계층(階層)은 자신 내부의 모순을 완화(緩和)하고 봉건 통치 체제의 안정과 장기적인 이익을 위해 이러한 예의와 교화 등을 강조하는 것이다.

그러므로 『곡량전』은 이러한 맥락에서 통치계층에게서 중시되었고 이로써 진(秦)과 한(漢) 왕조 시기, 특히 한 초의 유가 사상을 연구하는데 귀중한 자료가 된다.

범녕의 『곡량전서(序)』를 보자. 문장이 우미(優美)하고 표현하는 단어도 아름다운 표현을 사용한다. 공자가 노(魯)국의 역사 편찬하는 일로 『춘추』를 지은 동기에 대해 언급한다. '한 글자라도 높이고 칭찬하는 어조는 화려한 칭찬의 말보다 더하고, 비판하는 어조는 한 글자라도 일반적인 비판의 어조보다도 더 심하다. 덕(德)으로 도운 일은 비천(卑賤)한 신분의 사람이 한 일일지라도 반드시 이를 밝히고 정의(正義)를 억압하는 행위는 비록 귀족이라 할지라도 이를 굴복(屈服)시킨다.

그러므로 정치권력에 아부(阿附)하고 빌붙는 자들이 그 죄를 피할 수 없다. 덕을 감추고 훼손(毁損)하는 자들은 그 이름을 숨길 수 없으며 바꿀 수 없는 진리의 궤적을 믿게 하니 백왕(百王)의 통전(通典)이다.'라고 진술한다. 이는 비교적 과장된 어조이지만 '춘추삼전'이 피차(彼此) 서로 상이(相異)함이 사실이고 심지어는 상반(相反)된 내용을 보인다. 예(例)를 들어 송(宋) 양(襄)공(公)에 대한 평가를 보자. 이에 대해 『좌전』, 『공양전』과 『곡량전』이 완전히 상반된 입장을 표명(表明)한다.

『좌전』은 객관적인 사실의 기록을 중시한다. 희(僖)공(公) 22년에 송양공이 초(楚)국 군대와 홍수(泓水)에서 전투를 벌이게 되었다. 이러한 사실(史實)에 대해 『좌전』에서는 '북을 울리지 않고 전열(戰列)도 가다듬지 않았다.', '군자는 중상(重傷)을 입은 자를 살해하지 않는다. 머리가 반백(半白)인 자는 포로(捕虜)로 하지 않는다.' 는 류의 말을 하다가 끝내는 대패(大敗)하여 다리에 부상(負傷)을 입고 끝내는 죽고 말았다고 기술한다. 사실에 대한 객관적(客觀的)인 기술을 위주로 한다.

『공양전』은 송양공의 어리석음에 대한 아이러니컬한 역설적(逆說的)인 칭찬을 늘어놓는다. '상대방이 전열(戰列)을 가다듬은 후에 비로소 양공이 북을 울리고 진격하게 명령하니 송의 군대가 대패했다. 그러므로 군자는 상대방이 전투 준비가 되지 않을 때에 북을 울리지 않고 전열도 가다듬지 않으니 대사(大事), 즉, 전쟁에 임하여 큰 예절을 잊지 않은 것이니 군주만 있고 신하가 없는 꼴이다. 문왕(文王)이라고 할지라고 이보다 더한 예의는 갖추지 못했으리라. 이렇게 천하에 어리석은 멍청한 송양공 같은 사람을 크게 칭찬하고 심지어는 전설 중에 나오는 현군(賢君)인 주(周)나라의 문왕(文王)과 비교하여 언급(言及)하고 있는 것이다.

그럼 『곡량전』은 어떠한가? 23년에 대한 기록은 이와 다르다. '송양공이 전사하매 장례(葬禮)를 치르지 않은 이유는 무엇인가? 민심(民心)을 잃었기 때문이다. 왜 민심을 잃었는가? 백성으로 하여금 전투하는 방법을 제대로 가르치지 못한 것이다. 그러므로 병사를 버린 꼴이다. 임금으로써 군사를 버린 꼴이니 민중이 어찌 그러한 사람을 임금이라고 여길 수 있으리오?' 이러한 어조는 바로 송양공의 국군(國君)으로써 자격이 없어 죽어도 그냥 죽은 것으로 대수롭지 않게 여기는 어조(語調)를 나타낸다. 역사 해석이 『공양전』과는 달리 사리(事理)에 맞게 되어 있다.

초사(楚辭)

■ 제목:

초사(楚辭)

■ 작자:

굴원(屈原)(기원전 340-278년)

■ 출간 연대:

전국 시대

■ 책 소개:

『초사』는 『초사』(楚詞)라고도 하며 전국 시대 시인인 굴원의 창작 시체(詩體)의 작품(作品)이다. 『초사』의 작품은 초(楚)지(地)(오늘날의 양호(兩湖), 즉, 호남과 호북 일대)의 문학 양식(樣式)과 방언의 성운(聲韻)을 운용하여 초지의 산천(山川) 인물, 역사 풍정(風情)을 서술하고 있다. 농후한 지방 특색을 갖고 있는 작품이다.

한 대(漢代)에 유향(劉向)이 굴원의 작품과 송옥(宋玉) 등 인의 '굴원의 굴부(屈賦)의 작품을 모방한 저작을 편집하여 엮은 책'을 함께 모아 『초사』라고 명명했다. 이는 『시경(詩經)』 이후 중국 문학에 심대한 영향을 미치는 시가(詩歌)의 총(總)집(集)이라고 할 수 있다. 중국의 낭만주의 시가의 제 1 저작으로 기록된다.

■ **역사 배경과 영향 등:**

『초사』는 『시경』의 사자(四字) 일구(일(一)구(句)식의 고정(固定)된 양식을 타파하고 중국 고대 시가 발전에 일대 해방(解放)을 가져온 것으로 평가된다. 중국 시사(詩史)에 있어서의 르네상스를 맞이한 계기(契機)를 이루었다. 초사는 삼(三)언(言) 내지는 팔(八)언(言)에 이르는 일정하지 않은 구식(句式)을 채용하고 편폭(篇幅)과 용량(容量)이 수요(需要)에 따라 임의(任意)로 확충(擴充)할 수 있는 양식을 띠고 있었다.

이러한 특징은 정교(精巧)하고 세밀(細密)한 예술 기교(技巧)를 용납(容納)하고 탄생(誕生)하게 하는 계기를 이루었고 비유, 상징, 은유 등의 표현 수법이 모두 상당한 정도로 발전하게 되었다. 형식상의 활발하고 다양한 양식은 당시의 복잡하고 다채로운 사회생활을 묘사하고 이를 적절하게 표출하는데 서사적이고 감정적인 면에서 적당한 양식을 계발하는 계기가 되었다는 평가를 받고 있다.

초국은 남쪽에 위차하고 있어서 만이(蠻夷)의 국가로 호칭(呼稱)되고 있었다. 문화의 근원은 주(周)와 더불어 은상(殷商)의 영향을 받아왔다. 초 장(莊)왕 때 초국의 세력이 급(急)신장(伸張)되어 북으로 진출하게 되어 남북의 문화가 서로 교류와 융화를 이루게 되어서 중원(中原) 고도(高度)의 사상 문화가 큰 폭으로 초국에 흡수되게 되었다. 전국 시대에 이르러 남북 문화의 교류와 융합(融合)의 현상이 더욱 현저하게 되었으며 『시경』의 문학 형식이 남쪽에 이식(移植)되게 되었다.

처음 『시경』이 이식되자 초국 군신이 이를 모두 낭송(朗誦)하거나 외교 사령(辭令)에 이용하게 되었고 점차로 초국의 문학에 침투(浸透)하게 되어 문인의 사상에 영향을 미치게 되었다.

『초사』는 시가(詩歌)의 체재(體裁)를 의미하거나 시가 총집(總集)의 명칭을 의미하는 두 가지 의미로 쓰였다. 초사의 창작 수법은 낭만주의(浪漫主義)에 근거하고 있으며 감정의 분방(奔放)함과 상상의 기특(奇特)함을 그 주요 선율(旋律)로 하며 농후한 초국 지방의 특징과 신화(神話)적 색채를 가미(加味)하고 있다.

『시경』의 소박한 사언(四言)체 시와 비교하여 초사의 구식(句式)은 비교적 활발하며 구(句) 중에는 초국의 방언을 사용하거나 가락과 운율에 있어서 독특한 특색을 지니고 있어서 풍부하고 복잡한 사상과 감정을 표현하기에 적합한 표현 양식으로 평가되고 있다.

■ 책 주요 내용:

『초사』는 'songs of Chu'라고 할 수 있다. 서한(西漢)의 유향(劉向)이 편집했으며 굴원, 송옥, 왕포(王褒), 가의(賈誼)와 엄기(嚴忌) 등의 사부(辭賦)와 유향 자신의 작품인 「구탄」(九嘆)을 수록하여 총 16편의 시가(詩歌)집으로 굴원의 작품을 위주로 하여 나머지의 각 편은 굴원의 형식을 답습한 것이다.

굴원의 대표작인 구가(九家), 천문(天問), 이소(離騷), 구장(九章)과 초혼(招魂)을 중심으로 『초사』의 내용을 살펴보자.

「구가」는 11편의 제가(祭歌)로 10편이 모두 한 신(神)을 제사하고 있다. 마지막 1편은 공동으로 신을 보내는 가곡으로 되어 있다. 이 제가들은 초국 남부의 민간에 유전(流轉)되어 내려온 노래들로 굴원에 의해 각색(脚色)되어 보존된 것이다. 이 작품들은 굴원이 축출(逐出)되기 이전의 시기에 완성된 것으로 초국 고대의 현실 생활의 측면을 다루고 있고 작자의 애수(哀愁)를 빗대어 반영하고 있다. 가사(歌詞)는 일종의 의미를 띤 신화를 포함하고 있는데 미신적 색채가 농후하다.

「천문」은 굴원의 「이소」 외에 중요한 장시(長時)의 형식을 갖추고 있는 작품이다. 천지, 신, 인간 등에 대해 170 여 가지의 문제를 제기한다. 이는 작자의 사물의 근원과 꺾이지 않는 불굴의 전투 정신을 선명하게 표현하고 있다. 「천문」에는 여러 가지 역사 인물과 신화 전설에 대한 고사를 보존하고 있고 표현은 상상력의 풍부함, 새로운 구성, 민활(敏活)한 구절 배치, 음절의 낭랑(朗朗)함 등의 특징을 보인다. 「천문」은 굴원이 귀향(歸鄕) 간 후의 작품이다.

「이소」는 굴원의 대표작으로 서정시적 성격을 띠고 있다. 중국 고대 문학의 대표작 중의 하나로 꼽힌다. 작자는 자신이 품었던 정치 포부를 반복적으로 서술한다. 열정적(熱情的)으로 조국과 백성에 대한 사랑과 관심을 표출하고 있다. 또한 초국의 최고 통치자 집단(集團)의 이기심(利己心)과 부패(腐敗)에 대해 분노(憤怒)의 감정(感情)을 숨기지 않고 표출하고 있다. 작품의 상상력의 풍부성과 감정의 진지(眞摯)함, 구절의 화미(華美)함, 음절(音節)의 절주(節奏) 등이 낭만주의 정신의 적극성(積極性)을 충만(充

滿)하게 나타내고 있다. 굴원이 추방(追放)된 직후의 시간에 창작(創作)된 것으로 보인다.

「구장」은 9편의 비교적 짧은 시를 담고 있다. 대부분 굴원이 추방된 후의 작품으로 후대 사람이 편집(編輯)한 것이다. 여기서 표현된 주된 내용은 「이소」와 비슷하나 「이소」가 작자의 자신의 신세(身世)에 대해 종합적인 묘사를 진행한데 반해 또 신화와 전설 등으로 자신의 특별한 환상(幻想)을 표현했음과 달리 「구장」에서는 자신의 실제 정치 생활에 대한 단편을 소재(素材)로 하여 진솔(眞率)한 감정을 서정적(抒情的)으로 노래하고 있다.

상군서(商君書)

■ 제목:

상군서(商君書)

■ 작자:

미상 혹은 상앙(商鞅)(기원전 395-338년)이라는 설도 있음

■ 출간 연대:

전국 말엽 혹은 그 이후

■ 책 소개:

『상군서』는 『상자』(商子)라고도 하며 24편이 현존한다. 전국 시대의 상앙 및 그 후학의 저작을 모은 책으로 법가학파의 대표작의 하나이다.

작자는 세 가지 설이 주를 이루고 있다. 첫째는 『상군서』가 근본(根本) 위서(僞書)라는 견해이다. 둘째는 『상군서』의 작자(作者)가 상앙이라는 점을 기본적으로 인정하고 있다. 셋째는 『상군서』가 상앙의 유저(遺著)와 기타 법가 유저의 합편(合編)이라는 견해이다. 1인에 의해 쓰여진 것도 아니고 일시에 집필된 것도 아니라는 견해이다.

■ 역사 배경과 영향 등:

전국 말년에 진국이 육국을 통일하고 중국역사 상 첫 번째의 중앙집권제 국가를 건립했다. 이것은 진국이 진시황의 강력한 리더쉽을 중심으로 상앙을 대표로 하는 법가 사상을 채택하여 이룩해 낸 결과였다. 아마도 진시황의 천하 통일의 위업(偉業)이 없었더라면 현재의 중국이라는 단일(單一) 국가와 민족의 실체(實體)의 존재도 불가능했을지 모른다.

진시황을 도와 전국 통일의 업적을 달성한 총 브레인의 역할을 담당한 참모는 상앙 이었다. 그는 두 차례의 강력한 변법을 실시하여 진국을 전국의 최강의 국가로 만들어 통일의 주체 국가로 발전시켜 나간 견인차(牽引車) 역할을 수행했다.

상앙의 변법(變法)이 무엇인지 그 지도 노선은 무엇이고 정책 조치는 무엇인지가 본 『상군서』에 자세히 기록되어 있다.

■ 책 주요 내용:

『상군서』는 다양한 문체(文體)를 선보이고 있는 점에 우선 그 특징이 있다. 의론(議論)체의 문장으로 「농전」(農戰), 「개색」(開塞)과 「획책」(劃策) 등 십 수편이 이에 속하며 이 체의 특징은 종합을 먼저 한 후에 분석(分析)을 가하는 방법을 취한다. 혹은 분석을 먼저 한 후 종합을 하는 방법이다. 동시에 귀납(歸納)과 연역(演繹)의 방법을 사용하며 문장의 앞뒤가 일관되게 하는 특징을 지닌다. 비유(比喩)와 대비(對比), 배비(排比)와 차대(借代) 등의 수사(修辭) 수법(手法)을 사용한다. 우화(寓話)의 수법을 이용해 논리(論理)의 효과와 형상(形象)성을 증가시킨다.

설명체의 문장은 「간령」(墾令), 「늑령」(勒令) 및 「경내」(境內) 등의 편이 속하며 진(秦)국의 정령(政令)에 대한 해석이 내용의 주를 이룬다. 변란(辯難)체의 문장은 「갱법」(更法)편이 대표적인데 인물 들이 서로 변호(辯護)와 논박(論駁)을 주고받는 내용을 통해 중심적인 내용을 드러내게 하는 방법을 취한다.

대표적인 본 서의 내용을 다음 몇 가지로 귀납한다.

첫째, 법가사상의 혁신 변법의 정치사상에 대한 변호이다. 「갱법」편에 상세히 기술되어 있는데 변법의 추진자인 상앙과 이에 반대하는 구 귀족 출신인 감룡(甘龍), 두지(杜摯)가 진(秦) 효(孝)공 면전(面前)에서 변법의 타당성(妥當性)과 효과(效果) 등에 대해 논변을 벌이고 있는 내용이 생생하게 기록되어 있다.

효공은 법도(法度)를 변화하는 것에 대해 불안감을 갖고 있었다. 예제(禮制)를 개혁하는 것은 천하의 모든 사람들에게 비난(非難)받을 여지가 있다는 생각을 갖고 있었던 것이다. 이에 상앙이 논변을 벌인다. '행동이 지지부진하면 명분이 서지 않고 일을 추진하는데 우물쭈물 과단성 있게 하지 못하면 성공할 수 없다. 제가 군왕(君王)을 설득하여 하루바삐 법도를 변경(變更)해야 하는 결정을 내리게 한 것은 다른 사람들의 비난과 이견(異見)을 두려워하지 말라는 것이다.

법도는 인민을 보호하는데 그 의미가 있고 예제(禮制)는 국사(國事)에 이롭게 하고자 함이다. 그러므로 성인이 국가를 다스리는데 국가를 강성(强盛)하게 하면 되는 것이고 구 법도를 계속 사용할 필요가 없는 것이다. 백성에게 도움이 되면 되는 것이지 구 예제를 반드시 준수(遵守)해야 하는 것은 아니다.'

이에 반대하는 구 귀족 출신인 감룡 등은 변법을 반대한다. '백성의 구 예속(禮俗)을 인습(因襲)해서야만 교화(敎化)를 시행할 수 있는 것이다. 힘 안 들이고 무슨 일을 해도 성공할 수 있다. 구(舊) 법도를 사용하여 국가를 다스려야만 관리도 익숙하고 인민도 편안할 것이다.'라는 논리를 편다. 이에 상앙은 '이러한 논리는 모두 속인(俗人, 일반 사람들)의 말이다.'라고 일축(一蹴)한다.

상앙의 변법 실시의 필연성에 대한 논리는 역사적 근거를 가지고 이를 합리화하려고 시도한다. 중국 과거의 역사를 통틀어 변법을 시행하여 역대 왕조가 성공할 수 있었다고 주장한다. 하(夏), 상(商)과 주(周) 의 삼대(三代) 왕조의 예제는 모두 달랐다. 그러나 모두 왕업(王業)을 성취할 수 있었다. 춘추(春秋) 시대의 오패(五覇)의 법도도 모두 달랐다. 그리고 모두 패업(霸業)을 이루었다.

그러므로 총명한 사람은 법도를 창조하고 우매한 사람은 법도의 제재(制裁)를 받는다. 현인(賢人)은 법도를 개혁하고 용인(庸人)은 예제의 제약을 받는다. 예제의 제약을 받는 사람과 대사(大事)를 논할 수 없고 법도의 제한을 받는 사람과 변법을 논의할 수 없다.

변법을 반대하는 구 귀족인 두지는 이렇게 변법 반대의 논변을 편다. '고인(古人)을 본받는 것은 틀린 것은 아니다. 구 예(禮)를 준수하면 간사(奸邪)한 것들이 없어진다.'고 주장한다. 상앙은 이에 대해 '고대의 정교(政敎)가 다른데 어떻게 고인을 본받겠는가?

제왕이 서로 본받지 않았는데 어떻게 우리가 누구의 예제를 본받는단 말인가? 예제와 법도는 시대에 따라 제정되어야 한다. 명령은 실제의 수요에 부합해야 한다. 그러므로 나는 감히 말한다. 인민을 다스리려면 하나의 방법만으로는 안 된다. 국가의 이익을 도모하기 위해서는 고인을 모방(模倣)할 필요가 없다.'

둘째, 농전(農戰)사상이다. 「농전」 편에 '국가의 부흥(復興)에는 농전이 필수적이다.'고 이를 중시한다. 농전은 '국가를 위한 최선의 방법이다. 창고(倉庫)가 비록 가득 차 있으나 농민이 이를 도둑질 하지 않는다.' 「늑령」 편에는 '조정에서 농민으로 하여금 잉여(剩餘) 곡식을 국가에 헌납(獻納)하여 관작(官爵)을 얻는다.

이렇게 되면 농민(農民)은 힘써 경작(耕作)할 것이다.' 「산지」(算地)편에서는 농전의 효과에 대해 강조하고 있다. '성인이 국가를 다스리는데 있어서 안으로는 인민으로 하여금 농사에 종사(從事)하게 한다. 밖으로는 전쟁에 임하게 한다...전쟁에도 승리하고 황무지(荒蕪地)도 개간(開墾)하니 이는 부강(富强)의 공을 세우는 것이다. 일거양득(一擧兩得)의 효과를 얻을 수 있다.'

셋째, 중형(重刑)과 소상(少賞)의 사상이다. 형벌은 가중(加重) 실시하고 상(賞)은 경미(輕微)하게 주는 제도를 실시한다. 「거강」(去强)편에 다음과 같이 중형 소상의 논리를 펴고 있다. '중벌과 경상(輕賞)은 군주가 백성을 애호하는 것을 표시한다.

그러므로 백성을 군주를 위해 죽음을 두려워 않는다. 중상 경벌은 군주가 백성을 아끼지 않는 것이고 그러므로 백성이 군주를 위해 죽지 않으려 한다. 국가의 융성함과 형벌(刑罰)의 시행(施行)은 백성에게 이익을 주고 또 벌을 두려워한다. 장상(奬賞), 혹은 후상(厚賞)제도는 백성에게 이익이 되고 이를 좋아한다.'

형벌제도의 핵심은 어떻게 실시하느냐의 문제에 있는 것이다. 법가는 형벌을 통일할 것을 주장한다. 「상형」(賞刑)편에 이에 대한 제도를 제시하고 있다. '형벌을 시행하는데 등급이 없다. 경상(卿相) 장군으로부터 대부(大夫) 서인(庶人)에 이르기까지 모두 왕령(王令)을 듣지 않으면 국가 사범(事犯)이나 반란자(叛亂者)는 사형으로 하고 사면(赦免)하지 않는다.

공을 먼저 세우고 잘못을 뒤에 저질렀다면 이것으로 해서(공을 세운 것으로 하여) 형이 감(減)해지지 않는다. 선행(善行)을 먼저 하고 과실(過失)을 뒤에 행했다면 법대로 적용한다. 이것은 곧 형상(刑賞)의 집행(執行)에는 모두가 전부 똑같다는 것이다.'

넷째, 근본을 중시하고 지엽(枝葉)적인 것은 억제한다. 유가(儒家)의 유술(儒術)를 반대한다. 「일언」(壹言)편에 무엇이 근본인지 무엇이 또 지엽적인 말단(末端)인지를 설명하고 있다. '근본을 중시하고 이에 힘쓰며 지엽말단적인 것을 하지 않는 자는 부유(富裕)해진다.'고 논리를 주장한다. 지엽말단적인 것은 상업(商業)과 수공업(手工業)을 말한다. 근본은 농업(農業)이다.

「농전」편에 다음과 같이 농업 중시와 상업 수공업 경시의 논리가 설명되어 있다. '농전(農戰)에 참가하는 사람이 천 명이고 『시(詩)』와 『서(書)』를 읽는 자가 한 사람이라면 천 명이 모두 농전에 게으르게 임(臨)하게 된다. 농전에 임하는 자가 백 명이고 기예(技藝)에 종사하는 자가 한 사람이라면 백 사람 모두 농전에 제대로 임하지 못할 것이다.'

'호걸은 시(詩)』와 『서(書)』를 힘써 공부하여 통제권(統制權) 밖에 있게 되고 상업과 기예에 종사하는 자들은 모두 농전을 회피하게 된다면 백성이 국가(國家)사(事)에 임하는데 있어서 어찌 곡식(穀食)이 줄지 않을 수 있으며 군사력이 어찌 약(弱)하지 않을 수 있단 말인가?'

예기(禮記)

■ **제목:**

예기(禮記)

■ **작자:**

미상. 전국(戰國) 시대에서 진(秦) 한(漢) 시대에 이르는 기간 동안에 유가(儒家) 학자에 의해 저술됨

■ **출간 연대:**

서한(西漢) 예학가(禮學家) 대덕(戴德) 및 그의 조카 대성(戴聖) 편찬

■ **책 소개:**

『예기』는 중국 고대의 중요한 전장(典章, 법률과 규범을 규정한 문헌) 제도 중의 하나로 서한의 예학자인 대덕과 그의 조카 대성이 함께 편찬한 책이다. 대덕이 선정한 85편을 『대덕예기』라고 하고 그 후 전승되어 내려오다가 당(唐) 왕조 때 39편만이 남게 되었다. 대성이 선정한 49편은 『소대예기』라고 하여 우리가 오늘날 볼 수 있는 형태의 책이다.

이 두 종류의 책이 각각 중점과 특색이 다르다. 동한(東漢) 말년 당시 저명 학자인 정현(鄭玄)이 『소대예기』에 주석을 달아 후일 이 주석본이 계속 전승되어 내려왔다.

이 책은 경전(經典)을 해설한 저작으로 오랜 세월에 걸쳐 전승되어 내려오면서 점차로 경전으로 위치가 상승하게 되었다. 당대에는 이 주석본이 '9경(經)' 중의 하나로 되었으며 송(宋) 대에는 '13경'의 하나로 규정되어 사(士) 계급의 필독서(必讀書)가 되었다.

■ 역사 배경과 영향 등:

한(漢)대에는 공자가 규정한 전적을 '경(經)'이라 하고 그 제자가 '경'에 해설을 가한 저술을 '전(傳)' 혹은 '기(記)'라고 한다. 『예기』는 이렇게 해서 저작의 이름을 얻게 되었다. 즉, '예(禮)'에 대한 해석인 것이다.

서한(西漢) 초기에 『예기』는 모두 131편이 존재하고 있었으나 대덕이 그 중에서 선정하여 책으로 엮은 85편을 전술한 것 같이 『대대예기』로 대성이 편찬한 49편을 『소대예기』라고 부르고 있다. 동한(東漢) 후기에 대례본이 전승되지 않고 소실되어 소대례본을 중심으로 이를 『예기』라고 칭하고 『주례』와 『의례』를 합쳐 '삼례'라고 칭하여 내려오게 되었다.

정현이 이에 주를 붙여 그로부터 『예기』의 지위가 상승하게 되어 '경'으로 불리게 되었다. 그 이후로 『예기』는 정치적인 의미 및 일상생활을 구속하는 모든 예의범절과 생활 준칙, 그리고 정치제도와 법률, 전장(典章) 제도의 기본적인 근원(根源)으로 여겨지게 되었다. 이로써 유교의 정치사상의 내용이 더욱 중국의 봉건 전제 군주 시대에 뿌리를 내리고 고착(固着)되게 된 중요한 근원적 저작으로 평가되고 있다.

■ **책 주요 내용:**

『예기』는 전국(戰國) 시대에서 진(秦)한(漢) 시대에 이르는 기간 동안에 유가(儒家) 학자들이 경서(經書)인 『의례(儀禮)』를 설명한 글을 모아 편찬한 책으로 유가 사상을 주로 담고 있는 자료 모음집이다.

『예기』의 작자는 1인이 아니며 공동의 저작으로 저술 시간도 비교적 장기간이다. 저작에 포함된 다수의 글들이 공자의 72명의 수제자 및 그들의 학생들의 작품으로 선진(先秦) 기타 전적(典籍)의 내용도 일부 포함하고 있다.

『예기』의 주요 내용은 선진(先秦) 예제(禮制), 예의(禮儀), 예의의 해석 등을 내용을 기재하고 논술하고 있다. 공자와 제자 등의 문답(問答)을 기록하고 있고 수신(修身)과 사람됨의 준칙(準則)을 기술하고 있다.

실제적으로 본 저작은 9만 여 자(字)로 구성되어 있으며 내용이 넓은 범위에 걸쳐 있는 것이 그 특징이다. 정치, 법률(法律), 도덕, 철학, 역사, 제사, 문예, 일상생활, 역법(曆法) 및 지리 등 여러 분야를 포함하고 있으며 거의 모든 삼라만상(森羅萬象)이 다 포괄되어 있는 광범위(廣範圍)성을 보인다. 선진 유가사상의 정치, 철학과 윤리사상을 집중적으로 표현하고 있으며 선진 사회를 연구하는 중요한 자료로 꼽히고 있다.

『예기』는 전편을 통해 기서(記敍)형식으로 저술된 것이다. 기서형식이란 문학적인 묘사와 서사(敍事)적인 내용을 담은 것으로 다수의 편들이 문학적인 가치가 풍부하다. 어떤 글들은 짧은 고사(故事)를 서술하여 생동감 있는 도리를 나타내 보이고 웅장한 기상을 담고 있으며 구조가 잘 짜여진 문장들로 구성되어 있다.

언어의 내면적 의미가 간결하고 의미가 심장한 내용을 담고 있으며 심리 묘사와 의미를 살린 내용을 다수 담고 있다. 대량의 철리(哲理)와 격언, 경구(警句)를 수록하고 있어 정밀하고 중요한 이치를 표출하고 있다.

『예기』와 『의례』 및 『주례』를 '삼례'(三禮)라고 호칭하고 있으며 이는 중국 문화의 기본적인 콘텐츠를 이루는 심대한 영향을 미친 내용으로 되어 있다. 각 시대를 거쳐 내려오면서 그 시대의 학자나 관련자들은 사상의 자원을 찾기 마련이다. 이러한 맥락(脈絡)에서 역대로 『예기』에 대한 주석을 담은 서적은 한우충동(汗牛充棟) 같이 많으며 오늘날에도 이러한 연구의 전통은 이어져 내려오고 있다.

그 중 대표적인 주석본이 청(淸) 대의 완원(阮元)의 『십삼경(十三經)주소(奏疏)』본으로 주석과 번역문이 광범위하게 각종 자료 중에서 본 저작에 영향을 미칠 만한 연구 성과를 집중적으로 참고하여 이를 반영하고 있다. 정확하고 간명하며 쉽게 이해할 수 있는 내용을 표현하고 있으며 수록된 글들은 작자가 표제(標題)를 붙여 원문에는 편명만 있고 매 편의 원문이 비교적 장문으로 되어 있는 상태를 보충(補充)했다. 원칙적으로 매 편의 첫 문장의 구절을 표제로 하고 주석에는 선정(選定)한 편명(篇名)을 설명하고 있다.

『예기』가 많은 작자와 장기간에 걸쳐 이루어진 저작이라는 점을 참작(參酌)하여 다수의 고적(古籍)의 유설(遺說)에서 취재했음을 알 수 있다. 그러므로 자연히 내용이 매우 번잡(煩雜)하고 편집 순서가 비교적 무질서(無秩序)하게 되어 있으므로 후세 학자들은 귀납과 분류(分類)의 방법으로 연구를 하고 있다.

동한(東漢)의 정현(鄭玄)이 49편을 통론(通論), 제도, 제사(祭祀), 상복(喪服), 길사(吉事) 등 8가지로 분류하고 있고 근대의 양계초(梁啓超)는 5가지로 분류하여 첫째, 통론(通論)과 학술로 「예운(禮運)」, 「경해(經解)」, 「악기(樂記)」, 「학기(學記)」, 「대학(大學)」, 「중용(中庸)」, 「유행(儒行)」, 「방기(坊記)」, 「표기(表記)」, 「치의(緇衣)」 등의 편으로 나누고 둘째, 『의례』를 해석한 17편으로 「관의(冠義)」, 「혼의(昏義)」, 「향음주의(鄕飮酒義)」, 「사의(射義)」, 「연의(燕義)」, 「빙의(聘義)」 및 「상복사제(喪服四制)」 등의 편으로 구성(構成)되어 있다.

셋째, 공자의 언행 혹은 공자 제자 및 당시 인물에 대한 잡사(雜事)에 대한 내용으로 「공자(孔子) 한거(閑居)」, 「공자 연거(燕居)」, 「단궁(檀弓)」 및 「증자(曾子)문(問)」 등의 편이다.

넷째, 고대 제도와 제도에 대한 내용 및 그에 대한 고증(考證) 판별(判別)에 대한 내용으로 「왕제(王制)」, 「곡례(曲禮)」, 「옥조(玉藻)」, 「명당(明堂)위(位)」, 「월령(月令)」, 「예기(禮器)」, 「교특생(郊特牲)」, 「제통(祭統)」, 「제법(祭法)」, 「대전(大傳)」, 「상대기(喪大記)」, 「상복(喪服)대기(大記)」, 「분상(奔喪)」, 「문상(問喪)」, 「문왕(文王)세자(世子)」, 「내측(內則)」, 「소의(少儀)」 및 「유행(儒行)」 등 편의 격언과 명구(名句) 등으로 글의 성격을 중심으로 분류하고 있다.

주례(周禮)

■ **제목:**

주례(周禮)

■ **작자:**

일설(一說)에는 주공(周公) 단(旦)이라 함. 주공 단은 서주(西周) 시기의 저명 정치가, 사상가, 문학가, 군사가. 공자가 추앙하는 대표적인 고대의 정치가 임. 그러나 근대 이후 작자가 미상으로 되어가는 경향을 보임.

■ **출간 연대:**

전국 시대에서 진, 한 대

■ **책 소개:**

유가 경전. 내용이 극히 풍부하다. 내용 범위가 천하 구주(九州)의 일에서 천문 역상(歷象)에서부터 작게는 도로(道路)와 배수(排水)시설(施設), 초목(草木)과 충어(蟲魚)에 이르기까지 광범위한 내용을 포괄(包括)한다. 국가의 제도 건설, 정법(政法)과 문교(文教), 예악(禮樂)과 병형(兵刑), 부세(賦稅)와 탁지(度支), 선식(膳食)과 의식(衣飾), 침묘(寢廟)와 차마(車馬), 농상(農商)과 의복(醫卜), 공예(工藝)와 제작(制作), 각종(各種)과 각물(各物), 전장(典章)과 제도 등 당시 모든 사물과 인간사 모두 포괄하고 있어서 상고(上古) 문화사의 보고(寶庫)로 불릴 만 하다.

■ **역사 배경과 영향 등:**

인간이 하늘을 본받아 통치하는 것을 이상국(理想國)의 강령으로 본 『주례』는 서한의 경제(景帝)와 무제(武帝) 제위(帝位) 시에 하간(河間) 헌왕(獻王) 유덕(劉德)이 민간에서 고서(古書)를 몇 권 얻었다. 그 중의 일부가 이름이 『주관』(周官)이었다. 원서(原書)에는 천관(天官), 지관(地官), 춘관(春官), 하관(下官), 추관(秋官), 동관(冬官) 등 6편이 있었으나 동관 편은 이미 실전(失傳)되었다.

한(漢) 대의 유학자(儒學者)가 성질이 비슷한 『고공기(考工記)』를 그 대신으로 보충했다. 왕망(王莽) 시에 유흠(劉歆)이 주청(奏請)을 올려 『주관』을 학관(學官)에 올려 『주례』라고 명명(命名)했다. 동한(東漢) 말에 경학(經學) 대사(大師)인 정현(鄭玄)이 『주례』를 위해 훌륭한 주석을 달아 주었다. 정현의 학술과 성망(盛望)이 숭고(崇高)한 이유로 『주례』는 일약(一躍) 『삼례(三禮)』의 가장 첫 머리에 올려 졌으며 유가의 중요 경전으로 자리 잡았다.

■ **책 주요 내용:**

『주례』는 관제(官制)를 통해 치국(治國) 방안(方案)을 표현하는 저작으로 이와 관련한 풍부한 내용을 담고 있다. 『주례』 육관(六官)은 다음과 같이 분업화(分業化)되어 규정되어 있다. 천관(天官)은 궁정을 주관(主管)하고 지관(地管)은 민정(民政)을 관리(管理)하며 춘관(春官)은 종족(宗族)을 다스리고 하관(夏官)은 군사(軍事)를 관장(管掌)한다. 추관(秋官)은 형벌(刑罰)을 다스리며 동관(冬官)은 영조(營造), 즉, 건설 업무를 관장한다. 이렇게 사회생활의 모든 분야에 관계되어 있는 내용은 상고(上古) 문헌 중에 드문 경우이다.

『주례』에 기록된 예(禮)의 체계는 그러므로 고대 전적 중에서 가장 체계적이다. 제사, 조근(朝覲), 봉국(封國), 순수(巡狩), 상장(喪葬) 등의 국가 대전(大典) 뿐 아니라 용정(用鼎)제도, 낙현(樂懸)제도, 차기(車騎)제도, 복식제도, 예옥(禮玉)제도 등의 구체적인 규제(規制) 등과 더불어 각종 예기(禮器)의 등급(等級), 조합(組合), 형제(刑制), 도수(度數)에 관한 기록을 담고 있는 이 분야의 거의 유일(唯一)한 저작으로 사료의 가치가 매우 높다.

『주례』가 완성된 후 어떤 이유에서인지 신분이 매우 높은 고위 유학자조차도 비부(秘府)에 소장되어 있던 이 책을 보지 못하였다. 이로써 본 저작의 존재에 대해 아는 사람은 아무도 없었다. 한(漢) 성제(成帝) 시에 유향(劉向), 유흠(劉歆) 부자(父子)가 비부에 소장(所藏)되어 있는 문헌을 정리, 교리(敎理)하는 가운데 이 책을 다시 발견하게 되었다. 이들 부자는 이 책을 저록(著錄), 즉, 새로이 편집했다.

유흠은 이 책을 특별히 중시하여 주공(周公)의 저작으로 생각하게 되었다. 그래서 그는 '주공이 태평한 통치를 실시했다는 흔적'으로 여기게 된다. 동한(東漢) 초 유흠의 문인(門人)인 두자춘(杜子春)이 이 『주례』의 학리(學理)를 전수하고 정중(鄭衆), 육규(陸逵)과 마융(馬融) 등의 대유학자들이 이 책의 학설을 계승하여 주석이 많이 만들어지게 되었다. 이에 유흠의 학설이 당시를 풍미(風靡)하게 되었다.

그러나 본 저작에 치명적(致命的)인 결함(缺陷)이 있었다. 즉,

이렇게 중요한 고대 중국의 정치 체제와 제도, 문물과 법률 규정 등을 구체적으로 규정한 저작에 시대에 대한 명확(明確)한 명시(明示)가 없었던 것이다. 어느 시대, 어느 조대(朝代)의 전제(典制)에 대한 설명인지 확정(確定)할 단서(端緖)가 없었던 것이다.

본 저작은 그 이름이 『주관』(周官)으로 유흠의 설명에 의하면 서주의 관제(官制)라는 것이었다. 그러나 책에는 직접적인 이에 대한 확증할만한 명백한 기록이 없었던 것이다. 더욱 문제인 것은 서한 시대에 학관(學官)에 개설한 『역(易)』, 『시(詩)』, 『서(書)』, 『의례(儀禮)』와 『춘추(春秋)』 등 유가경전 모두가 사승(師承) 관계, 즉, 저자와 책 내용 중에 기재된 인물 등에 대한 명확한 관계를 찾아 볼 수 있게 『한서(漢書)』의 『예문지(藝文志)』나 『유림전(儒林傳)』에 모두 명확한 기록이 되어 있다는 점이다.

그러나 『주례』는 서한 시대에 홀연히 발견된 연유로 인하여 직접적으로 이러한 내용이나 저자에 대한 관계를 찾을 만한 단서가 없었다. 더군다나 선진(先秦) 시대의 문헌에는 이 책에 대한 언급이 전혀 없었던 것이다. 그러므로 본 저작의 진위 문제와 책의 완성 연대 문제가 천여 년 동안의 큰 미스터리 사건으로 남아 있게 되었다.

역대 학자들은 이에 대해 오랜 시간 동안 논쟁을 지속해 왔으며 적어도 몇 가지 학설이 대립(對立)하게 되었다. 서주설, 전국설, 진(秦)한(漢) 교체기(交替期)설, 한초설 및 왕망(王莽) 위작(僞作)설 등의 여섯 가지 설이 난무(亂舞)하는 결과를 빚었다.

고금을 통틀어 크게 두 가지의 의견이 주류(主流)를 대표한다. 고대 학자들은 유흠과 정현의 학설을 대다수 지지하여 주공의 전적으로 생각한다. 청(淸)대 저명학자인 손이양(孫詒讓)은 『주례』의 저작이 황제(皇帝), 전욱(顓頊) 이래의 전제(典制)라고 본다.

그는 『주례 정의(正義)』의 저서(著書)에서 오제(五帝)인 요(堯), 순(舜), 우(禹), 탕(湯), 문(文), 무(武)와 주공(周公)의 경세(經世) 대법(大法)의 정수(精髓)를 모은 것으로 주장한다. 고대 학자는 오제, 삼대(三代)를 성명(聖明)한 시기로 보고 치세(治世)가 가장 잘 이루어진 시대로 보는 경향(傾向)이 있으며 그 이후에 쇠약의 길로 접어든다는 일종의 '사관(史觀)'을 갖고 있다. 주공은 오제(五帝)삼대(三代) 제도와 정치의 집대성자이며 고대 학자가 『주례』의 저작권(著作權)을 주공에 있다고 보는 것은 그러므로 당연(當然)한 일이다.

근대학자는 고대 학자들의 이러한 '역사관'에 기인(起因)한 주장에 반대한다. 그들은 문헌을 실증(實證) 연구하여 비교적 집중적으로 선진 관제가 『상서(尙書)』의 「주관」 편과 『순자(荀子)』의 「왕제(王制)」 편에 기재된 것을 발견하고 「주관」은 이미 산실(散失)되었다는 것을 실증하고 있다.

어떤 학자는 처음에 『주례』의 원명(原名)이 『주관(周官)』임에 착안(着眼)하여 『상서』의 「주관」 편이 바로 『주례』라고 주장한다. 그러나 이 주장은 무리(無理)가 있다. 왜냐하면 『상서』는 28편으로 매 편이 1, 2천 자에 불과(不過)하다. 그러나 『주례』는 4 만 여 자로 완전히 그 중의 한편으로 보기가 어렵다. 『순자. 왕제』에 기록된 관제는 대체적으로 전국 후기 열국

(列國) 관제의 발전 정도를 반영할 수 있는 자료이다. 그러나 모두 칠 십 여 관명에 불과하여 『주례』의 오분의 일 정도라고 할 수 있다. 그리고 『주례』 같은 육관(六官) 체계는 보이지 않는다.

『'춘추』, 『좌전』(左傳)과 『국어(國語)』 중에 동주(東周)의 직관(職官)이 적지 않게 기록되어 있으나 어느 국가의 관제도 『주례』와 상동하지 않다. 서주에서 서한에 이르는 시기에 『주례』와 같은 관명(官名)이 약간 발견되고 있는데 그러나 그 누구도 이것으로 인하여 『주례』의 직관 체계와 일치된 왕조나 후국(侯國)을 찾아 낼 수 있지 못한 것이다.

근대 학자 들은 문헌 연구를 통해 또 고문자학, 고기물(古器物)학, 고고학(考古學) 등의 연구를 더하여 『주례』에 대해 더욱 광범위하고 심도(深度) 있는 연구를 진행하고 있다. 현재 상당수의 학자 들이 『주례』의 완성 시기를 늦게 잡고 있어서 전국 후기 정도로 보고 있다. 그러나 이견(異見)을 가진 학자도 적지 않아 논쟁이 가열(加熱)되고 있는 상황이다.

논쟁의 실질적인 문제는 고대 사회에 대한 인식 문제로 초점이 맞추어지며 이는 『주례』에 묘사된 사회가 관연 어떤 사회인가 하는 문제였다. 더 정확하게는『주례』에서 표현된 사회의 발전 수준이 과연 서주나 전국 시대, 진, 서한에 이르는 천 년 역사 중에서 어느 단계(段階)에 상응하느냐의 문제로 귀결되었다. 여기에 관련된 문제가 너무 복잡하여 『주례』의 완성 연대에 대한 문제와 관련하여 아직까지 내려진 정설(定說)은 없는 셈이다.

의례(儀禮)

■ 제목:

의례(儀禮)

■ 작자:

미상

■ 출간 연대:

춘추전국 시대

■ 책 소개:

『의례』의 내용은 주(周)대(代)의 각종 예의를 기록하고 있다. 그 중 사대부(士大夫)의 예의(禮儀)에 대한 내용이 주를 이룬다. 진(秦) 대 이전의 편(編)목(目)은 현재 알려져 있지 않으며 한(漢) 대 초기 고고생당(高堂生)이 의례 16편을 전하고 있다. 그 외에 고문(古文) 의례 56편은 이미 전해 내려오지 않는다.

■ 역사 배경과 영향 등:

『의례』 중에 기재된 의례는 명백한 봉건 시대의 통치 계급의식이 들어 있으며 그러나 모든 예절이 계급 사회의 산물이라고 보기는 어렵다. 왜냐하면 일부 예절의 형식은 씨족(氏族)제 사회에서 전승되어 내려온 예속(禮俗)도 상당수 존재한다. 그러므로 예절의 성격은 주(周)와 노(魯)국 등 각국의 귀족(貴族) 생활의 측면을 이해할 수 있을 뿐 아니라 원고(遠古) 시대의 역사적인 사회상황도 이해할 수 있는 귀중한 자료를 제공해주고 있다.

관례(冠禮)는 옛날 씨족제 시기에 성정례(成丁禮)로 형태가 갖추어져 변화되어 내려온 것이다. 양관(楊寬)의 『관례 신탐(新探)』에 보면 '성정례는 입사식(入社式)으로도 불린다. 이는 씨족공사(公社)의 남녀 청년이 성년 단계에 진입하면 반드시 거쳐야 하는 의식이다. 당시의 습관에 의하면 남녀 청년은 성숙기(成熟期)가 도래(到來)하면 연속적(連續的)으로 몇 년 내에 일정한 절차(節次)를 밟아 훈련을 받게 된다.

이는 필요한 지식을 구비하고 기능과 강인(强忍)한 의지력을 키우게 해 주며 정식 성원에 충당할 조건을 구비하게 해 주는데 그 목적이 있다...만약에 훈련에 합격하면 성년 후에 성정례에 참가할 수 있다. 정식 성원이 되면 성원이 갖추어야 할 씨족의 권리를 취득하게 되며 씨족 회의에 참가하고 추장(酋長)의 선거(選擧)와 파면(罷免) 등에 관여(關與)하게 되며 성원(成員)이 지는 의무(義務)를 반드시 이행(移行)해야 한다. 즉, 주요한 노동 생산과 본 부락(部落)을 지키기 위한 전투(戰鬪) 등에 참가한다.'

노예제 사회에 도달하게 되면서부터 관례는 귀족이 본 족(族)에서 거행하는 '성정례'가 되며 귀족이 전통 형식을 답습(踏襲)하고 새로운 내용을 부여하여 절충적(折衷的)인 형태가 된다. 이러한 관례를 거행하는 목적은 귀족 조직의 공고(鞏固) 및 종법(宗法)제도의 강화를 통한 인민 통치에 유리하도록 하는 일체(一體)감을 부여해 주는 의식이다. 성원의 권리와 의무도 이것이 중심이 된다. 이 예절은 씨족 공사(公社)의 성정례와는 본질적으로 다른 특징을 보이게 된다.

항음주례(鄕飮酒禮)를 또 하나 예로 들어보자. 양관(楊寬)의 논증에 의하면 향음주례는 씨족 취락(聚落)의 회식(會食) 제도에서 기원했다고 한다. 이러한 예절은 추장과 노인 존경(양노, 養老)을 그 주 취지로 삼는다. '주족(周族)은 중원(中原)에 진입한 이후 왕조(王朝)를 건립하고 다수가 통치계급이 되었다.

그 부계(父系) 가장제는 이미 종법(宗法)제도로 변화하고 원래 습관(習慣)적으로 응용했던 의례도 종법제도와 귀족 특권을 보호 유지하는 수단으로 전화(轉化)되었다.' 향음주례는 기층(基層) 행정(行政)조직에서 귀족 장유(長幼) 등차(等次)를 구분하는 예절로 변화되었다. 이로써 『의례』 중에는 주대 귀족의 관혼상제(冠婚喪祭), 음사(飮射)조빙(朝聘)의 생황을 반영할 뿐 아니라 원고(遠古) 시대의 예속(禮俗)의 형식을 보존하고 있는 특징을 보인다.

유방(劉邦)이 한 왕조를 건국한 이래로 조의(朝儀)는 숙손통(叔孫熟通)이 정리, 제정하였다. 그는 본래 진(秦) 왕조의 박사(博士)로 이 조의에는 진 왕조의 예의를 다수 채용했다. 숙손통이 제정한 조의는 정제(定制), 즉, 정식으로 제정되지 못했다. 숙손통이 편찬한 『예의』는 후일 전승되지 못하고 말았다. 반고(班固)는 이에 다음과 같은 언급을 한다. '숙손통이 편찬한 『의례』는...민(民)과 신(臣)이 언급하는 자가 없다.'

『의례』는 비록 서한 시기에 학관(學官)에 개설이 된 시기가 비교적 늦어져 한(漢) 고조(高祖), 문제(文帝)와 경제(景帝) 등의 주목을 받지 못했다. 그러나 이 저술의 전수(傳授)는 시종일관(始終一貫) 중단되지 않고 정현(鄭玄)이 이에 주석을 붙인 후에 더욱 일반 사인(士人)이 학습하는 자료가 되었다. 위(魏)진(晉) 남북조(南北朝) 시기에 많은 예학가(禮學家)가 출현했고 『수서(隋書). 경적지(經籍志)』에는 그들의 많은 저작이 수록(收錄)되어 있다.

사인(士人)이 중시하는 『의례』는 자연히 조정(朝廷)의 예악(禮樂) 제정에 영향을 미치지 않을 수 없었다. 관원들의 건언(建言, 건의사항)이나 비판문(批判文) 등은 모두 '삼례(三禮)'를 이론(理論)적인 근거(根據)로 하고 있다. 『진서(晉書)』와 남북조 각사(各史)의 『예지』(禮志), 『통전(通典)』과 『문헌(文獻)통고(通考)』중에는 이 분야(分野)의 내용이 다량 보존되어 있다.

『의례』 17편에 기록된 의절(儀節)제도가 후세(後世) 통치 계급의 수요(需要)에 훨씬 미치지 못하더라도 각(各) 조(朝) 전례(典禮)의 제정은 모두 이 『의례』를 중요한 근거로 하여 답습과 수정, 보충 등이 이루어진다. 예를 들어 『대당개원례(大唐開元禮)』에는 편찬자가 예례(禮例)의 숙지(熟知) 정도가 분명히 드러나 있다. 『의례』에 정통(精通)하지 않은 사람이면 이는 손을 대기가 어려움을 예시(例示)하고 있는 것임을 의미하는 것이다.

■ 책 주요 내용:

고대에는 중국에서 종교(宗教) 의식(儀式)이 그리 발달(發達)하지 않았다. 아마도 실리적인 중국인의 민족성(民族性)과 내세(來

世)를 그리 믿지 않는 역사 관념, 그리고 공자의 현세(現世)를 중시하는 사상의 영향 등이 복합적(複合的)으로 작용했는지 모른다. 그 대신 조상 숭배(崇拜)와 제사의식, 하늘에 올리는 제천(祭天) 의식 등은 원시(原始) 종교 의식이 기타 민족에게 보이는 정식 형식을 갖춘 종교의 형태가 발달하지 못했다.

고대 중국에서 종교가 발달하지 못한 대신 발달하게 된 것이 바로 예의와 제도 형식으로 세도(世道), 즉, 세상의 인심을 하나로 결속(結束)하는 장치를 마련하는 것으로 전이되었다. 이것이 바로 백 여 권의 『의례』가 상세한 의례 제도 장정(章程)이며 이것의 내용은 구체적으로 각종 정치 행위에 필요한 형식과 내용을 규정하고 있는 것이다. 즉, 예를 들어 의복을 어떻게 입으며 어느 방향 혹은 위치로 앉거나 일어서며 제1, 제2, 제3...등 절차를 어떻게 하느냐의 등을 각각의 상황에 맞추어 상세(詳細)하게 규정하고 있다.

『의례』의 기록에 의하면 천자, 제후, 대부(大夫), 사(士) 등이 일상에서 실행하는 예가 규정되어 있다. 즉, 사(士)의 관례(冠禮), 사의 혼례, 사의 상견례(相見禮), 향음주례(鄕飮酒禮), 향사례(鄕射禮), 연(燕)례(禮), 대사례(大射禮), 빙례(聘禮), 공식대부례(公食大夫禮), 근례(覲禮), 사상례(士喪禮), 상복(喪服)과 기석례(旣夕禮) 등이 그 예이다.

『의례』의 표현은 무미건조(無味乾燥)하고 어려운 문체와 표현으로 되어 있다. 역사를 연구하는 학자들은 그러므로 '망이생외(望而生畏)', 즉, 보기만 해도 두려움이 생길 정도의 어려운 내용으로 되어 있다. 관련 고고(考古) 자료와 고문헌에 의하면 상(商)과 주

(周)의 통치자의 입장에서 명목이 번잡(煩雜)하게 많은 전례와 나날이 복잡해져 가는 예절을 위해 직업적인 훈련을 받고 항시 연습을 하는 사람들이 없으면 이러한 전례를 행하기가 어려웠다.

유가 학자들이 장악(掌握)하고 시작한 때는 서주 때이고 춘추시기 이후 통용되기 시작한 각종 예절이 발생하고 나서부터였다. 부단(不斷)한 연습과 보충을 통해 또 제도와 규정을 다듬고 직업적인 안내(案內) 책자(冊子)까지 구비했던 것이다.

유생(儒生)들은 천자, 제후와 사대부 등이 각종 다양한 예를 거행하는 상황과 위해 또 예절을 규정한 내용이 점차로 많아짐에 따라 '예의는 삼백 가지요 위의(威儀)는 삼 천 가지라'라는 기록을 남기기도 했다. 그러나 이러한 방대한 예의 규정이 한 대에 이르러 17편 만 남게 되고 관(冠), 혼(婚), 상제(喪祭), 조빙(朝聘), 사향(射鄕) 등 5개 항의 전례 예절이 전해 내려올 뿐이다. 이 편들은 고당생이 사대부 계급을 위해 시행했던 '사례(士禮)'의 형식속에 전승되어 내려온다. 이것이 후일 『예경』(禮經)이 되어 오늘날 '5경' 중의 하나가 되었다.

사기(史記)

■ 제목:

사기(史記)

■ 작자:

사마천(司馬遷)(기원전 145-90년)

■ 출간 연대:

서한(西漢)

■ 책 소개:

기전체(紀傳體) 역사서로 중국 역사 상 최초의 통사(通史)이다. 중국 각 왕조의 주요 역사만을 모은 '이십사사(二十四史)'의 1순위로 중국 역사서 중에서 가장 중요한 독보적(獨步的)인 위치를 차지하고 있다. 또한 역사서 뿐 아니라 중국 고대 전적(典籍) 중에서 가장 저명한 문헌 중의 하나로 꼽히고 있는 고전이다.

원명(原名)이 『태사공기(太史公記)』로 역사 기록 시기는 전설(傳說)의 시대인 황제(黃帝)로부터 시작하여 한(漢) 무제(武帝) 원수(元狩) 원년(元年)(기원전 122년) 사이의 3,000년 사이의 역사 기록을 담고 있다. 『사기』는 그 후의 『한서(漢書)』, 『후한서(後漢書)』 및 『삼국지(三國志)』와 함께 '전사사(前四史)'로 불리고 있다.

『사기』는 작자 사마천이 '하늘과 인간 사이의 일을 연구하고 옛날과 오늘날의 변화를 비교하여 일가(一家)의 저작'을 남긴 뛰어난 역사 감각을 지닌 역사 문헌으로 오늘날에도 많은 귀감(龜鑑)을 남기고 있다.

『사기』는 전서(全書) 의 체제와 분량이 12 본기(本紀), 즉, 역대 제왕의 공적(功績)을 기록한 내용, 30 세가(世家), 즉, 제후국과 한 대 제후, 귀족의 흥망(興亡)을 기술한 내용, 70 열전(列傳), 즉, 중요 인물의 언행과 사적(事迹), 주요 신하들에 대한 기록과 마지막 1편의 자서(自序) 포함, 10 표(表), 즉, 대사(大事)에 대한 연표(年表), 8서(書), 즉, 각종 전장(典章)제도 기찰(記札), 악(樂), 음률(音律), 역법(曆法), 천문(天文), 봉선(封禪), 수리(水利)와 재용(財用)에 대한 내용의 기술 등 모두 130편으로 구성되어 있으며 526,500여 자의 분량으로 되어 있다.

『사기』는 처음에는 고정(固定)적인 서명(書名)이 없었으나 '태사공(太史公)서(書)'로 혹은 '태사공(太史公)기(記)'로 칭해져 왔고 간략히 '태사공'으로 불리기도 했다. '사기'라는 말은 고대 사서(史書) 의 통칭(通稱)으로 되어 있으며 삼국(三國) 시대부터 '사기'가 사서(史書)의 통칭(通稱)으로부터 점진적으로 '태사공서' 만을 일컫는 전문 용어가 되었다.

■ **역사 배경과 영향 등:**

『사기』가 후세의 사학과 문학의 발전에 끼친 영향은 심원하다고 할 수 있다. 『사기』에서 처음 선보인 기전체 편사(便史) 방법은 후대 역사 기술 방법에 있어서 '정사(正史)'로 계승되어 내려왔고 동시에 우수한 문학 작품으로서의 『사기』는 중국 문학사 상 중요한 위치를 차지하고 있다. 현대의 저명한 문학가인 노신(魯迅)은 본 서를 칭송하여 '사가(史家)의 절창(絶唱)이요 무운(無韻)의 이소(離騷)(굴원의 초사를 일컬음)'라고 높은 문학적 가치를 기리고 있다.

유향(劉向) 등 고대의 학자들은 『사기』를 '사리(事理)를 잘 정리하고 조리(條理)있게 서술하는데 과장되거나 화려함을 내세우지 않으며 고상(高尙)하고 상스럽지 않다.'고 평가한다.

중국 역사 상 사마광(司馬光)의 『자치통감』(資治通鑑)과 나란히 '사학(史學)의 쌍벽(雙璧)'으로 추대(推戴)되고 있다.

■ **책 주요 내용:**

『사기』의 저자인 사마천은 그의 「태사공 자서(自序)」에서 다음과 같이 중국 최초의 역사서의 집필 동기를 밝히고 있다. '선인(先人)이 남긴 언행은 주공(周公)이 돌아가신 후에 500년 후 공자가 나셨다. 공자가 돌아가신 후 지금까지 500년이 되었는데 누가 세상을 밝게 비출 수 있을 것인가? 『역전』(易傳)을 기본 바탕으로 삼아 『춘추』(春秋)를 계승하고 『시(詩)』, 『서(書)』, 『예(禮)』, 『악(樂)』의 저술 정신에 맞추어 생각해 보면 과연 이 저술들의 의미(意味)는 어디에 있는가? 도대체 어디에 있단 말인가? 내가 어찌 감(敢)히 알 수 있단 말인가?'

이 말은 바로 훌륭한 역사적인 지업(志業)인물 들의 도의(道義)를 밝히고 그들을 현양(顯揚)할 사명을 자신이 지고 있다는 것을 암시(暗示)하는 것으로 볼 수 있다.

『춘추』의 역사 시기의 하한선은 노(魯)국의 애(哀)공이 기린(麒麟)을 포획(捕獲)한 해이다. 이후의 사사(史事)는 완전한 사적(史蹟)의 기록이 없다. 사마천은 『춘추』를 계승하고 또한 한무제 원수(元狩) 원년(元年)의 기린 포획 및 태초(太初) 원년을 하한선(下限線)으로 삼아 사기를 편찬하기 시작한다.

그러나 사마천이 『춘추』를 계승하는데 있어서 주공 이래의 도통(道統)을 형식에 있어서 계승했을 뿐 아니라 『춘추』의 성질(性質)을 중시하여 「태사공자서」에 다음과 같이 자신의 『사기』 집필(執筆)의 심정(心情)을 밝히고 있다.

'『춘추』가 위로는 삼왕(三王)의 도를 밝히고 아래로는 인사(人事)를 판별(判別)하는 기록으로 의심(疑心)되는 부분을 분명히 하고 시비를 밝히며 명확하지 않은 부분을 명확히 하여 선(善)을 선으로 악(惡)을 악으로 기술하고 어진 사람을 현인(賢人)으로 받들고 불초(不肖)한 자를 단죄(斷罪)한다.

망한 국가의 역사를 살리고 끊어진 역사를 이어서 옛날 역사 사실을 오늘날에 새로이 살리는 것이 바로 왕도(王道)의 정신이라고 생각한다... 『춘추』는 도의(道義)로서 난세를 단죄하고 역사를 올바른 방향으로 돌리는 대표적인 역사서이니 이러한 점은 『춘추』가 제일이다.'

사마천이 중시한 역사 기술의 시각과 방법, 그리고 그 속에 내재되어 있는 역사가의 역사의식은 '춘추필법(春秋筆法)'과 '춘추지의(春秋之意)'로 상징된다. 이것이 바로 공자의 진의(眞意)를 계승하고 『춘추』의 포폄(褒貶), 즉, 역사 사실을 놓고 이를 칭송하거나 비판하는 시비 판단의 정신이 곧 춘추(春秋) 대의(大義) 혹은 필법(筆法)이며 이를 전승하는 것이며 이것이 바로 『사기』 집필의 원동력이 되었던 것이다.

효경(孝經)

■ 제목:

효경(孝經)

■ 작자:

공자(孔子)라는 설이 있었으나 남송(南宋) 때 이미 공자의 후대 인물이 공자를 모방하여 지은 것이라는 설을 제기했으며 청(淸) 대 『사고전서(四庫全書)총목(總目)』에서 이 책은 공자의 '70 여 제자의 유언(遺言)'이라고 규정했다.

■ 출간 연대:

진(秦)과 한(漢) 교체기

■ 책 소개:

『효경』은 위(魏) 진(秦) 남북조(南北朝) 시대에 이미 주석자가 백가(百家)가 넘었다. 현존하여 유행하는 판본은 당(唐) 현종(玄宗) 이융기(李隆基)가 주(注)를 달고 송(宋) 대 형병(邢昺)이 소(疏)를 단 판본이 유명하다. 전서(全書)는 18장으로 구성되어 있다.

■ 역사 배경과 영향 등:

『효경』은 당(唐) 대에 경서(經書)로 추증(追增)되었으며 남송

(南宋) 시대에서는 『13경』의 하나에 편입되었다. 중국 전 역사 중 한(漢) 대에서 청(淸) 대에 이르는 기간 동안에 『효경』은 '공자의 저작으로 장래에 모범이 되는' 경전으로 간주되어 전승되어 왔다. 사회 강상(綱常)과 사회 태평을 전파하고 보호하는 데에 큰 작용을 했다.

『효경』 고문(古文)경(經)은 19장이 하나 더 붙어 있다. 『고문 효경. 규문장제십구(閨門章第十九)』는 이런 내용이다. '공자가 말씀하시기를 규문(閨門)(아녀자 들이 거처하는 안처) 안에서도 예를 다 구비(具備)해야 한다. 부모와 형제 들을 효도와 우애로 지내야 한다. 처자(妻子)와 신첩(臣妾)은 백성이 도역(徒役)을 하는 것과 같이 해야 한다.'

■ **책 주요 내용:**

『효경』은 효(孝)를 중심으로 하며 유가윤리사상을 비교적 집중적으로 논리를 펴고 있다. '효'가 상천(上天), 즉, 하늘에서 정한 규범임을 기본 논리로 내세운다. '무릇 효란 천하의 경(經)이요 지상의 의(義)이며 인간의 행(行)이다.' 즉, 천지인(天地人)의 근본 도리이고 인간 행동의 기본이다. 『효경』은 여러 가지 덕(德)의 근본이고 '인간 행동 중에 효보다 큰 덕은 없다. 군주는 이 효를 이용해서 국가를 통치할 수 있다. 신하와 백성은 효의 정신을 통하여 출세(입신, 立身)할 수 있으며 가정을 잘 지켜 나갈 수 있다.

『효경』은 중국의 윤리사상의 측면에서 처음으로 효친(孝親), 즉, 부모에게 대한 효도와 충군(忠君)을 연계하여 '충'을 '효'의 발전과 확대로 규정했으며 '효'의 사회 작용을 확충하여 '효제(孝悌,

부모에 대한 효도와 형제에 대한 우애)지지(之至)', 즉, 효도를 정성껏 다하는 행위가 신명(神明)에게 전달되고 사해(四海)에 빛나게 되어 통하지 않는 곳이 없다고 할 정도로 모든 덕(德)의 근본으로 여겨지던 것이었다.

『효경』은 이러한 만덕(萬德)의 근원인 '효'에 대해서 체계적이고 상세한 실천을 위한 규정을 하고 있다. '효'를 인간의 모든 행위 중에 관련되어 있는 기본적인 행위로 간주한다. '나의 몸은 부모에게서 온 것이므로 감히 이것을 훼손하지 않는 것이 효도의 시작이다.'라는 것에서부터 시작하여 '세상에 쓸모 있는 사람이 되어 바른 도(道)를 널리 세상에 펴고 이름을 후세에 남기는 것이 부모를 명예롭게 해드리는 것이며 이것이 효의 마침이라고 훈계한다.

『효경』은 종법(宗法)과 등급(等級)제도의 관계와 군주를 위한 충성을 연계하여 '효'를 부모를 받들어 모시는 것으로부터 시작하여 임금을 모시는 것으로 연계되어 자신의 사회와 가정에서의 역할을 올바로 세우는 것에까지 이르는 일련의 단계적인 과정으로 규정하고 있다.

부모의 생노병사(生老病死) 같은 생명의 과정에 의거하여 '효'의 구체적인 필요 사항을 제시한다. '부모를 모시고 생활할 때에는 공경(恭敬)의 마음을 다하고 부모를 부양(扶養)할 때에는 부모를 기쁘게 해드려야 하는데 최선을 다해야 하며 부모가 병에 들면 걱정과 우려의 마음을 다하고 돌아가시면 애통(哀痛)함의 마음을 다해야 한다. 제사를 지낼 때에는 존엄(尊嚴)한 마음을 다해야 한다.'는 것이 기본적인 효의 실천에 있어서의 요구 사항이다.

『효경』은 또한 인간의 등급과 차별(差別)에 따라 ‘효’의 다른 내용을 규정했다. 천자(天子)에게 ‘효’는 사랑과 존경의 마음으로 부모에게 효도를 다해야 하고 백성에게는 덕으로써 교화해야 하며 세상에 적용되는 그런 것이어야 한다. 제후의 ‘효’는 높은 직위에서 교만(驕慢)하지 않고 겸손(謙遜)하며 절제(節制)와 근엄(謹嚴)한 태도로 효를 다해야 하고 어긋남이 없어야 한다.

경(卿)대부(大夫)의 ‘효’는 자신의 직위에서 교만하지 않고 항상 같은 마음으로 절제와 근엄한 마음 자세로 어긋남이 없어야 한다. 경대부의 ‘효’는 모든 행위가 선왕(先王)의 도(道)에 맞도록 행동해야 하고 법도에 맞지 않으면 입 밖에 내지 말고 법도에 맞지 않으면 행동하지 말며 항상 효의 정신에 맞는 말과 행동만을 해야 한다. 사(士) 계층의 ‘효’는 임금에게 충성(忠誠)을 다하며 자신의 직위를 잘 지키며 제사를 법도에 맞도록 지내는 것이다. 서인(庶人)의 ‘효’는 하늘의 도와 땅의 이익에 맞도록 부모를 극진히 봉양(奉養)하는 것이다.

『효경』은 도덕규범과 법률(형률, 刑律)을 연계하여 ‘오형(五刑), 즉, 모든 형벌은 삼천 가지가 있으나 불효보다 큰 것이 없다고 하여 국가 법률의 권위를 이용하여 종법 등급 관계와 도덕 질서를 지키도록 하는 방법을 제시하고 있다.

이아(爾雅)

■ 제목:

이아(爾雅)

■ 작자:

미상(未詳). 『이아』는 최초로 『한서(漢書)예문지(藝文志)』에 그 서명(書名)이 보이나 작자의 성명은 기재되어 있지 않았다. 여러 설이 존재한다. 공자의 문인(文人)이라는 설, 주공(周公)의 저작으로 후에 공자와 그의 제자들이 보충했다는 설 등이 있었으나 현재에는 진(秦)한(漢) 시대 사람의 저작이라는 설이 유력(有力)하다.

집필된 후 대대로 전해 내려오면서 내용이 보충되고 서한(西漢) 시기에 대폭 정리되어 오늘날과 유사(類似)한 형태로 완성되었다. 대략 진(秦)과 한(漢) 시대의 학자들이 춘추전국(春秋戰國) 시대부터 진(秦) 한(漢) 시대까지의 여러 저술과 구문(舊文, 전해 내려오는 글)을 편집하여 증보(增補) 간행(刊行)했다는 설이 가장 유력하다.

■ 출간 연대:

저술 완성의 하한선은 서한(西漢) 초년(初年)보다 늦지 않다. 왜냐하면 한(漢) 문제(文帝) 시대에 이미 『이아』 박사(博士)를 설치하였다는 기록이 있고 한 무제(武帝) 시 『이아 주(注)』가 출현했다.

■ **책 소개:**

『이아』는 중국 최초(最初)의 단어(사의, 詞義) 뜻을 해석하는 전문 저작이다. 단어의 체계와 사물 분류법에 의해 편찬한 최초의 저서이기도 하다. 본 저작의 이름에서도 이러한 저서의 성격이 잘 드러나는데 '이(爾)'는 '가깝다(근, 近)'의 뜻을 지니고 있고 '아(雅)'는 '바르다. 올바른 뜻'을 나타내는 '정(正)'의 뜻이다.

그러므로 본 저작에서 가리키는 '아언(雅言)'은 어음(語音), 사회(詞匯)와 문법(어법, 語法) 등 여러 부분에 있어서 규범에 맞는 표준어(標準語)라는 뜻을 담고 있다. 『이아』의 뜻은 이러한 '아언'에 접근한다, 부합한다 의 뜻으로 바른(아정, 雅正)한 언사(言辭)로 고어사(古語辭)와 방언사(方言辭)를 규범적인 경향으로 해석한다.

『이아』는 중국 최초의 사의(辭意, 낱말의 뜻)를 해석한 책이다. 중국 고대 최초의 사전이다. 유가(儒家) 경전의 하나이며 십삼경(十三經)에 편입되어 있다. 본 고전의 제목에서 그 성격이 드러난다. '이(爾)'는 '이(邇)'자와 통하고 '접근하다', '가까이 가다'의 뜻을 가지고 있다. '아(雅)'는 '아(牙)'와 '추(隹)' 글자의 조합으로 되어 있다. 치아 '아(牙)' 자는 앞니 위아래의 가지런한 이를 가리키며 말 할 때의 중요한 발음 기관이다.

새 '추(隹)' 자는 뿌리가 뾰족한 새를 형상화했으며 여기에서는 추(錐)와 같이 뾰족한 형태(추형, 雛形)를 가리킨다. 그러므로 '아'와 '추' 글자가 결합하여 '뾰족한 이'를 나타내며 이는 곧 '개 이'(견치, 犬齒)를 표시하는 것이다. 옛날 사람들은 '개 이'를 '기준(基準) 아(牙)'라고 생각했다. 그러므로 '아(雅)'는 곧 '기준'의 의미가 되며 '올바르다'라는 '정(正)' 자와 뜻이 통한다.

'아언(雅言)'은 그러므로 고대의 관방(官方) 언어, 즉, 표준어, 규범어를 가리키며 '이아'는 사람들이 사용하는 언어를 표준에 가깝게 접근시킨다는 뜻을 가지고 있다. 『이아』는 후대에 고대 언어와 낱말을 고증하는 중요한 저작이다.

▪ 역사 배경과 영향 등:

『이아』 후 16편은 백과사전에 해당하는 내용으로 한(漢)대에 어린이가 글자를 익히기 시작한 단계의 교육을 이수(履修)한 후 『논어』, 『효경』과 『이아』의 세 저작을 읽어야 하도록 과정이 마련되어 있었다. 『이아』는 '사물에 대해 의문(疑問)이 해소(解消)되도록', 즉, 박물(博物) 불혹(不惑)을 위한 안성맞춤의 독본(讀本)이었다. 조수(鳥獸)초목(草木)충어(蟲魚)의 이름을 많이 익혀 각종 지식을 증가시켜 나가는 교육 효과를 노렸다.

역사적으로 『이아』는 중시되었다. 『이아』가 선진(先秦) 고적(古籍)에 사용된 많은 고사(古詞) 및 고의(古義)를 해석하여 유생(儒生) 들의 독경(讀經) 통경(通經)에 중요한 도구적인 서적이 되었다.

한(漢)대에는 『이아』가 유가 경전으로 간주되었고 송(宋)대에는 13경중의 하나로 편입(編入)되었다. 그러나 실제 『이아』이 성격으로 보아 결코 경전이 될 수 없고 경서(經書)의 하나의 부속(附屬)적인 저작일 뿐이다. 독립적인 사전인 것이다. 본 저작은 사전의 역할로서 고적을 열독(閱讀)하거나 고대 단어에 대한 연구를 진행할 때 고대 사회를 이해할 수 있고 이로써 각종 고대에 대한 지식을 늘릴 수 있는 도구적인 역할을 주로 담당한 고전이다.

■ 책 주요 내용:

『이아』 전서(全書)는 모두 4,300 여 사어(詞語, 낱말)를 수록하고 있다. 이 단어 들은 2,091 조목(條目)으로 나누어져 있으며 조목은 각각 '석고(釋詁)', '석언(釋言)', '석훈(釋訓)', '석친(釋親)', '석궁(釋宮)', '석기(釋器)', '석락(釋樂)', '석천(釋天)', '석지(釋地)', '석구(釋丘)', '석산(釋山)', '석수(釋水)', '석초(釋草)', '석목(釋木)', '석충(釋蟲)', '석어(釋魚)', '석조(釋鳥)', '석수(釋獸)'와 '석축(釋畜)' 등 19편으로 구성되어 있다.

이 19편 중 앞의 3편과 후의 16편은 현저히 다른 내용으로 구별된다. 그러므로 크게 두 가지 성격으로 분류된다. 즉, 앞의 3편, 즉, '석고(釋詁)', '석언(釋言)', '석훈(釋訓)'편은 일반 단어에 대한 해석의 내용을 담고 있으며 후대의 어문(語文) 사전(辭典)과 유사한 성격을 띠고 있다.

그 중 '석고'편은 고대의 낱말을 해석하는 내용으로 되어 있는 편으로 옛날부터 존재했던 약간의 단어 부류를 함께 모아 해석의 대상으로 하여 『이아』 집필 당시 통행하던 낱말 용법으로 그것을 해석한다. '석언'은 글자를 해석의 대상으로 삼는다. 기껏해야 한 글자나 두 글자로 된 낱말을 당시 단어의 사용법으로 해석한다. '석훈'은 사물의 정황(情況)이나 모습을 묘사하는 중첩어(重疊語)나 관계사를 중심으로 해석한다.

낱말의 사전으로 보아 주석(註釋)이 분명하지 않은 부분이 많고 많은 조목(條目) 들이 동의사표(同義辭表) 만이 나열(羅列)되어 있을 뿐이다. 그러나 기원전 2세기의 시대에 이러한 저작을 만들어 낼 수 있었다는 점은 세계 사전 역사 상 중요한 의의를 지닌다고 할 수 있다.

『이아』 후 16편은 사물의 성격에 따른 분류로 편을 나누어 각종 사물의 명칭을 해석하고 있다. 후대의 백과사전(명사 위주)라고 할 수 있다. 그 중 '석친', '석궁', '석기'와 '석악'의 4편은 친척의 호칭(呼稱)과 궁실의 기물(器物)의 명칭을 해석하는 내용으로 구성되어 있는 편이다.

중용(中庸)

■ **제목:**

중용(中庸)

■ **작자:**

공자(孔子)의 후예(後裔) 자사(子思). 후에 진(秦) 대 학자에 의해 수정과 정리됨

■ **출간 연대:**

춘추 시대에 저작됨. 진 시대에 수정(修正), 보완되어 오늘날과 유사한 형식으로 출간(出刊)됨

■ **책 소개:**

『중용』은 원래 『대례(大禮)예기(禮記)』의 한 편(編)이다. 이것이 송(宋) 대 학자들이 이 책을 중시하여 특별한 지위(地位)에 올려 놓는다. 이를 위해 송대 학자들이 중용에 대해 연구한 글이 백 편이 넘는다. 북송(北宋)의 정호(程顥)와 정이(程頤)는 『중용』을 극력(極力) 존중(尊重)했다. 남송(南宋)의 주희(朱熹)도 『중용(中庸)장구(章句)』를 지었으며 『중용』과 『대학(大學)』, 『논어(論語)』, 『맹자(孟子)』를 '사서(四書)'로 경전화했다.

송(宋) 과 원(元) 조(朝) 이후 『중용』은 학교와 국가에서 지

정하는 교과서로 되어 과거(科擧)고시의 필독서로 채택되었다. 이로써 '사서'는 고대 교육에 중요한 영향을 미치게 되었다.

중용은 원래 선하지도 않고 악하지도 않은 본성을 나타내는 개념적 용어로 쓰였다. 인성(人性)의 입장에서 볼 때 중용은 인성의 본원(本源), 즉, 근원이다.

다시 말하면 인간의 근본적인 지혜의 본성인 것이다. 실질적으로 현대식의 표현을 빌린다면 '임계(臨界)점'이라고 할 수 있다. 이 의미는 이 임계점을 넘어서면 도(道)에 이르고 이 임계점에 못 미치면 비도(非道), 즉, 도가 아닌 것이다. 이것은 곧 '중용의 도(道)'는 파악하기가 쉽지 않다는 것을 의미한다.

■ 역사 배경과 영향 등:

중용은 중국 전통적인 가치 관념을 표출한다. 즉, 인간관계에 있어서 남에 대해 좋지도 나쁘지도 않게 말하고 칭찬하지도 깎아 내리지도 않는 일체의 가치적인 표현을 배제하는 중성(中性)적인 용어이다. 그러므로 영어로 'the doctrine of the mean'이라고 할 수 있다. 유가(儒家)의 사상 중에 대표적인 것이며 사람을 대할 때 편중되거나 호감을 나타내는 등의 모든 가치 관념을 배제(排除)하고 오로지 조화(調和)와 절충(折衷)의 태도를 취하는 것을 의미한다.

중국인의 하나의 생활 방식과 인간관계에서의 바람직한 태도의 하나의 전형(典型)을 나타내며 일상생활에서 중국인의 소위 '대륙적(大陸的) 기질(氣質)'을 나타낸다는 신중한 태도를 보임과 동시에 표리부동(表裏不同)과 기회주의(機會主義)적 태도의 근원적 가

치관을 형성하고 있는 것으로 평가되기도 한다.

『중용』은 중국 고대의 중요한 교육 이론과 실천의 교과서였다. 이것이 유가사상이 국가의 통치 철학으로 채택됨에 따라 시대를 걸쳐 내려오면서 그 중요성이 더욱 더 강조되어갔다.

송(宋)대는 유가사상이 철학적으로 더욱 정교(精巧)화되어 체계화되어 가는 관건(關鍵)적인 시대였다. 이 시대에 특히 『중용』이 중시되었는데 이를 연구하는 학자들이 많이 등장(登場)했다.

제일 처음으로 『중용』을 연구한 학자는 유생(儒生)이 아닌 도교(道敎)와 불교(佛敎)의 수도승인 방처지사(方處之士)인 석지원(釋智圓)이었다. 그 후 중국 황제의 역사를 다룬 『자치통감』(資治通鑑)을 지은 것으로 유명한 사마광(司馬光)이 『중용』연구의 선구자인 셈이었다.

그 후에 북송(北宋)의 정호(程顥)와 정이(程頤)에 의해 최고로 가치 있는 고전으로 중시되었으며 남송(南宋)의 주희(朱熹)가 『중용장구(中庸章句)』를 지어 이를 『논어』, 『맹자』 및 『대학(大學)』과 함께 '사서(四書)'로 높이고 있다. 이것이 『중용』이 중국 역사와 사상, 철학 및 정치 등 모든 방면에 있어서 중국과 중국인을 지배(支配)한 중요한 정신적 근거로 자리매김하는데 결정적인 역할을 한 것이다. 즉, 송(宋)과 원(元) 이후로 『중용』이 학교에서 지정한 관용(官用) 교과서로 채택되었고 이러한 상황은 현대에 청(淸) 제국이 붕괴(崩壞)될 때 까지 지속(持續)되었다.

■ **책 주요 내용:**

『중용』에 대해 몇 가지로 그 의미를 귀납하여 정리한다.

첫째, 중용의 도덕 표준에 대해 규정하고 있다. 『논어(論語)』에서 공자는 '중용'을 최고의 도덕 표준으로 중시하고 있다. 공자가 문제를 해결하는데 필요한 최고의 지혜라고 간주한다. '최고의 지혜'인 중용의 의미에는 다음 세 가지가 있다.

첫째로 중도(中道)를 엄격히 지키고 이를 실천하는 것이다. 원칙을 견지(堅持)하며 생각과 행동에 치우침이 없으며 인간관계에 있어서 과도한 행동과 모자란 듯한 행위를 피한다. 이를 공자는 집중(執中) 수정(守正)이라 한다.

둘째로 자신의 주위와 환경 등과 화합하고 남과 조화를 이룬다. 그러나 부화뇌동(附和雷同)하지는 않는다는 원칙이다. 즉, 집양용중(執兩用中)과 화이부동(和而不同)의 정신이 강조된다.

셋째로 시대의 흐름을 명찰(明察)하여 이를 적절히 이용하고 시대의 조류(潮流)에 적응한다. 시대와 함께 한다는 정신이다. 일상생활에서 변화에 적응하며 임기응변(臨機應變)의 요령(要領)이 필요하다. 공자의 용어로 통권(通權) 달변(達變) 인시제의(因時制宜)라고 한다.

이를 종합하면 '중용'은 한마디로 중도(中道)를 엄격히 지킨다는 의미이다. 원칙을 지키고 편협(偏狹) 되거나 편견(偏見)을 가지지 않으려 노력하며 과도한 것이나 부족(不足)한 것 모두 피하는 것을 의미한다.

일상생활에서 부딪히는 모순 들을 처리(處理)할 때 치우치지 않는 균형(均衡)된 사고방식과 태도, 그리고 절충과 조화의 정신을 바탕으로 이를 모든 행동과 인간관계의 기본적인 정신으로 삼는다. 절충, 중정(中正), 중화(中和), 온건(穩健), 중후(重厚)와 화해(和諧)의 원리가 그것이다. 이와 더불어 시대와 환경의 흐름을 잘 익혀서 이를 처서의 바탕으로 삼는다. 시대와 더불어 살아가며 시대에 적응하고 이를 적절히 처세에 이용하는 방법과 철학이 '중용'의 정신이다.

둘째의 『중용』의 주요 내용은 원래 '중용'의 의미로서 인성(人性) 수양의 의미를 띤다. 즉, 현대인이 '중용'에 대해 일반적으로 생각하는 중립, 평범(平凡) 등의 의미가 아니라 학습(學習)하는 방법 등에 대한 내용을 포함하는 인간성 전반에 대한 수양의 뜻을 내포하고 있는 것이다. 박학(博學, 널리 아는 것), 심문(審問, 아는 것에 대한 질문하기), 신사(愼思, 심사숙고하여 배운 것을 익힘), 명변(明辨, 명확한 판단)과 독행(篤行, 배운 대로 실천하기) 등 유가사상을 중심으로 하는 학습의 방법에 대해 익히는 것을 포괄하고 있다.

또한 유가의 인간됨에 대한 규범으로 '오달도(五達道)'도 그 주요 내용으로 하고 있는데 '군신, 부자, 부부, 형제와 붕우(朋友) 등의 관계에 대한 규정이다. 이렇게 '중용'은 인간 수양에 필요한 최고 경지의 추구함의 개념으로 이것을 지성(至誠) 혹은 지덕(至德)이라 개념화하고 있다.

셋째, 중용의 사상은 인간관계를 위주로 전개되는 인성에 대한 연구에서 완전한 인격체로 수양하여 인간 정신의 최고의 경지에 오르는 이러한 논리로 점차 인간성 연마에 대한 높은 표준에 대한 요구로 확산되는 원리를 가진다.

중용의 도의 주제사상은 인간이 자각적(自覺的)으로 자아수양, 자아감독, 자아교육과 자아완성을 진행하여 자신을 이상적인 인격을 지닌 인격체로 배양하여 최종적으로 지선(至善), 지인(至仁), 지성(至誠), 지도(至道), 지덕(至德)과 지성(至聖)의 경지에 도달하는 것을 목표로 하여 인간 육체와 정신적, 혹은 내외(內外)의 도를 구비한 이상적인 인물로 자아 수양해야 한다는 것이 중용의 뜻이다.

이렇게 하여 궁극적으로는 중화(中和, 모든 인간과 사물이 중용적이고 화합적인 질서로 이루어지는 상태)로 규칙화된 천지(天地)와 만물이 제 자리에서 자신의 역할을 수행하는 '태평화합'의 경계에 이른다는 것이 '중용'의 궁극적인 의의이다.

셋째, '중용'의 구체적인 의의를 『중용』을 통해 살펴보자. 『중용』 첫머리에 이러한 정신이 명료(明瞭)하게 서술되어 있다. 제1장을 보자. '천명(天命)이 우리에게 부여한 기질을 성(性)이라고 한다. 솔성(率性), 즉, 이 성(본성, 本性)에 따라 행동하는 것을 도(道)라고 한다. 도를 수양하는 방법을 교(敎)라고 한다.' 이러한 진술 속에 중용의 도라는 주제의 사상 핵심이 자아 관리라는 것을 알게 된다.

『중용』에서의 성(性)은 그러므로 『맹자』에서의 성과 다르다. '천명에 따라 인간에게 부여된 기질을 성'이라고 한 것은 천명(天命)도 인성(人性)에 속해 있다는 것을 나타낸다. '하늘이 인간에게 부여해 준 본성에 따라 행동하는 것을 도라고 한다.'는 것은 자신이 스스로 관리해야 한다는 것이지 본성을 방종하게 행동해서는 안 된다는 것이다. '도를 수양하는 방법을 교라고 한다.'는 것은 자아의 인도(仁道)를 개선하는 것을 유교(儒教)라고 한다는 점을 밝히고 있다.

이 도(道)는 조금이라도 나의 신심(身心)에서 떠날 수 없다. 만약에 조금이라도 나에게서 떨어진다면 그것은 정도(正道), 즉, 바른 도가 아니다. 군자(君子)는 남이 보지 않는 곳에서도 조심하고 남이 듣지 못하는 곳에서도 조심하며 멀리 있다고 안 보인다고 속단(速斷) 말며 작다고 안 보인다고 속단할 것이 아니다. 그렇게 자신을 조심해야 한다. 이것을 신독(愼獨)이라고 한다.

자신 스스로의 교육은 일생을 통틀어 행해져야 하며 인간은 조금이라도 자신에 대한 교육을 게을리 하면 안 된다. 자신의 교육이 인생의 전체 과정을 꿰뚫고 지나가는 것이고 강력한 자신에 대한 제약, 자아 감독(監督)의 정신이 필요하다. 이러한 정신이 곧 신독인 것이다. 자신이 홀로 있는 상황 하에서 다른 사람이 자신의 행위를 보지 못하고 자신의 말을 듣지 못한다고 할지라도 자신은 신중하게 내심(內心)의 자아 반성, 자기 속박, 자기 감독을 진행해야 한다는 것이다.

대학(大學)

■ **제목:**
대학(大學)

■ **작자:**
증자(曾子)의 저작이라는 설이 있으나 미상(未詳)

■ **출간 연대:**
근대 이후 학자들은 진(秦)과 한(漢) 왕조 교체 시기의 작품으로 고증하고 있다.

■ **책 소개:**
『예기(禮記)』 중의 1편으로 선진(先秦) 유가(儒家)의 도덕 교양, 도덕 작용 및 도덕과 치국(治國) 평천하(平天下)의 관계에 대해 전면적(全面的)으로 논의한 저술이다.

『대학』은 원래 『예기』 제42편이다. 송(宋) 조(朝)의 정호(程顥)와 정이(程頤) 형제가 『예기』 중에서 추출(抽出)해 내어서 장구(章句)를 재편집하여 경전의 지위를 부여할 준비를 하였고 남송(南宋)의 주희(朱熹)가 『대학』을 『중용』, 『논어』 및 『맹자』와 함께 주석(註釋)을 달아 『사서(四書)』로 지정하였다. 이로써 『대학』은 유가 경전의 하나가 되었다.

『대학』의 작자로는 정호와 정이는 '공(孔)씨(氏)의 유언(遺言)'이라고 하여 공자가 남긴 말씀으로 여겼으며 주희는 『대학』을 새로이 편집 정리하여 '경(經)' 1장과 '전(傳)' 10장으로 나누었다.

주희는 '경 1장은 공자의 말씀이고 이를 증자(曾子)가 기술한 것이며 전 10장은 증자의 뜻을 그 문인(門人)이 기록한 것이다.'라고 설명했다. 곧 경은 공자의 말씀을 증자가 기록한 것이고 전은 증자가 경의 내용을 해석한 것으로 증자의 학생들이 기록한 것이라는 설이 유력하게 전해 온다.

『대학』의 판본은 주로 두 가지 체계로 나뉜다. 하나는 주희가 편집, 정리한 것으로 경과 전으로 구성된 『대학장구』본(本)이고 다른 하나는 원래의 순서에 따라 배열한 고본(古本)으로 『예기』 중의 『대학』 원문이다. 주희의 『대학장구』본이 가장 널리 알려져 있으며 영향력이 가장 크다.

'대학'은 '소학(小學)'에 대한 것으로 소학이 글자 뜻을 밝히는 훈고(訓詁)와 구두점(句讀點)에 대해 따지는 것에 비해 국가 다스리는 이치와 나라의 안정을 논하는 '대학'의 본질적인 차이(差異)를 나타내고자 하는 의도로 명명(命名)되었다.

소학은 '예의범절(禮儀凡節)과 예악(禮樂)사어(射御)서수(書數) 등의 학문'을 하는 것이고 '대학'은 이에 대해 대인(大人)의 학문을 말하는 것으로 옛날 사람들은 15세에 글을 배우기 시작하여 윤리, 정치와 철학 등 '궁리(窮理)와 정심(正心) 수례(修禮) 치인

(治人)의 학문'을 다루는 것이다. 실제로 국가 정치에 참여하는 방법과 그 이치를 배우는 학문 체계의 총칭이다.

『대학』은 초학자(初學者)가 입덕(入德), 즉, 덕을 쌓는 학문에 입문하는 데 사용하는 요긴(要緊)한 과목이다. 경 1장에서 명덕(明德)을 밝히고 백성에 친근하며 지선(至善)한 경지에 오르는 3가지 강령(綱領)을 제시하고 있다. 또한 격물(格物), 치지(致知), 성의(誠意), 정심(正心), 수신(修身), 제가(齊家), 치국(治國)과 평천하(平天下)의 8조목(條目)을 제시한다. 8조목은 3조의 강령을 실현하는 방법이다. 이 8조목 중 수신이 근본적인 조목이 된다.

'무릇 천자(天子)부터 서인(庶人)에 이르기까지 오로지 하나의 원리가 있다면 그것은 수신을 근본으로 삼는다는 것이다.' 10장은 각각 명덕을 밝히는 것, 신민(新民), 지어(至於)지선(至善), 본말(本末), 격물, 치지, 성의, 정심, 수신, 제가, 치국, 평천하에 대해 각각 설명하고 있다. 명덕을 밝히는 것은 광명(光明) 정대(正大)한 품덕(品德)을 널리 알리는 것이고 신민은 인간이 혁신하여 새로운 것을 도모하는 것이다.

지어지선은 최고의 경계에 도달하는 것을 말한다. 본말은 일을 처리하는데 순서와 중요한 것부터 잘 가려서 하는 것이며 근본을 잘 붙잡아야 한다는 것을 말한다. 격물과 치지는 사물의 원리를 잘 연구하여 지식을 획득하는 것이다. 성의는 '자신을 속이지 않는 것'을 말하는 것이며 '선(善)하지 않은 것을 가리고 하지 말고 선을 행할 것'을 주문한다. 정심은 자신의 심사(心思)를 단정(端正)히 하는 것이다.

수신은 자신의 수양을 강화하여 자신의 소질을 제고시키는 것을 의미한다. 제가는 자신의 가정과 가족을 잘 관리하는 것이다. 치국과 평천하는 국가를 다스리는 일에 대한 것을 말한다. 어떻게 국가를 잘 다스릴 수 있을까? 먼저 자신이 모범이 되어야 한다. 자신이 싫어하는 일을 남에게 전가(轉嫁)하지 말고 백성의 지지를 구하는 일과 신중하게 일을 처리하는 것과 백성의 경제를 살리는 일, 그리고 어진 사람들을 등용하는 일을 해야 한다. '백성이 좋아하는 일을 해야 국가를 얻을 수 있고(부강하게 할 수 있고) 백성이 싫어하는 일을 하면 국가를 잃을 수 있다.' 덕이 있으면 사람이 모이고 사람이 모이면 토지가 생기고 토지가 생기면 재산이 생긴다.

어진 이들을 등용하며 등용한 이들이 국가를 잘 다스리게 한다. 이것이 『대학』의 일련의 논리 구성으로 고대인들의 내성외왕(內聖外王)의 이상을 빗대어 드러내고 있는 것이다.

■ 역사 배경과 영향 등:

『대학』은 문장 표현이 간략하고 그 함의가 심오하게 구성되어 있어서 영향력이 봉건 전제군주 정치 체제 하에서 심원(深遠)하게 지속되었다. 2천년 동안의 무수한 인인(仁人) 지사(志士)가 모두 이 『대학』 공부를 통하여 유가(儒家) 사상에 입문하고 세상에서 출세하기를 꿈꾸는 근본 학문이 되었다.

『대학』의 문장은 실용주의적인 각도에서 현대인에게도 어떻게 인간됨을 수양하며 일을 어떻게 처리해야 하는가, 세상에서의 일처리 등등에 대해 모두 심오(深奧)한 계발이 되는 의의를 지닌다.

중국과 대만에서 모두 국부(國父)로 추앙받는 손문(孫文)은 삼민주의(三民主義)의 민족주의(民族主義) 중 제6강(講)의 발제문(拔題文)을 다음과 같이 기술하고 있다. '우리가 제가, 치국을 잘 하고 외국의 압박을 받지 않으려면 근본적으로 수신에서부터 시작해야 한다. 중국의 고유한 지식의 일관된 도리를 먼저 회복(回復)한 후에 민족의 정신과 민족의 지위가 비로소 회복될 수 있는 것이다.'

■ **책 주요 내용:**

대학의 중요한 뜻은 광명정대한 품덕을 발양(發揚)하는 것이다. 또한 인간으로 하여금 옛날 것을 혁신하고 새로운 것을 받아들이는 것과 인간이 최고로 완전한 경계에 이르게 하는 것이다.

도달(到達)해야 할 경계에 대해 인식하고 있어야 의지를 굳건히 할 수 있고 의지가 굳건해야 마음을 고요하게 진정(眞定)하게 할 수 있다. 마음이 고요하고 진정되어야 마음이 평안하게 되며 마음이 평안해져야 생각이 주도면밀(周到綿密)하게 미칠 수 있게 된다. 생각이 주도면밀해야 수확(收穫)이 있게 된다.

모든 사물과 일은 모두 근본과 지엽(枝葉)적인 것이 있게 마련이며 모든 일에는 시작과 끝이 있게 된다. 이러한 본말 시종(始終)의 도리를 이해해야 사물 발전의 규율에 접근할 수 있게 된다.

고대에 천하에 광명정대한 품덕을 지닌 사람이라면 먼저 자신의 국가를 잘 다스려야 하고 자신의 국가를 잘 다스리려면 자신의 가정과 가족을 잘 관리해야 하며 자신의 가정과 가족을 잘 관리하려면 먼저 자신의 의념(疑意)을 진성(眞誠)하게 해야 한다.

자신이 지식을 획득하려 한다면 먼저 지식 획득의 방법이 만사(萬事)와 만물을 인식하고 연구해야 한다. 만물과 만사에 대한 인식과 연구 후에 비로소 지식을 획득하게 되고 지식을 획득한 후에야 비로소 진지한 마음(즉, 진성)을 가지게 되며 마음이 진성을 가진 후에야 비로소 심사(心思)가 단정하게 된다.

심사가 단정하게 된 후에 품성을 수양할 수 있고 품성을 수양한 후에 비로소 가정과 가족을 잘 관리할 수 있으며 가정과 가족을 잘 관리한 후에 비로소 국가를 잘 다스릴 수 있게 된다. 국가를 잘 다스린 후에야 천하가 비로소 태평해 진다.

위로는 국가 원수로부터 아래로는 평민 백성에 이르기까지 인간은 모두가 품성을 수양하는 것을 근본으로 삼아야 한다. 만약에 이 근본이 어지럽혀지거나 흔들리면 가정, 가족, 국가, 천하가 모두 잘 다스려진다는 것은 불가능한 일이다. 경중(輕重)과 완급(緩急)을 구분하지 못하고 본말을 거꾸로 하고 나서 일을 처리하고자 한다면 이것 또한 역시 불가능한 일이 아니랴!

관자(管子)

■ **제목:**
관자(管子)

■ **작자:**
관자(管子)(이름 관중(管仲), 기원전 723-645년 경)

■ **출간 연대:**
전국(戰國) 말년

■ **책 소개:**
『관자』는 관자의 어록(語錄)을 전국 시대 말기에 편집하여 정리한 고전으로 성격이 복잡한 내용으로 구성되어 있으며 고대 각 제자(諸子)백가(百家)의 학설이 많이 들어 있는 저작으로 대망(戴望)의 『관자(管子) 교정(校正)』이 『관자』의 주석본으로 가장 권위(權威)있는 저작이다.

실제로는 『관자』는 관중의 이름을 빌려 여러 학설의 장점(長點)을 취재하여 수록한 일종의 논문집(論文集)의 성격을 띠고 있다. 집필 연대는 전국 중기에서 진(秦)과 한(漢) 시기에 이르는 때이다. 한 사람의 저술이 아니며 『국어(國語). 제어(齊語)』와 『한서(漢書). 예문지(藝文志)』에 수록되어 있다.

『관자』는 24권, 86편으로 구성되어 있으며 현재 76편이 남아 있다. 고대 전적 중에서 드물게 보이는 경제 관계의 내용 위주로 되어 있으며 생산, 분배(分配), 교역(交易), 소비(消費)와 재정(財政) 등 모두 고르게 서술되어 있다. 선진(先秦) 시대의 농업과 경제를 연구하는 귀중한 자료 가치가 있다.

■ 역사 배경과 영향 등:

이러한 일련의 관중의 개혁의 실질은 노예제를 폐지하는 데에 그 주요 목적이 있었다. 그리하여 역사의 단계를 봉건제 과도기로 전환하는 데에 그 의의가 있었다.

관중의 개혁은 현저(顯著)한 성공을 거두었고 제(齊)국은 이로써 국력이 크게 신장(伸張)되었다. 대외적으로 관중은 '존왕양이(尊王攘夷)', 즉, 왕권을 극대화하고 오랑캐를 물리치는 정책을 폈고 북방의 이웃 나라들과 연합하여 산융(山戎)족의 남침을 방어(防禦)하고자 노력했다. 이러한 외교 전략도 성공을 거두었으며 후에 공자가 감탄(感歎)하여 다음과 같이 칭송했다. '관중이 없었더라면 나도 이족(異族)의 복장(服裝)을 입었을 것이다.'고 실토(實吐)할 정도였다.

■ 책 주요 내용:

관중은 경제(經濟)를 중시했다. 공담주의(空談主義)를 반대하고 개혁으로 부국(富國) 강병(强兵)을 이룩하는 방책을 주장했다. 관중은 그의 『관자. 목민(牧民). 국송(國頌)』편에서 다음과 같이 주장한다. '인간이 가장 필요로 하는 것은 의복과 먹을 것이다. 의복이 따뜻하지 않고 먹는 것이 배부르지 않은 상황에서 백성은 기아와 추위에 위협(威脅)받으며 예의와 영욕(榮辱)을 알라고 하는 것은 기본적으로 불가능한 일이다. 예절을 알고 영욕을 제창(提

唱)하려면 먼저 백성의 온포(溫飽) 문제부터 해결해야 한다.'

제(齊) 나라의 환공(桓公)은 관중을 '중부(仲父)'라고 불렀다. 즉, 국가의 원로(元老)라는 의미이다. 환공은 관중으로 하여금 일련(一連)의 정치와 경제 개혁을 진행하라는 전권(全權)을 부여(賦與)했다. 전국을 행정구역으로 분할한 후 군사 편제를 조직하고 관리(官吏)로 하여금 이를 관리하게 했다. 인재제도를 건립하였고 선비를 삼심제(三審制)를 거쳐 선발(選拔)하여 상경(上卿) 귀족들에게 지지를 얻었다. 토지를 등급을 나누어 세금을 부과했고 귀족이 개인 재산을 약탈(掠奪)하는 것을 금지(禁止)했다. 염철업(鹽鐵業)을 발전시켰으며 화폐를 주조하여 물가를 조절(調節)했다.

관중이 이렇게 제나라에서 중용(重用)되어 춘추의 패권을 차지하게 된 데에는 포숙아(鮑叔牙)의 인재에 대한 안목과 적극적인 추천과 불가분의 관계에 있는 것은 유명한 중국 문화 속의 고사(故事)이다.(관포지교, 管鮑之交) 관중이 만년(晩年)에 탄식하여 다음과 같이 말했다. '나와 포숙아가 장사에 종사하여 재물을 많이 얻었으나 나는 내가 탐욕(貪慾)스럽다는 것을 미처 깨닫지 못하였다. 포숙아와 같이 동업(同業)할 때에 내가 일을 그르칠 때에 나는 내 스스로 어리석다는 것을 깨닫지 못했다.

내가 전쟁터 진지(陣地)에서 세 번 도망칠 때에도 나는 내가 담(膽)이 좁고 죽음을 두려워하는 겁쟁이라는 사실을 몰랐다. 내가 관리가 되고 귀양 갈 때 나는 내가 불초(不肖)한 사람이라는 것을 몰랐다. 내가 공자(公子) 규(糾)를 보좌하였는데 그가 전쟁에 패하자 나는 내가 치욕을 모르는 사람인줄 몰랐었다...나를 낳아주신 분은 내 부모지만 나를 알아주는 사람은 포자(鮑子), 즉, 포숙아인 것을!'

회남자(淮南子)

■ **제목:**

회남자(淮南子)

■ **작자:**

회남왕(淮南王) 유안(劉安, 기원전 179-122년)의 지휘 하에 그의 빈객(賓客) 8인에 의해 전문적으로 집필됨

■ **출간 연대:**

진(秦)과 한(漢) 교체기 혹은 서한(西漢) 시기

■ **책 소개:**

진과 한 제국 교체기에 출간된 도가(道家) 사상에 대한 내용을 모은 책이다. 더 정확히 말하면 도가 사상의 기초 하에서 제자백가 학설 중의 정화(精華) 부분을 종합하여 편찬한 고전이다. 진과 한 시기의 문화를 이해하는데 중요한 문헌이다.

『회남자(淮南子)』는 『회남홍열(淮南鴻烈)』 혹은 『유안자(劉安子)』라고도 하며 주석(註釋)서로는 유문전(劉文典)의 『회남홍열집해(淮南鴻烈集解)』가 가장 유명하다. 고유(高誘)의 서언(序言)에 의하면 홍(鴻)은 광대(廣大)하다는 뜻을 가지고 있다. 열(烈)은 광명(光明)의 뜻이다.

본 책명에서 볼 수 있는 것은 작자가 이 책으로써 광대(廣大)하고 광명(光明)한 통리(通理)를 포괄하고 싶은 의도를 나타내는 것으로 보인다. 전서(全書)의 내용은 도(道), 묵(墨), 법(法)과 일부분의 유가(儒家)사상을 모두 포함시켜 잡가(雜家)적인 성격을 보인다. 그러나 주요한 경향은 도가이다. 『한서(漢書). 예문지(藝文志)』에는 잡가로 분류하고 있다.

■ 역사 배경과 영향 등:

『회남자』는 신선(神仙)을 추구하고 도를 추구하는 황노의 노장 사상을 그 주요 내용의 배경적인 사상으로 하고 있으며 황노사상은 한 초기 문(文)경(景) 시기에 이미 관학(官學)으로 공인받은 바 있다.

그러나 『회남자』는 이러한 역사적인 배경과는 딴판으로 한(漢)나라 초기 건원(建元) 연간에 벌어졌던 격렬(激烈)한 정치 투쟁과 이데올로기 변론(辯論)의 산물(産物)이었던 것이다. 이러한 『회남자』 전편에 관통(貫通)하는 사상을 음미(吟味)하면 한 가지 대표적인 가치 이념이 있으니 바로 '새옹지마(塞翁之馬)'의 우언(寓言)이다.

이 '새옹지마'의 철학은 중국의 가장 유명한 철학 세계를 가지고 있으며 무위(無爲)와 무불위(無不爲)의 사상을 대변하고 있다. 즉, 인생을 관조(觀照)하고 세태(世態)가 흘러가는 대로 몸과 마음을 의탁한다. 겉으로 보면 아무 것도 하지 않는 것 같으나 실상(實狀)은 하지 않는 일이 없다는 식의 논리를 펴는 것이 전통 중국의 대표적인 사고방식(思考方式)이 그대로 배어 있는 『회남자』의 인생철학(人生哲學)이다.

『회남자』의 작자는 회남왕 유안과 그가 집안에 데리고 있던 문객(門客) 들이다. 회남왕이 '빈객(賓客)으로 방술(方術)가 등 수천명을 초치(招致)했다.'고 역사서에 기록되어 있다. 유안과 그의 빈객 중 8인인 소비(蘇飛), 이상(李尙), 좌오(左吳), 전유(田由), 뇌피(雷被), 오피(伍被), 진창(晉昌) 등이 공저자인 것이다.

그러므로 회남왕 유안과 팔공(八公)이 곧 공동 저자이다. 저술시기는 경제(景帝)의 후기에서 한무제(武帝)의 즉위(卽位) 초기인 건원(建元) 2년에 조정에 헌정(獻呈)되었다는 역사 기술로 보아 이때 이전으로 보인다.

『회남자』 저작의 중심인물 유안은 당시 황실 귀족으로 학술수양이 깊은 인물이었다. 당시 『회남자』 저작은 내편 21편, 외서(外書) 다수, 그리고 중편 8권(卷)이 있는데 이는 신선, 황노의 술책에 대한 내용이었다. 이것이 20 여 만자였다.

마지막 한 편(編)이 「요략(要略)」으로 전서(全書)의 서언(序言)이었다. 이것으로 책 전체의 계획과 구체적인 내용의 안배(按配) 등을 알 수 있었다. 그러나 내용으로 보아 완전히 통일적인 것은 아니었다. 이러한 전체 저작의 범위가 너무 광범위하였다. 오늘날은 내편 21편 만 전한다.

유안은 쿠데타를 통해 정치의 주도권을 획득하고자 하는 권력 야망을 지닌 인물이었다. 그의 저작은 이러한 그의 의도가 반영된 정치 술책에 대한 내용을 담고 있었다. 또한 유안은 전투 준비를 위해 자금(資金)을 모으고 한 왕조의 지방 실력파 들을 매수해 나갔다. 군사지도를 매일 연구하여 전략적 배치를 진행해 나갔다.

그러나 이러한 그의 모사(謀事)가 오래가지 못했다. 그의 음모가 발각되고 조정에서 조사에 나섰을 때 유안은 반란을 일으켰다. 그리고 이 반란은 신속하게 한 왕조에 의해 평정되었다. 유안은 대역부도(大逆不道)의 죄명으로 자살했다. 한무제는 회남왕 유안의 근거지 었던 회남국에 구강군(九江郡)을 설치했다.

유안의 비극은 그 아버지부터 시작된 것이었다. 그의 아버지 회남여왕(淮南厲王) 유장(劉長)은 한고조(漢高祖) 유방(劉邦)의 소자(少子)로 모반(謀叛)의 죄로 귀양가는 중에 단식(斷食)으로 사망한다. 후에 회남여왕의 봉지(封地)는 삼분되어 유안은 회남왕으로 책봉(冊封)되었다.

■ **책 주요 내용:**

『회남자』는 내편(內篇) 21장, 외편(外篇) 33장으로 구성되어 있으며 내편은 도(道)를 논(論)하는 내용으로 되어 있고 외편은 잡설(雜說)이 주된 내용이다. 오늘날에는 내편 21편이 전한다.

도가(道家) 사상을 위주로 하여 유가(儒家), 법가(法家)와 음양가(陰陽家) 등의 사상을 고루 삽입(揷入)해 넣었다. 그러나 일반적으로 『회남자』를 잡가의 범주에 넣고 있다. 실제적으로 본 책은 도가 사상을 지도 사상으로 하여 제자백가의 여러 사상 내용을 흡수하여 융합(融合) 관통(貫通)하여 완성되었다.

전국 시대에서부터 한(漢) 초기의 황노(黃老)의 학설을 그 이론 체계로 삼은 대표작이다. 『회남자』에는 여러 가지 심오한 사상과 철리(哲理)가 들어 있는데 특히 여러 괴이하고 귀신에 대한 내용과 영묘(靈妙)한 줄거리를 가진 신화의 내용이 다수 삽입되어 있다.

즉, '여와(女渦)의 보천(補天)', '후직(后稷) 사일(射日)', '공노촉불(共工怒觸) 불주산(不周山)', '정위전해(精衛塡海)' 등 고대 중국의 유명한 신화가 몇 편 실려 있다. 이것은 『회남자』를 근거로 하여 신화들이 후대에 전해 내려오게 되었다는 중요한 근거 자료로 존재하게 되었다.

『회남자』의 내용을 몇 가지로 나누어 살펴보자. 첫째, 도가 사상이다. 다음 세 가지 점이 도가 사상과의 관련 하에서 두드러진 내용이다. 첫째로 우주관에 대한 본체론 부분에 있어서 천지가 형성되기 이전에 우주는 혼연일체(渾然一體)로 형태가 없었다. 도(道)가 만물을 낳는다는 원시(原始) 도가 사상에서 발전하여 모든 만물에는 도가 깃들어 있다는 유물론(唯物論)적 관점을 취하고 있다.

두 번째로 도가의 '무위이치(無爲而治)'의 관점을 따르고 있다. 무위(無爲)는 아무 것도 행위 하지 않는다는 것이 아니라 환경과 세태의 변화에 따라 적응과 행동을 취할 것을 판단하여 적절한 행위를 한다는 것을 의미한다. 고대 성인(聖人)들이 아무 일도 하지 않았던 것이 아니라 신농(神農)씨 같이 오곡(五穀) 파종을 백성에게 가르치고 의약(醫藥)을 발명했다거나 요(堯) 임금 같이 적극적으로 정치 관리와 사회 교화에 종사하는 등의 일을 했다는 점을 강조한다.

세 번째는 한(漢) 초기의 황노(黃老) 사상과 밀접한 관련을 맺고 있다. 한나라 초기에 황제(黃帝)의 이름에 의탁하여 저작하는 풍조가 만연(蔓延)했는데 대부분 전해 내려오지 않는다. 황노사상이란 노자(老子)의 무위(無爲)로 다스린다는 사상에 근원한 것으로 진(秦)나라의 조기(早期) 멸망(滅亡)으로 인한 역사적 교훈을 얻으려는 사상적 흐름이었다.

진나라가 과도한 유위(有爲), 즉, 백성 동원과 과중한 세금, 부역(賦役) 및 전쟁과 대규모 토목 사업 등으로 인해서 망국(亡國)의 원인이 된 점을 깨닫고 한 나라에서는 휴양(休養)생식(生息), 즉, 백성을 편하게 쉬게 해야 한다는 일종의 미신 사상이었던 것이다. 천리(天理)를 따르고 국가의 과도한 일을 벌이지 않는 등의 내용이 그것이다.

둘째, 유가사상을 들 수 있다. '인자(仁者)애인(愛人)'의 원시(原始) 인도(人道)사상을 강조한다. 특히 '인도(人道)' '인류(人類)' 등의 개념을 사용한다. 또한 민본(民本)사상도 중시하여 '치국유상이이민위본(治國有常而利民爲本)' 이라 하여 국가의 통치에는 항상 백성의 이익을 근본으로 하는 것이 가장 중요하다는 사상을 보이고 있다. 공자와 맹자의 덕정(德政)사상과 인성(人性)의 성선(性善) 주장 등도 유가사상과 맥이 일치하는 내용이다.

셋째, 법가사상이다. 한비자(韓非子)와 상앙(商鞅)의 역사진화관념을 계승, 발전시킨다. '사회생활은 변천한다. 법령 제도도 시대의 변화에 따라 변해야 한다. 선왕(先王)의 제도가 지금 시대에 맞지 않으면 마땅히 폐지해야 한다.', '법은 시대에 따라 변해야 한다. 예(禮)도 세속의 흐름에 따라 변화해야 한다. 의복과 기계(器械)는 모두 사용 용도에 따라 개조되어야 한다. 법도와 제도도 시대의 흐름에 맞추어 변화되어 개정되어야 한다.'

손자병법(孫子兵法)

■ 제목:

손자병법(孫子兵法)

■ 작자:

손무(孫武), 즉, 손자(孫子)(기원전 544-470년)

■ 출간 연대:

춘추(春秋)시대

■ 책 소개:

손자는 이름이 손무로 병가(兵家)의 대표 인물이다. 그의 『손자병법』은 춘추 시대 당시 남방의 오(吳)국이 오패(覇)국으로 5대 강국이 되는데 결정적인 공헌을 한 전략가이다. 손무는 원래 춘추 시대의 제(齊)국 출신으로 조부와 부친 모두 이름 있는 전략가였다. 어려서부터 병법과 전략에 관심이 많아 연구를 거듭했다.

그러나 기원전 532년 제국에서 내란이 발생하여 손무는 그의 병법을 쓰일 기회를 찾지 못해 남하하여 오(吳)국으로 갔다. 오국의 수도 고소(姑蘇, 지금의 강소성(江蘇省) 소주(蘇州)시)에 은거(隱居)하여 병법을 연구하였다.

손무는 오국에서 오자서(伍子胥)를 알게 된다. 당시 오국의 상황은 국군(國君)이 합려(闔閭)로 패업(霸業)을 이루려는 야심(野心)을 갖고 있는 임금이었다. 그 중요한 계획에는 초(楚)국을 공격하는 것이 있었다. 그러나 합려의 고민(苦悶)은 적합한 장수(將帥)를 구하지 못한 것이었다.

오자서는 자주 오왕(吳王)과 병법과 전쟁의 작전에 대해 얘기를 나누었다. 오자서는 오왕 합려에게 손무를 추천(推薦)했다. '손무는 도략(韜略)에 정통(精通)하고 귀신(鬼神)도 예측(豫測)하지 못하는 전략을 갖고 있다. 천지(天地)에 병력을 잘 숨기는 묘책(妙策)을 병법 13편으로 지어서 누구도 그것을 이해하지 못한다. 만약 그를 성심(誠心)껏 초빙(招聘)하여 장수로 기용(起用)한다면 천하에 대적(對敵)할 군대(軍隊)가 없을 것이다. 대적 못하는 나라는 어찌 초나라 뿐 이겠는가?' 오자서가 7번이나 오왕에게 손무를 추천하자 오왕 합려는 오자서에게 손무를 초빙해 모시라고 명령했다.

손자가 오왕을 알현(謁見)하고 병서 13편을 올렸다. 오왕이 이를 보고 매우 칭찬해 마지않았다. 관련된 사료(史料)를 보면 손자의 병사 부리는 능력을 고찰(考察)하기 위해 오왕은 180명 궁녀(宮女)를 손자가 조련(操練)하도록 시켰다.

이것이 역사상 유명한 손자의 '오왕의 궁전에서 전투를 위하여 훈련시키다가 미희(美姬)를 참수(斬首)하다'라는 고사(故事)를 낳은 배경이 되었다. 오왕의 궁전에서 조련한 일이 있은 후에 오왕은 손무를 장군에 임명했다. 이때부터 손자는 오자서와 더불어 오왕을 보좌(輔佐)하여 국가를 통치하고 안정시키며 군사력을 증강(增强)시키는 데에 힘썼다.

기원전 506년 겨울 오국은 손자와 오자서를 장군으로 하여 초국을 정벌(征罰)하러 나섰다. 손자는 우회(迂廻)하여 기습(奇襲)하여 적을 제압(制壓)하는 전법(戰法)을 사용하여 초군에 대패(大敗)를 안겼다. 5전 5승을 거두며 일거에 초국의 수도인 정을 함락(陷落)시켰다. 이것을 저명한 춘추시대의 '백거(柏擧)의 전투'라고 하며 초국은 이로써 국가의 원기(元氣)를 상당 부분 상(傷)하고 오국은 국가의 위력(威力)을 떨쳐 춘추 제국(諸國) 중에서 가장 강성한 5개국인 '오패(五覇)'의 위치에 올라섰다.

오국은 이로써 남방의 강국일 뿐만 아니라 북방의 제(齊), 진(晉) 등 대국이 오국을 두려워 할 정도였다. 손자의 역사적인 공적에 대해서 사마천(司馬遷)은 『사기(史記). 손자(孫子)오기(吳起)열전(列傳)』에서 다음과 같이 평가하고 있다. '서쪽으로는 강한 초국을 공격하고 초국 수도를 함락(陷落)시켰으며 북으로는 제와 진 등 국가가 두려워할 정도로 위세를 떨치고 제후들에게 깊은 인상(印象)을 남기는 데에는 손자의 공이 크다.'

■ 역사 배경과 영향 등:

『손자병법』의 사상이 어언 2,500년 영향을 미쳤다. 손자의 일생과 그의 13편 5000자의 불후의 대작 『손자병법』의 운명은 어떻게 되었나?

우리는 '와신상담(臥薪嘗膽)'의 뜻을 안다. 그리고 이 성어(成

語)가 바로 손자와 오자서, 그리고 오왕 부차와 월왕(越王) 구천(句踐)에 관련된 역사의 고사(故事)였던 것이다. 나날이 승승장구하는 오나라는 손자와 오자서에 의해 강국으로 거듭나고 오국을 중심으로 패권을 이루려는 손자와 오자서의 의지가 담긴 역사의 한 막(幕)을 이루는 시기였다. 그러나 그들의 바람은 오래 가지 못했다.

오국에 패한 월국의 구천은 화해(和解)를 청(請)하게 되고 손자와 오자서의 간곡한 만류에도 오만해진 부차는 간신의 말을 듣고 화해를 하게 되고 오히려 오자서를 자살하게 만든다. 이를 목도(目睹)한 손자는 조용히 역사의 무대 뒤로 사라지게 된다. '날아가는 새가 없어지면 좋은 활은 없어지게 되고 여우와 토끼가 없어지면 사냥개를 잡아먹는다.'는 또 다른 중국 고대의 고사를 남기면서 초연(超然)히 오자서의 비참(悲慘)한 최후를 보고 심산(深山)에 숨는다.

그러나 사정은 오자서가 예언한 대로 월왕 구천이 '와신상담'하여 10년 동안 월국을 강대하게 만든 것이다. 10년 동안의 교훈이다. 드디어 기원전 482년 월군이 오국 국내의 군대가 빈 때를 틈타 오국을 습격하여 오국 수도를 함락했다. 이에 기원전 473년 정식으로 월국에 의해 멸망(滅亡)하게 되었다. 부차는 이에 자살하고 만다. 손무의 오왕으로 하여금 중국 화하(華夏), 즉, 천하를 통일하려는 몽상(夢想)은 물거품이 되고 말았다.

그러나 손무의 명저 『손자병법』은 동양 역사 뿐 아니라 서양에 까지 지대한 영향을 미치고 있다. 손무가 강조한 귀신에 전쟁의 승패가 결코 달려 있지 않다는 점, 정치의 청명(淸明), 경제의 발전, 외교적 노력, 군사 실력, 자연 조건 등의 여러 조건이 전쟁의 승부를 예측하는 조건이라는 점에서 그의 전쟁에 대한 분석을 한다. 세계는 객관적으로 존재하는 것이며 세계에 존재하는 사물은 모두 부단히 변화하고 운동한다.

손무는 인간의 승패를 가름하는 조건 창조를 강조한다. 인간의 주관 능동성이 여러 가지 대립적인 상황을 자신에게 유리한 방향으로 전환시키는 원동력이 된다는 점을 통찰하고 있었다.

■ **책 주요 내용:**

『손자병법』의 가장 중요한 교훈은 '남을 알고 자신을 알면 백전(白戰)백승(百勝)이다.' 즉, 지피지기(知彼知己) 백전불태(白戰(不殆)라는 진리이다. 결국 스스로와 상대방(적)을 잘 아는 것이 상대방과의 전쟁 혹은 경쟁에서 이기거나 살아남는 확실한 방법이다.

『손자병법』의 내용을 다음 몇 가지로 추려 보자. 첫째, 「계편(計篇)」이다. 전투를 시작할 때를 대비(對備)하여 그 전이나 전쟁 중에 모의(謀議)나 계획을 세우는 문제에 대해 논의한다. 전투 시작 전에 반드시 적과 나 쌍방의 기본 조건에 대해 주도면밀(周到綿密)한 연구와 비교를 해야 한다. 그래야 정확한 작전 계획을 수립할 수 있게 된다.

전쟁의 승부를 가리는 기본 조건은 다섯 가지 항목(項目)이 있는데 그것은 '도(道)', 즉, 도의, '천(天)', 즉, 지리(地利), '장(將),

즉, 장수(將帥)와 '법(法), 즉, 법제(法制)의 다섯 가지가 그것이다. 이 다섯 조건을 이해관계나 부단히 변화하는 형세(形勢)에 따라 적절한 조치를 취해야 한다. 특히 '상대방이 준비를 미처 하기 전에 미처 생각지 못한 때나 방법으로' 적을 공격하는 것이 승리의 비결(秘訣)이라고 손자가 우리에게 얘기한다.

둘째, 「작전(作戰)편」으로 속전속결(速戰速決)의 중요성을 논술하고 있다. 출병(出兵)하여 전투를 벌일 때 소요(所要)되는 국가의 대량의 인력, 물력, 재력, 지구전(持久戰) 때의 피로(疲勞)감, 실패했을 때의 대비, 재화 소모(消耗), 다른 제후국들의 기회를 탄 전투 공격 가능성 등을 속전을 목표로 하는 입장에서 전략을 수립(樹立)한다.

셋째, 「모공(謀攻)편」으로 계략(計略)으로 적을 정복(征服)하는 방법에 대한 논술이다. 손무는 '전쟁을 벌이지 않고 적병을 굴복시키는 것이 선(善) 중의 선이다.'라고 지적(指摘)한다. '전국(全國)', '전군(全軍)', '전려(全旅)', '전졸(全卒)', '전오(全伍)' 등의 방법, 즉, 적을 강제로 굴복시키고 투항하게 하는 방법이 최상의 작전의 방안이다.

'파국(破國)', '파군(破軍)', '파려(破旅)', '파졸(破卒)' '파오(破伍)'등의 방법, 즉, 무력을 적을 공격하는 방법이 적이 투항(投降)하게 하는 방법보다 못한 차등(差等)의 방법, 즉, 비선(非善)의 선의 방법이다.

그러면 어떻게 하여 전쟁하지 않고 적병을 굴복시킬 수 있는가?

손무는 상책(上策)으로 '벌모(伐謀)'를 그 다음 차선책으로 '벌교(伐交)', 그 다음 차선책으로 '벌병(伐兵)'을 들고 있다. 즉, 정치공세(攻勢)를 통해 또 외교 수단을 통해 그리고 무장 역량을 통해 적을 정복하는 방법이다. 적과 전쟁을 벌일 때 적이 강하고 아군이 약하다면 병력을 집중시켜 적을 제압하는 것이 중요하다.

구체적인 숫자를 제시하기도 한다. '적보다 10배의 군사력을 갖고 있으면 적을 포위하고 5배가 적보다 많다면 적을 공격하고 1배가 많다면 적을 분산(分散)시키는 방법을 강구하고 적의 병력과 아군의 병력이 같으면 적에게 승리하도록 최선을 다해야 하며 적의 병력보다 적으면 퇴각(退却)을 잘 해야 한다. 전투력이 적보다 적으면 적과 전투하지 말고 가급적 피해야 한다.

넷째, 「형(形)편」으로 병력을 운용하여 적과 전투를 벌일 때 적으로 하여금 승리할 수 있는 기회를 주지 않는 조건을 자신이 창조하는 것이 필요하다는 것이다. 적을 기다리면서 아군이 승리할 수 있는 기회를 잡는 것이다. 즉, 자신을 '불패(不敗)의 위치'에 올려놓는 것이다. 이를 위하여서는 적을 공격하거나 방어하는 문제를 형세를 보아 판단해야 한다.

방어할 때에는 자신을 은밀한 곳에 위치시켜 안 보이게 해야 하고 공격할 때는 적이 손 쓸 틈이 없이 공격을 감행해야 한다. 이로써 '스스로를 보전(保全)하여 전승(全勝)을 쟁취하는' 목적을 달성하게 된다는 것이 손무의 견해이다.

다섯째, 「세(勢)편」이다. 이는 병력을 움직여 작전에 임할 때

적을 압도할 수 있는 맹렬(猛烈)한 기세를 조성하는 것이 중요하고 이러한 맹렬한 기세를 잘 이용하는 것이 필요하다. 세(勢)는 무엇인가? 손무는 다음과 같이 설명한다. '세'는 돌 위에 표류(漂流)하는 격류(激流)와 같다.

또한 금방 발사(發射)될 것 같은 잔뜩 당긴 활과 같고 둥근 돌이 천 길의 높은 산에서 굴러 떨어지는데 아무도 말릴 수 없는 무서운 기세로 흘러 내려오는 형세와 같다. 이러한 역량으로 적에게 타격(打擊)을 가할 때에는 일당십으로 무적(無敵)이 된다.

그러면 어떻게 이러한 '세'를 조성할 수 있나? 자신이 이러한 조건을 창조해야 한다. 즉, 맹렬한 기세를 만들어 낼 자신의 강대한 역량을 구비해야 된다.

그 다음은 군사와 인재를 잘 선임(選任)하고 부릴 줄 아는 장수를 선택해야 한다. 장수가 병사를 민첩(敏捷)하게 부리고 가상(假象)으로 적을 혼동(混同)하게 하여 소리(小利)로 적을 움직이게 만들고 적을 함정(陷穽)에 유인(誘因)하여 복병(伏兵)으로 적에게 타격을 가하는 것이다.

여섯째, 「허실(虛實)편」이다. '실(實)을 피하고 허(虛)를 공격한다.'라는 원칙이다. 아군이 주동적인 지위에 오르고 적을 피동적인 지위에 놓으면 전쟁의 주동권(主動權)을 자신의 수중에 장악하게 된다.

또 한 가지 중요한 점은 적이 주의를 기울이지 못할 때 또 적이 대비하지 못할 때 공격을 한다. 즉, 적의 병력이 공허(空虛)한 상태에 있을 때를 노려 공격해야 한다. 또 다른 한 가지는 자신의 병력을 집중하고 적의 병력을 분산하는 방법을 강구하여 전술 상 아군이 다수이고 적이 소수의 상태가 되도록 하는 조건을 조성하는 것이다.

일곱째, 「군쟁(軍爭)편」이다. 적을 제압하여 승리하는 유리한 조건을 어떻게 쟁탈(爭奪)하느냐에 대한 논술이다. 이는 자신이 작전 상 주도권을 장악하도록 하는 문제에 대한 것이다. 손무는 이에 대해 다음과 같이 설명한다. '우선 각 제후국의 정치 동향(動向)을 이해하는 것이 필요하다.

지형을 숙지해야 하고 안내자를 이용하여 상황을 명백히 이해해야 한다. 그 다음으로 행동에 통일을 기해야 한다. 보조를 맞추어 아군의 각 부대가 행동의 빠름과 늦음, 전광석화(電光石火) 같은 공격, 산과 같은 부동자세(不動姿勢) 등이 필요하며' 특히 '용감(勇敢)한 자는 홀로 진격하지 않고 겁쟁이는 홀로 퇴각하지 못한다.'는 점을 규율로 강조한다.

또한 지휘의 정확성을 요구한다. 기동력 있게 민첩하게 지휘하여 '적의 예기(銳氣)를 피하고 약점을 공격한다.'는 점을 지적하고 있다.

여덟째, 「구변(九變)편」이다. 장수가 지휘할 때 각종 구체적인 상황에 따라 민첩하게 기동력 있게 지휘하는 문제에 대한 내용이다. 기계적으로 매사에 대처해서는 안 되며 장수에 대해 엄격한 요구를 해야 한다.

손무는 장수의 처치(處置) 문제에 대해 강조한다. 첫째로 먼저 유리와 유해의 두 가지를 고려해야 한다. 유리한 상황에서는 불리한 요소를 생각해야 하고 불리한 상황 하에서는 유리한 요소를 생각해야 한다. 그 다음 둘째로 서로 다른 투쟁의 목표에 근거하여 다른 투쟁 수단을 채택해야 한다.

셋째로 충분한 준비로 적을 공격해도 요지부동(搖之不動)의 상황에 있다고 하면 요행(僥倖)을 바라는 심리를 없애야 한다. 넷째로 편협(偏狹)한 감정을 극복(克服)하고 전면적이고 신중(愼重)하며 냉정(冷靜)한 마음으로 문제를 해결하도록 해야 한다.

아홉째, 「행군(行軍)편」으로 행군할 때 어떻게 군대를 편안하게 운용할 것이며 적정(敵情)을 판단하는 문제에 대해 논의한다. 군대가 산지, 강하(江河), 늪지와 평원 등 4종의 지형에서 행군할 때 어떻게 배치하느냐의 문제에 대해 논의한다. 또한 군대가 특수한 지형을 만났을 때의 대처방법과 31종의 적의 상황을 관찰(觀察)하고 판단하는 방법으로 정확한 작전의 방안을 제정할 수 있는 것이다.

손무는 또한 '군령(軍令)은 문(文)으로 군대의 기율은 무(武)로 다스린다'는 문무겸용의 원칙을 내세워 군대의 자질을 제고하고 도의(道義)로 사병을 교육하며 법기(法紀)로 군대를 통일하여 승리를 기한다.

열 번째, 「지형(地形)편」으로 지형 이용에 대한 논술이다. 손무는 9가지의 전투지의 지형의 특징과 사병이 이러한 지형에 처했을 때의 심리 상태에 대해 논의하고 이러한 각 지형에서의 용병 조치를 이에 상응하여 제시한다.

병사가 적국 깊숙이 진격했을 때 사병들은 사지(死地)에 처해진 것으로 생각하여 사력을 다해 전투에 임할 수 있다. 이렇게 전투력을 발휘할 수 있는 것이다. 또한 적국에 진격했을 때 식량을 보충할 수 있고 고향에서 멀지 않다는 점을 안다면 사병들이 흩어지지 않고 지휘에 복종하여 한마음으로 협력하여 작전에 임해 성공을 거둘 수 있다.

열 한 번 째, 「구지(九地)편」에서 9가지의 작전 지역 및 용병 원칙에 대해 논술하고 있다. '병력을 기본적으로 빠른 기동력을 원칙으로 하여 적이 미처 준비하지 못할 때를 노려 공격하며 경계를 하지 못할 때를 기회로 공격한다.'는 돌연(突然)한 습격(襲擊)의 작전 사상을 제시하고 있다.

열 두 번 째, 「화공(火攻)편」이다. 화공, 즉, 불로 공격하는 방법과 원칙, 조건에 대한 논의를 담은 내용이다. 손무는 화공에 화인(火人), 화적(火積), 화치(火輜), 화고(火庫) 및 화대(火隊)의 다섯 가지로 분석하고 있다.

즉, 적군의 진지, 쌓아놓은 물건, 짐수레, 창고 및 운수시설 들을 불태우는 것이다. 적의 인력(人力), 물력(物力)과 운수선을 완전히 파괴하는 데에 주안점(主眼點)이 있다.

열 세 번 째, 「간(間)편」으로 간첩(間諜)이 적의 상황을 정찰(偵察)하는 것의 중요성에 대해 논의한 내용이다. 간첩의 종류와 간첩의 방법을 상세하게 설명하고 있다. 손무는 간첩의 작용을 매우 중시했다. 간첩이 전투에서 승리하는 관건이 된다. 군대는 간첩이 제공한 정보에 따라 행동을 취하게 된다.

손무는 간첩의 종류를 다섯 가지로 나눈다. 인간(因間), 내간(內間), 반간(反間), 사간(死間)과 생간(生間)이 그것이다. 인간은 적국의 고향의 보통사람을 이용하여 간첩으로 활용하는 것이고 반간은 적국의 관리를 간첩으로 포섭(包攝)하는 것이다.

반간은 적의 간첩을 아군이 역으로 간첩으로 이용하는 것이며 사간은 고의(故意)로 대외에 거짓 상황을 산포(散布)하여 아군에 있는 간첩으로 하여금 알게 하여 적에게 전달(傳達)하게 하는 방법이다. 생간은 적에 정찰을 위해 파견한 이후 아군 측에 와서 보고(報告)하는 간첩을 말한다.

공손룡자(公孫龍子)

■ **제목:**

공손룡자(公孫龍子)

■ **작자:**

공손룡(公孫龍)(기원전 320-250 년 경)

■ **출간 연대:**

전국(기원전 475-221년) 후기

■ **책 소개:**

명가(名家), 구체적으로 이견백파(離堅白派)의 대표적인 저작

『한서(漢書). 예문지(藝文志)』에 『공손룡자』 14편이 수록되어 있다. 현재에는 6편만이 명(明)대의 『도장(道藏)』에 남아 있다. 그러나 송(宋)대 이후 본 서의 진실성에 회의(懷疑)를 한 사람들이 있어 그들은 『공손룡자』의 저술이 진(晉) 조(朝)에 이르러 당시의 인물들이 여러 가지 자료를 모아 편찬한 것으로 본다. 그래서 선진(先秦) 시대의 『공손룡자』의 원래 면목(面目)이 상당 부분 훼손(毁損)됐을 것이라고 추측한다.

그럼에도 불구하고 『공손룡자』는 공손룡의 철학 사상과 논리

사상, 더 정확하게는 궤변(詭辯)사상을 이해하는 중요한 열쇠가 된다. 제1편은 「적부(迹府)」로 후대 사람들이 수집(蒐集)한 그의 사적(事迹)이고 「적부(迹府)」외에도「백마(白馬)」론, 「지물(指物)」론, 「통변(通變)」론, 「견백(堅白)」론, 「명실(名實)」론 등 5편은 기본적으로 공손룡의 저작으로 판단된다. 명가(名家)의 대표인물로서 그는 '백마(白馬)비마(非馬)'론과 '이견백(離堅白)'론으로 저명하다.

공손룡의 사상은 「백마비마론」과 「견백론」에 집중적으로 나타나 있다. 이것이 공손룡의 명변(明辯)사상의 핵심적인 내용이 된다. 『공손룡자』의 저작 속에서 공손룡은 개념의 함의(含意)와 외연(外延)에 대해 주로 연구했다. 또한 사물의 공통성(共通性)과 개성(個性)이 어울려져 구비된 내재적인 모순을 연구한 것이다.

그의 사상의 특징은 이러한 모순을 과장하여 사물의 공통성과 개성의 양자의 통일을 부인(否認)하고 상리(常理)에 어긋나는 결론을 도출하는데 있었다. 즉, 백마가 보통 말하는 말이 아니라 색깔 중의 백색과 질감(質感)의 단단함을 인위적(人爲的)으로 분할(分割)하여 논술(論述)하는 특징을 보인다.

공손룡은 전국 시대 말기의 조(趙)국인으로 평원군(平原君)의 문객(門客)이 되었다. 그는 능한 말솜씨를 가지고 있어서 다른 사람과 논리적인 설전(舌戰)을 벌인다면 항상 이길 수 있는 궤변(詭辯)의 달인(達人)이었던 것이다. 그의 「백마론」의 논변(論辯)으로 인하여 일약 유명 인사가 된다.

'백마는 말이 아니다'라는 유명한 궤변적 명제는 이렇게 탄생했다. 공손룡 당시는 전국 시대의 말엽으로 그의 조국(祖國)인 조(趙)국에서 말에 유행성(流行性) 전염병(傳染病)이 돌고 있었다. 이로 인하여 대량의 말이 이미 죽거나 죽어가고 있었다. 진(秦)국은 전마(戰馬)가 매우 많은 수가 있었다. 이 전염병이 진국에 전입(轉入)되는 것을 막기 위해 진국에서는 함곡관(函谷關)에 방을 붙였다.

조국의 말은 함곡관을 지날 수 없다는 내용이었다. 이 날 공손룡이 백마를 타고 함곡관 앞에 도착했다. 함곡관을 지키는 관리(官吏)가 제지하면서 말했다. '당신 개인은 함곡관을 지날 수 있는데 말은 지날 수 없소.' 공손룡이 자신의 논리를 늘어놓는다. '백마는 말이 아니오. 어찌 함곡관을 지날 수 없단 말이오?' 관리가 대답(對答)한다. '백마도 말이지 않소?' 공손룡이 대꾸한다. '나 공손룡이 용(龍)이오?'

관리는 놀라서 멍한 상태가 되었다. 그러나 정신을 차리고 대답한다. '규정에 따라 백마든 흑마든 간에 조국의 말이라면 모두 함곡관을 지날 수 없소.' 공손룡은 일찍이 논변가로 자처(自處)하는 인물로 말싸움에 질 리가 없었다. '말은 명칭을 가리키는 말이오. 희다는 백(白) 글자는 색깔에 대해 말하는 단어요. 명칭과 색깔은 하나의 개념이 아니지 않소?' '백마라는 개념은 백과 마 혹은 마와 백으로 나눌 수 있단 말이오. 이렇게 두 가지 서로 다른 개념이오.'

공손룡은 본격적으로 자신의 논변을 펼친다. '만약에 말을 애기하지면 황마(黃馬), 백마 모두 말이라오. 그러나 백마라고 한다면 흑마, 황마와는 다른 개념이라오. 그러니 이것이 바로 백마와 말이 같은 개념이 아니라는 증명(證明) 아니겠소? 그러니 백마는 말이 아니라오.'

관리는 공손룡의 말을 들으면 들을수록 망연(茫然) 자실(自失)하게 되어 공손룡의 고담준론(高談峻論)에 머리가 핑핑 돌 지경이었다. 구름과 안개가 잔뜩 낀 곳으로 떨어진 것 같은 기분이 되었다. 어떻게 대답해야 할지 몰라 공손룡이 백마를 몰고 유유히 함곡관을 지나는 것을 볼 수밖에 없었다.

이 외에도 「지물론(指物論)」에서 공손룡은 '지'(指)와 '물'(物)의 관계에 대해 집중적으로 논술하고 있다. '지'는 사물의 개념이나 명칭이고 '물'은 구체적(具體的)인 사물이다. 그들의 관계도 물질(物質)과 의식의 관계이다.

「통변론(通變論)」에서는 운동 변화에 대한 자신의 견해(見害)를 밝히고 있다. 「명실(名實)론」에서는 명(名)과 실(實)의 관계를 토론(討論)한다. 이상 5편의 내용이 완전한 공손룡자의 학설의 체계를 구성하고 있다.

『공손룡자』의 주석본은 송(宋) 조의 사희심(謝希深)의 것이 있고 청(淸) 조의 진풍(陳澧)의 『공손룡자주(注)』가 있으며 근대 진주(陳柱)의 『공손룡자 집해(集解)』와 왕계상(王啓湘)의 『공손룡자 교전(校詮)』도 참고(參考)의 가치가 있다.

■ 역사 배경과 영향 등:

『공손룡자』는 중국의 철학과 사상의 역사 상 독특한 이론으로써 논리와 철학사상의 체계화 등에 영향을 미쳤다. 봉건 전제군주(專制君主) 시대가 끝나는 근대에 들어서 각광을 받기 시작하여 현대에 이르기까지 서양철학의 논리학과 언어학 등에 대해 중국적 유산(遺産)으로 재인식되었고 주로 이러한 의미에서 연구되었다.

서양의 대표적인 철학자인 플라톤, 아리스토텔레스, 칸트와 헤겔 등에 필적하는 중국의 사상가로서의 대안(代案)의 가능성 등에 현대 중국인들은 초점(焦點)을 맞추어 연구를 진행하고 있다.

공손룡이 사물을 관찰할 때 비록 개별 사물과 이것의 일반적인 특성을 '이(離)'의 관점에서 절대화했으며 단지 이러한 '이'의 '이질성' 만을 보고 종합과 일반성을 보지 못하는 폐단이 그의 사상의 약점(弱點)으로 노출(露出)되었다. 이것은 명백히 변증법(辨證法) 중의 개별 존재가 일반 존재 중에 있는 것이라는 논리의 조건에 부합하지 않는 것이었다.

그러나 그럼에도 불구하고 공손룡은 논리의 영역을 고대 중국의 비논리적 철학과 사유(思惟)의 세계에서 개척한 인물이 되었다. 논리학의 이론 체계를 수립하여 백가쟁명(百家爭鳴)의 발전에 밑거름이 되었다.

중국 고대의 사상과 정치의 상황은 다수의 학파(學派)가 정치윤리를 연구하는데 그들의 정력(精力)의 대부분을 사용하고 있었다. 그들은 논리학에 대한 이해가 없었다. 심지어는 논리학과 논리를 학문의 한 가지라는 라는 것을 인정하려 들지 않았다.

그들은 주로 정치 관념으로 공손룡의 논리사상을 비평하고 이러한 상황은 근대에 이르러 서양의 논리학과 철학과의 만남을 통하여 비로소 공손룡의 변학(辯學)의 바탕에 있는 논리의 문제를 공개적으로 학문으로 인정하여 이를 연구하기 시작했고 중시하게 되었다.

공손룡의 '백마(白馬)비마(非馬)론'은 비록 합리성과 창조성을 어느 정도 가지고 있지만 변증법(辨證法)의 개별과 일반을 구별한다는 원리에도 어느 정도 부합하지만 당시 명실(名實) 혼란의 작용을 하기도 했다. 그러나 공손룡이 똑같은 원리를 그 후 자신이 '계(鷄)삼족(三足)'과 '화(火)불열(不熱)' 등의 논변(論辯)에 계속 적용하였다는 점은 이미 '궤변(詭辯)'의 함정에 빠진 것으로 평가된다.

그러므로 순자(荀子)가 그를 비판하여 '이름의 명목으로 실질을 혼란케 한다.'고 했으며 추연(鄒衍)도 공손룡을 가리켜 '대도(大道)를 해치는 자', 혹은 '군자(君子)에게 해(害)가 되지 않을 수 없다'고 비난했던 것이다.

■ 책 주요 내용:

『공손룡자』의 내용을 몇 가지 대표적인 공손룡의 철학사상의 의의를 귀납하는 방법으로 분석해본다. 공손룡은 혜시(惠施) 등과 같이 '실(實)'이 상대적이고 변화한다는 것을 강조하지 않는다. '명(名)'이 절대적이고 불변한다는 점을 강조할 뿐이다.

그럼으로써 공손룡은 플라톤(Platon)의 이념 혹은 공상(共相, 즉 보편적인 이념으로 이것이야 말로 유일하게 진실된 존재라고 주장함)과 상동한 개념을 얻는다. 플라톤의 이념 혹은 공상(共相)은 서양철학 역사에 있어서 중요한 작용을 한 것이었다.

첫째, 『백마론』을 보자. 이 편의 주된 주장은 '백마는 말이 아니다.'라는 명제이다. 공손룡은 3 가지의 논증을 통해 이 명제를 증명했다. 첫 번째는 말은 형태를 말하는 것이다. 희다는 것은 색깔을 말하는 것이다. 색(色)과 형(形)은 다른 계통이다.

그러므로 백마는 말이 아니다. 만약에 서양의 논리 술어를 빌린다면 첫 번째 논증은 말과 희다, 그리고 백마의 함의가 다르다는 점을 강조한다. 말의 함의는 동물이고 희다는 것의 함의(含意)는 색깔의 일종이며 흰말의 함의는 동물의 일종과 색깔의 일종이라는 것이다. 이 3가지의 함의는 모두 다르다. 그러므로 백마는 말이 아니다.

둘째 논증은 말을 구한다면 황마나 흑마 모두 좋다. 백마를 구한다면 황마나 흑마는 적당하지 않다...그러므로 황마나 흑마는 다른 하나의 문제이다. 말을 구해야 한다면 반드시 백마일 필요는 없다. 그러므로 백마는 말이 아니라는 것이다. 말은 색깔을 가지고 취하는 것이 아니다. 그러므로 황마나 흑마 모두 가능하다.

백마는 색으로 취하는 것이다. 황마와 흑마도 모두 색으로 취하는 것이다. 그러므로 백마가 오로지 요구에 부합한다. 취할 수 없는 것은 자격이 안 된다. 그러므로 백마는 말이 아니라는 명제가 성립한다.

만약에 서양 논리의 술어로 말하자면 우리는 이렇게 논점을 강조할 수 있을 것이다. '말과 백마의 외연(外延)이 다르다. 말의 외연은 모든 말을 포함하는 것이고 색깔의 구별이 어떻든 간에 상관(相關)하지 않는다. 백마의 외연은 백마만을 포함한다. 상응하는 색깔의 구별이 존재한다. 말과 백마의 외연이 다르므로 백마는 말이 아니다.

세 번째의 관점(觀點)은 말이 고유(固有)한 색깔을 가지고 있고 그러므로 백마가 존재한다. 말이 무색(無色)이라면 그냥 말이라고 한다. 어찌 구태여 흰색을 취할 수 있나? 그러므로 희다는 것은 말이 아니다. 백마는 말과 희다는 것이다. 희다는 것과 말이다. 그러므로 백마는 말이 아니라고 말할 수 있다.

이러한 논점은 마치 말이라는 공상(共相), 즉, 보편적인 개념과 백마라는 공상이 다르다는 것을 강조하는 것 같다. 말의 공상은 모든 말의 본질적인 속성이다.

말은 색깔을 포함하고 있는 개념이 아니다. 단지 말은 말이 될 뿐이다. 이러한 말의 공성과 백마의 공성은 다르다. 그러므로 말이 말이 되는 것과 말이 백마가 되는 것은 다른 문제이다. 그러므로 백마는 말이 아니다.

혹은 '견석(堅石)', 즉, 단단한 돌의 경우를 보자. 말이 말이 되는 것과 또한 흰색이 흰색이 되는 것을 제외하고 흰색의 공상을 갖고 있다. 「백마론」 중에서 다음과 같은 구절을 보자. '희다는 것은 대상이 없는 그냥 희다는 것은 잊기도 쉽다.

백마가 희다는 것은 대상이 희다는 의미이다. 대상이 희다는 것은 흰 것이 아니다. 대상이 희다는 것은 곧 구체적인 백색이다. 각종 실제의 백색 물체에서 보인다. 각종 실제의 백색 물체의 흰색에서 보인다. 이것은 물체가 한정(限定)된 희다는 의미이다.

그러나 희다는 보편적인 개념은 실제적인 백색 물체 어느 것에서도 지정한 것이 아니다. 그것은 정해지지 않은 흰색의 공성(共性)이다.

공손룡의 또 다른 편인 「견백론」의 주요한 명제는 '이견백(離堅白)'이다. 공손룡의 증명은 두 부분으로 나뉜다. 제 1 부분은 단단하고(견, 堅) 흰 돌이 있다고 하자. 공손룡은 이에 묻는다. '견(단단하고), 희며, 돌의 세 가지 요소를 모두 갖는 것이 가능한가? 답은 불가능하다. 그럼 위의 세 가지 중 두 가지를 갖는 것은 가능한가? 가능하다. 왜 그런가? 단단하지 않고 흰색인 두 가지 요소를 취할 수 있거나 흰색이고 단단한 요소의 두 가지를 취할 수 있을 뿐이다.

단단한 것을 얻지 못하고 흰색인 것만 얻는다면 그것은 단단하지 않은 것이다. 흰색인 것을 얻지 못하고 단단한 것만 얻는다면 흰색이 아니다. 이 일단의 대화로 보아 지식론의 입장에서 견과 백은 피차 서로 분리되어 있음을 증명할 수 있다. 단단하고 흰 돌은 육안(肉眼)으로 보아 단지 흰 것을 얻었을 뿐이고 곧 하나의 백석(白石)만을 얻었을 뿐이다. 손으로 만져보아 단단한 것을 안다면 단단한 돌 하나만을 얻을 뿐이다.

흰 색을 보고 단단한 것을 느끼지 못하거나 단단한 것을 느끼고 흰 색을 느끼지 못한다. 그러므로 지식론의 입장에서 보아 흰 돌일 뿐인 것은 단단하나 흰 돌이 되지 못하고 이것이 바로 단단하지 못하고 흰색을 얻는다는 두 가지 요소를 취할 수만 있다는 것이다. 즉, 흰색을 못 얻으면 단단한 것을 얻을 뿐이라는 두 가지 요소를 취할 수 있을 뿐이라는 의미이다.

윤문자(尹文子)

■ 제목:
윤문자(尹文子)

■ 작자:
윤문(尹文)(기원전 360-280년 경)

■ 출간 연대:
전국시대

■ 책 소개:
『윤문자』의 저자인 윤문은 전국 시대의 제(齊)국인으로 「송윤(宋尹)」 학파의 시조(始祖)이다. 정확한 생몰(生沒)연대는 미상(未詳)이나 제(齊) 선왕(宣王), 민왕(愍王) 때의 인물(人物)로 보인다. 송견(宋鈃), 전병(田駢)과 팽몽(彭蒙) 등과 이름이 나란히 오르내린다. 『윤문자』는 선진(先秦)의 법술(法術)과 형명(形名)에 대한 전문 저작이다.

■ 역사 배경과 영향 등:
윤문은 제(齊)국인으로 제선왕, 민왕 때의 인물이다. 그와 송견, 전병, 팽몽과 신도(愼到) 등과 같이 직하(稷下)학궁(學宮)에서 유학(遊學)했다. 송견과 윤문의 사상은 도가와 묵가의 영향을 받았다. 후대인은 이를 '송윤학파'라고 한다. 송윤학파의 주장은 '관(寬)'과 '서(恕)', 즉, 관대(寬大)함과 용서(容恕)로써 인간과 인간 간의 관계를 처리하는 총 원칙으로 삼는다. '싸우지 않고 복수(復讎)가 뒤따르지 않는다.' '모욕(侮辱)을 당해도 치욕(恥辱)으로 생각하지 않고 백성을 위한 투쟁을 계속한다.'는 주장을 내세운다.

그들은 나라와 나라 간의 '침범(侵犯)과 전쟁을 금지(禁止)하고 세상을 구하는 전쟁을 하자'라는 모토를 내세운다. 군사를 일으키지 않으며 제후 간의 영토 확장(擴張) 전쟁을 반대한다. 『맹자(孟子)』에 기재된 바에 의하면 진(秦)과 초(楚)국이 전쟁을 일으키려 하자 송견이 진초 두 나라 사이를 왕래하며 '설복하여 전쟁을 그만 두게 하였다.'

'송윤학파'의 '구민(救民)의 투쟁'과 '구세(救世)의 전(戰)'의 목적은 '천하의 안녕으로 민간의 생명에 활력을 불러일으킨다.'라는 뜻을 담고 있다. 천하를 이롭게 하는 목적을 달성하기 위하여 내심(內心)의 수양 차원에서 그들은 '정욕(情慾)의 과천(寡淺)', 즉, 욕심을 줄이는 것을 목표로 하였다. 이는 인류의 본성이 본래 적을 것을 많이 취하려는 것이지 많은 것을 욕심내는 것이 아니라는 그들의 믿음에 근거한 것이다.

'자신이 소비할 것만 취하는 것이 족하다', '오승(五升)의 밥 정도로 충분하다'고 주장한다. 그러므로 순자(荀子)는 그들을 '적은 것만 보고 많은 것은 보지 못한다.'고 비평하고 '송자(宋子, 즉, 송견)는 욕망에 가리어져 있어서 취득한다는 것을 모른다.'고 힐난한다. 즉, 인욕(人慾)을 줄여야 된다는 것만을 주장하고 인간의 합리적인 욕구를 만족시킨다는 점을 모른다고 지적하고 있다.

■ **책 주요 내용:**

『윤문자』는 과거에는 명가(名家)로 분류했으나 오늘날은 1권만이 남아 있다. 「대도(大道)」 상하 양 권으로 나누어져 있으며 어록과 고사가 혼합(混合)되어 있다. 각 단(段)이 시작과 맺음이 표시가 되어 있다.

상편은 형명(形名)이론(사물의 실재(實在)와 명칭에 대한 고대 사상가들이 사용한 전문 용어로 실체와 개념의 관계 및 특수와 일반의 관계 등에 대해 논의하는 이론이다)에 대해 논술하고 있으며 하편은 치국(治國)의 도에 대해 논하고 있다. 형명이론의 실제 운용에 대해서 논의하고 있는 내용들로 되어 있다.

그 사상의 특징은 명가를 위주로 하여 도가와 법가를 종합하고 또한 유가와 묵가도 배척(排斥)하지 않았다. 도가로부터 출발하여 명가를 거쳐 법가에 이르는 사상의 여행을 하는 책이다. 노자(老子)로부터 시작하여 순자(荀子)와 한비(韓非)까지 사상의 맥을 짚어 전승되어 온 이론을 전개한다.

『윤문자』의 형명론 사상은 중국의 논리 사상사를 연구하는데 중요한 자료가 될 것이다. 언어의 지칭(指稱)성과 함의(含意) 등 관계에 대한 사고는 현재까지도 우리가 연구할 가치가 있는 내용이다.

글 내용은 우언(寓言)과 설리(說理, 이치와 논리를 위주로 한 문장 전개(展開)법)를 주로 하여 논리를 전개하는 방법을 취하고 있다. '백마비마'론 보다는 유명하지 않지만 논리 전개 방법을 이해하는데 적당한 자료임에는 틀림없다.

다음 두 가지로 『윤문자』의 내용을 요약, 정리해보자. 첫째는 「대도」 상하편 내용의 내용과 이것이 주는 교훈에 대해서이다.

우선 「대도」 상편을 보자. 대도는 구체적인 형상이 없다. 형상이 있는 사물은 모두 상응하는 명칭을 갖고 있다.

명칭은 객관 사물을 판정하는 근거가 된다. 객관사물을 판정하는 근거는 명칭에서 찾아야 하기 때문에 명칭은 잘못되면 안 된다. 그러므로 공자(孔子)는 '반드시 불합당(不合當)한 명분을 바로 잡아야 한다. 명분이 부정(不正)하면 말하기가 순조롭지 않다.'

대도로써 국가를 통치하려면 명가, 법가, 유가, 묵가의 학설은 자연히 폐기(廢棄)되어야 한다. 그리고 명가, 법가, 유가, 묵가의 학설로 국가를 통치하려면 대도를 멀리할 수는 없다. 노자(老子)는 '도는 만물의 근원이다. 도는 선인(善人)의 법보요 선하지 않은 사람도 가지려고 하는 것이다.'라고 하였다.

대도로 국가를 통치하려는 사람은 선인이라고 불리어진다. 명가, 법가, 유가, 묵가의 학설로 국가를 다스린다고 하는 사람은 선하지 않은 사람이라고 불린다. 선인과 불(不)선인 사이에 명위(名位)와 직분(職分)이 날로 분리(分離)가 되어 신중하게 이를 관찰하지 않으면 그들을 구별(區別)해내지 못할 것이다.

이름은 세 가지 종류가 있다. 법(法)에는 네 가지 표현이 있다. 이름(명, 名)의 세 가지 유형은 다음과 같다. 첫 번째 유형은 사물의 명칭이다...두 번째는 깎아 내리거나 칭찬하는 명칭으로 선, 악, 귀(貴), 천(賤) 등이다. 세 번째는 형용하는 명칭으로 현능(賢能), 우둔(愚鈍), 애모(愛慕), 증오(憎惡) 등이다.

법의 네 가지 표현은 첫째가 영원(永遠)불변(不變)의 법으로 군신관계, 상하관계 등이고 둘째가 교화(敎化)의 법으로 도덕품행 수양의 잘 함과 잘 못함, 풍속습관의 이동(異同) 등이며 셋째 민중을 다스리는 법으로 유공자(有功者)를 상주는 것, 범죄자(犯罪者)를 징벌(懲罰)하는 것 등이다.

넷째는 평준(平準)의 법으로 법규 제정, 도량형(度量衡) 통일 같은 것을 말한다. 사람들이 '좋은 소(호우, 好牛)'라고 말한다. 이 명분(名分)은 세심하게 관찰해야 한다. '좋은'은 사물의 통칭이고 '소'는 사물의 형체(形體)이다. 사물의 통칭으로 사물의 형체를 가린다면 영원히 끝이 없을 것이다.

예를 들어보자. '좋은 말'은 통칭의 '좋은'이 형체의 '말'과 서로 연계되어 있다. 그러면 '좋은'이 통용되는 범위는 어떠한 제한이 있는 것이 아니다. 예를 들어 '좋은 사람'이라고 하면 이 '좋은'의 이름은 또한 형체의 '사람'에 귀속(歸屬)된다. 그러나 '좋은'의 개념은 '사람'의 개념이 아니다. '사람'의 개념도 '좋은'의 개념이 아니다. 그러면 '좋은 소', '좋은 말', '좋은 사람'의 명분은 자연히 구분된다. 그러므로 명분은 상호 혼동될 수 없는 것이다.

「대도」 하의 내용을 보자.

인(仁), 의(義), 예(禮), 악(樂), 명(名), 법(法), 형(形), 상(賞)의 여덟 가지는 오제(五帝), 삼왕(三王)이 천하를 다스리는 방법이다. 그러므로 인(仁)으로 백성을 인도하고 의(義)로 백성을 적응시키며 예(禮)로 백성이 이를 시행하게 독촉하거나 악(樂)으로 백성의 성정(性情)을 조화롭게 하며 명(名)으로 정명(正名)이 부합하지 않고 명실(名實)이 서로 분리되는 현상을 규정(糾正)하며 법(法)으로 백성의 행위를 규범화하며 형벌로 백성을 위협하고 장상(奬賞)으로 백성을 격려(激勵)한다.

속담에 이런 말이 있다. '가장 악한 것은 자색(紫色)이 홍색(紅色)의 광채(光彩)를 빼앗아 가는 것이고 가장 증오(憎惡)스러운 일은 교언영색(巧言令色, 즉, 감언이설)으로 국가를 전복(顚覆)하는 일이다.' 이 말은 사람으로 하여금 두렵게 만든다. 그러나 어떤 사람은 일평생 동안 이 점을 인식하지 못한다. 국가의 위난(危難) 멸망이 연이어 올 것인데도 말이다.

노자(老子)는 이렇게 말한다. '청명(淸明)한 정치로 국가를 통치하고 권변(權變)의 기술(奇術)로 전쟁을 지휘하며 인민을 어지럽히지 않는 방법으로 천하를 탈취(奪取)한다.'

노자는 말한다. '백성은 죽기를 두려워하지 않는다. 왜 사망으로 그들을 위협할 수 있나?' 무릇 백성이 죽음을 두려워하지 않음은 형벌이 태감(太監)에 미치기 때문이다. 형벌이 태감에 미치면 백성의 생존은 보장받지 못한다. 백성의 생존이 보장 받지 못하면 군주의 위협도 초개(草芥)같이 여긴다. 형벌이 적당하다면 백성은 죽음을 두려워할 것이다.

백성이 죽음을 두려워한다면 그것은 백성이 살아 있다는 것이 즐거운 일이라는 것을 알기 때문이다. 백성이 살아 있는 것이 즐거운 일이라는 것을 안다면 군주는 형벌로 그들을 공갈할 수 있다. 이것이 군주가 장악할 치국(治國)의 방법이다, 또한 신하가 신중(愼重)히 처리해야 할 대사(大事)인 것이다.

둘째는 고사와 우언을 통한 윤문의 메시지의 전달이다. 윤문은 고사와 우언을 이용하여 인생과 도덕적인 철리(哲理)와 진리를 자연스레 선보이고 있는 논술 방법을 사용한다.

그 중에 특히 드러나는 교훈은 안개 속에서 꽃을 보는 듯한 몽롱(朦朧)하고 위선적인 속성을 지닌 것으로 파악한다. 「'도(道)', '명(名)'과 '형(形)' 등에 대한 인식이 바로 그것이다.

「대도」 하에 보면 책 속의 내용은 한 사람이 자신 아들에게 '도(盜)'와 '구(毆)'라는 이름을 지어 주었다는 내용이 수록되어 있다. 결과 그 아들이 매를 맞게 되었다는 고사를 싣고 있다. 이러한 식으로 옛날 사람의 도와 인생에 대한 또 다른 생각을 볼 수 있다. 마치 중요하지 않은 듯, 장난기 어린 우언을 통해 이러한 독특한 생각들을 나타내 보인다.

몇 가지 현대에도 적용할 수 있는 교훈들을 살펴보자.

첫째 「대도」 상에 기술된 우화부터 보면 송양공(宋襄公)의 인(仁)에 대한 고사가 실려 있다. 즉, 송양공이 군대를 통솔(統率)\하고 홍수(泓水)에서 초(楚)군과 전투를 벌이게 되었다. 공자(公子) 목이(目夷)가 말했다. '초국의 군대가 숫자가 많고 우리가 적

으니 군주께서 명령하시어 그들의 군대가 완전히 강을 건너기 전에 습격하도록 하시기 바랍니다.'

송양공이 대답한다.' 그렇게 할 수 없다. 인의(仁義)를 가진 군대는 전열(戰列)을 정비하지 않은 군대를 공격하지 않는다고 들었다. 내가 비록 망국인의 후예지만 당신 말을 좇아 할 수 없도다.' 그 결과 송국의 군대는 대패하여 초국인이 송양공을 포로로 잡았다. 송양공의 인은 쓸데없는 아량(雅量)을 베푼다는 말로 어리석음을 비웃는 의미를 띤다.

둘째, 「대도」 하에 실린 우화를 보자. 이름(명분)과 관련된 고사가 특히 주목을 받는다. 전술한 '도(盜)'의 얘기를 자세히 들어보자. 어느 시골 노인이 큰 아들에게 '도(盜)'라고 이름을 지어주고 작은 아들에게 '구(毆)', 즉, 구타(毆打)의 의미를 띠는 글자를 이름으로 지어 주었다.

하루는 도가 먼 길을 떠나게 되었다. 부친이 뒤에서 소리를 치며 따라 가며 그를 부른다. '도야! 도야!'(도둑이야! 라고 들림) 관리가 그 말을 듣고 도를 묶었다. 부친이 작은 아들보고 관리에게 자초지종을 잘 설명하라고 했다. 그러나 급한 나머지 말이 금방 되어 나오지 않았다. 그래서 '구야! 구야!'라고 부르는데 때려라! 때려라! 라고 들려 관리가 그를 잡아 거의 죽을 정도로 때렸다.

강구(康衢)는 연장자로 그의 노복(奴僕)에게 이름을 선박(善搏, 싸움을 잘한다의 뜻)이라고 지어 주었다. 그리고 그의 개에게 선서(善口筮, 잘 물어 뜯는다는 뜻)라고 지어 주었다. 그 결과 그 집의 문객(門客)이 삼년 동안 감히 그 집을 방문하지 않았다. 장자는 이상하게 생각하여 주위 사람들에게 물어 보았다. 주위 사람들은 실상을 그에게 말해 주었다. 비로소 그는 노복과 개의 이름을 바꿔 주었더니 빈객(賓客)이 그와 왕래(往來)를 다시 하였다.

셋째, 교감기(校勘記)에 나오는 고사 한편을 소개한다. 호랑이가 짐승을 잡아먹으려 하다가 여우를 잡았다. 여우가 말했다. 당신은 나를 잡아먹지 마시오. 천제(天帝)가 나에게 명령하여 백수(百獸)의 우두머리가 되기로 하였으니 나를 잡아먹으면 천제의 명령에 위배(違背)되는 일이오. 당신이 내 말을 못 믿겠거든 나를 앞세워 갑시다. 당신이 내 뒤를 따라 오시오. 백수(百獸)들이 나를 보고 도망가지 않나 잘 보시오.

호랑이는 그 말이 맞다고 생각했다. 곧 여우 뒤를 따라갔다. 짐승들이 보고는 모두 달아났다. 호랑이는 짐승들이 자기를 보고 달아나는 것을 몰랐다. 호랑이는 짐승들이 여우를 두려워하는 줄 알았던 것이다.

신자(愼子)

■ 제목:

신자(愼子)

■ 작자:

신도(愼到)(기원전 390-315년 경)

■ 출간 연대:

신도의 사후

■ 책 소개:

『신자』의 책 소개에 앞서 먼저 저자인 신도에 대해 간략히 소개한다. 신도는 전국 시대의 조(趙)국인으로 원래 도가사상을 배웠으나 도가로부터 분리되어 나온 법가의 대표인물이 되었다.

제(齊) 선(宣)왕(王), 제(齊) 민(泯)왕(王) 시기에 직하(稷下)에 유학(遊學)했다. 직하의 학궁(學宮)에서 다년간 가르치는 일을 담당했고 많은 학생들을 배출(輩出)하여 당시에 상당한 명성(名聲)을 얻고 있던 사상가였다.

직하에서 전병(田騈), 접자(接子)와 환연(環淵) 등과 비교적 교류가 많았다. 그들은 함께 제(齊)왕(王)으로부터 대부(大夫)로 임명되었으며 존경을 받는 신분이었다. 제왕은 특별히 그들을 위해 고층 건축을 지어주고 사통팔달(四通八達)의 도로를 건설해 주었다. 제 선왕 때 신도는 장기적으로 직하에서 강학(講學)하였고 법가 사상을 제국에 전파(傳播)하는데 공헌(貢獻)하였다.

『신자(愼子)』는 사마천(司馬遷)의 「사기(史記). 맹자(孟子)순경(荀卿)열전(列傳)」 의 십이론(十二論)의 이론을 소개하는 중에 한 항목을 차지한다. 서광(徐廣)의 주석(註釋)에 의하면 '오늘날 『신자』는 유향(劉向)이 편집한 것으로 41편이 있다.' 반고(班固)의 『한서(漢書).예문지(藝文志)』에 42편이 수록되어 있다. 송(宋)대의 『숭문총목(崇文總目)』에는 37편이 기록되어 있다.

그러나 현존하는 『신자』는 7편뿐이며 「위덕(威德)」, 「인순(因循)」, 「민잡(民雜)」, 「덕립(德立)」, 「군인(君人)」, 「지충(知忠)」과 「군신(君臣)」이 그것이다. 이로써 『신자』의 산실(散失)의 상황은 상당히 심하고 상당한 편인 것으로 보인다. 대부분이 이미 실전(失傳)되었다.

■ 역사 배경과 영향 등:

신도의 학설과 사상은 역사상 평가가 엇갈린다. 『장자(莊子). 천하(天下)편(篇)』에는 신도와 팽몽(彭蒙), 전병(田駢) 등을 같은 사상으로 본다. 장자는 이들 모두가 도가이며 공평하고 편을 가르지 않고 사심 없이 공정한 마음으로 옛날의 도술을 듣고 기뻐하는 사람으로 여긴다. 장자는 신도의 사상과 유사성이 많아 찬양성의 평가를 남긴다.

순자의 평가는 다르다. 순자는 『순자(荀子). 비십이자(非十二子)』에서 신도의 사상 학설을 다음과 같이 비평한다. '법을 숭상하나 무법이고 아랫사람들(피지배층)에게는 법을 적용하기가 쉽고 윗사람들(지배층)에게는 적용이 안 된다. 즉, 그들의 말에 달렸다. 일반 사람들에게는 습속에 따르게 된다.

하루 종일 성문법(成文法) 법전에 시달리게 된다. 법을 적용하려고 하면 어디에다 적용할지 모른다. 이것으로 국가를 경영(經營)하지 못한다. 법의 논리로는 민중을 우둔(愚鈍)하게 만들 뿐이다. 신자(신도)는 법에 가려 있어서(법만 의지해서) 현인(賢人)을 모른다. 신자는 본래 황노(黃老)술을 믿는 사람으로 형명(刑名)을 나중에 주장하게 되었고 현인을 중시하지 않는다. 현인(賢人)이 많다고 군주가 많을 리 없다. 현자(賢者)가 없다고 군주가 없을 리 없다. 법을 잘 이해한다면 현인이 없더라도 통치할 수 있다는 뜻은 현인을 기다려 천거(薦擧)할 법을 알지 못한다.

순자의 신도의 학설과 사상에 대한 비평의 요점은 군주와 대중에 영합하는 학설이라는 논단이다. 자세히 살펴보면 신도의 사상은 체계가 없고 주요 사상의 줄거리가 없는 것이어서 신도의 사상으로 국가를 통치한다는 것은 어렵다고 할 수 있다.

신도는 법을 강조한 나머지 인간의 작용과 능력 있는 사람의 작용을 경시하고 법으로 모든 일을 해결할 수 있다는 편협한 주장을 하게 된다. 그러나 그의 학설은 하나의 이론과 논리를 지니고 있는 것으로 볼 수 있다. 진한 이후 유가 학설이 유일한 정통사상으로 정해진 다음 신도의 학설은 철저한 비판에 직면하게 된다.

『한시외전(韓詩外傳)』에 다음과 같이 기술하고 있다. '세상의 어리석은 가식한 이론들이 교묘하게 천하를 어지럽히고 대중을 현혹시켜서 시비(是非)와 치란(治亂)에 대해 알지 못하게 한다. 범수(范雎), 위모(魏牟), 전문(田文), 신도(愼到), 전병(田駢), 묵적(墨翟), 등석(鄧析), 혜시(惠施)의 무리이다. 이 십자(十子)는 잡다(雜多)하고 방대(尨大)한 체계를 가지고 있다.

그러나 상고(上古) 시대를 본받지 않고 선왕(先王)을 본받지 않으며 자신의 창작을 위주로 하여 대도(大道)에 맞지 않고 미풍양속(美風良俗)에 맞지 않으며 법도에 맞지 않는다. 그러나 그 이론들이 모두 근거가 있고 논리가 있어서 족히 대중을 현혹시킬 수 있다. 소박한 민중을 교란(攪亂)시킨다. 이것이 십자의 죄이다.

객관적으로 보아 신도의 학설 중에는 확실히 현인을 경시하는 결점이 내재되어 있다. 법을 중시하는 논리와 자연에 순응하는 논리가 모순이 되어 통일된 논리를 찾기 어렵다. 그러나 노장(老莊)의 도학(道學)의 순수하고 자연 방임적이고 법치를 거부하는 태도를 피하고 법가의 절대적인 법치를 주장하고 자연을 따를 필요가 없다는 두 가지 극단을 예시하고 있다. 이러한 신도의 학설 함의는 그 이후의 법가에 계몽적인 의의를 제공해 주고 있다. 또한 법가의 창시자(創始者)라고 할 수 있다.

청(淸)대의 『사고전서(四庫全書)제요(提要)』에 이에 대한 평론(評論)으로 다음의 내용을 기술하고 있다. '신도의 책의 대지(大旨)는 물리적인 당연으로 인(因)하여 법으로 모든 것을 해결하는 태도를 취하고 있다. 법의 밖에서 구하지 않으며 법의 테두리 안에서 관대(寬大)하지 않다.

상하가 모두 평안하며 청정(淸淨)하게 통치할 수 있다. 법이 실시되지 못하는 곳에는 세(勢)로써 형(刑)벌로 다스려야 한다. 도덕(道德)을 형명(刑名)으로 바꾸어 통치의 무기로 사용하는 것은 신도와 한비자가 많이 언급한 내용이다.

■ 책 주요 내용:

선진(先秦) 번가 인물 중에서 신도, 신불해(申不害)와 상앙(商鞅)은 각기 '세(勢)', '술(術)'과 '법(法)'을 중시했다. 그러나 법치(法治)를 주장하는 기초 하에서 제시한 다른 관점을 나타냈다. '세'는 주로 권세(權勢)를 나타내며 신도는 군주가 법치를 실행하려면 반드시 권세를 중시해야 하며 이렇게 된다면 법규와 명령 등을 엄격하게 집행할 수 있다고 주장했다.

『신자』의 내용을 몇 가지로 요약, 귀납할 수 있다.

첫째, 신도는 백성은 군주의 정령(政令)에 복종해야 하며 군주가 하는 모든 일은 법에 의거하여 집행해야 한다고 주장한다. 입법권은 군주의 수중에 집중되어 있어야 한다. 각급(各級) 관리는 법률을 엄격히 준수해야 하고 집행해야 한다. 백성은 법령의 규정을 지켜야 한다. 법에 의거하여 모든 일이 이루어져야 한다.

신도는 이렇게 해야 법치가 실행되고 효력이 발생할 수 있다고 주장한다. 군주가 구체적으로 법을 집행하는 과정 중에서 신도는 법치를 제창하고 공평한 법 집행을 주장한다. 인치(人治)를 반대한다. 입법은 공공을 위한 것이어야 하고 입법이 개인적인 취지(趣旨)에서 실시되는 것을 반대한다.

신도의 말을 빌리면 '관(官)은 친척(親戚)을 봐주지 않고 공정하게 일을 처리해야 하고 법은 엄격하게 적용되어야 한다. 그래야만 지배층과 피지배층 상하 모두가 평안하게 지낼 수 있다. 이렇게 되는 것은 오로지 법으로 인해서 이다.' 신도는 법치가 인치보다 우월(優越)하다고 생각했다. 심지어는 악법(惡法)이 무법(無法)보다 낫다고 주장한다.

둘째, '세(勢)'를 중시하고 '무위(無爲)이치(而治)를 주장한다.' '세'를 중시하는 것은 법률을 중요시하는 것 때문이다. 군주는 권세를 장악하기만 하면 법률의 집행을 보증할 수 있다.

신도는 군주와 권세를 비룡(飛龍)과 운무(雲霧)로 각각 비유한다. 비룡은 운무가 있어야 비로소 높게 날 수 있다. 운무가 흩어지면 비룡도 지상의 지렁이인 것이다. 권세가 있으면 하(夏)의 걸(傑)과 같이 어리석고 난폭(亂暴)한 군주라고 할지라도 명령만 내리면 백성은 모두 잘 듣는다. 권세가 없으면 요(堯)와 같은 현덕(玄德)한 사람이라도 백성이 명령에 복종하지 않게 된다.

그러므로 신도는 유가(儒家)가 주장하는 '덕치(德治)'를 반대한다. 왜냐하면 '덕치'는 법률이 철저(徹底)하게 집행되는 것을 불가능하게 하기 때문이다. 이렇게 되면 폐단이 많이 일어난다. '무위니치(無爲而治)'는 신도와 신불해의 주장이 비슷하다. 단지 논술의 각도(角度)가 다르다.

신도는 국군(國君)이 무슨 일이라도 손수 한다면 피곤할 뿐 아니라 대신들이 방관(傍觀)하여 적극적으로 일을 하지 않고 일단

과실이 발생하면 대신은 책임(責任)을 군주에게 미룬다. 군신 간의 모순이 격화(激化)되면 심지어는 모반(謀反)과 찬탈(簒奪)이 출현할 가능성이 있는 것이다.

신도는 '군주가 법의 운용권을 쥐고 세(勢)를 가지고 있어야 한다.', '법제에 관한 책은 이로써 공의(公義)를 세운다.', '법은 천하의 소란(騷亂)을 잠재우는 무기이다.

지극히 공정하게 정해진 제도이다. 그러므로 지식이 좀 있다고 하는 사람들이 법을 어기고 맘대로 모사(謀事)할 수 없다. 변론(辯論)자는 법을 어기면서 맘대로 논의할 수 없다. 선비는 법에 위배하며 유명해 질 수 없으며 신하는 법에 위배하면서 공을 세울 수 없다. 내가 기뻐하거나 분노하거나 간에 이를 조절해주는 역할이 바로 법이다. 법이 없이는 불가능하다. 골육(骨肉)이 형(刑)을 받고 친척을 멸(滅)할 수 있는 것이 바로 법이고 법은 한시도 우리와 떨어질 수 없는 것이다.

법을 국가의 근본으로 보고 사회질서를 유지하고 윤리 도덕을 가능하게 하는 보증 역할을 한다.

신도는 법과 법치의 전제 군주 시대 하에서의 필수불가결한 역할을 강조한다. 법이 있으면 진정으로 법으로 국가를 다스릴 수 있어야 하고 그냥 진열(陳列)해 놓은 것이 아니다. 군주는 많은 말을 들을 필요가 없다. 오로지 법에 의해 득실(得失)을 따져 보면 될 것이다. 무법(無法)에서 나온 말은 듣지 않고 무법에서 나온 행동은 공을 세운 것이 아니며 법적 근거 없이 친척에 대해서는 관직을 주지 않는다.

어떠한 일이든지 법으로써 실행해야 하고 판단해야 하며 재정(裁定)해야 한다. 여기에 조금이라도 빈틈이 있으면 안 된다. 법은 여러 가지 작용을 한다. 그러므로 법이 비록 악법일지라도 무법보다는 낫다. 그러나 치국(治國)에 법이 없으면 혼란해진다. 종법이 변하지 않으면 쇠퇴하고 법이 있어도 사사로이 적용하면 불법(不法)이다. 법은 변화하여 시대에 순응해야 한다. 그렇지 않으면 법은 쇠퇴(衰退)하고 사망에 이르게 된다. 그러므로 군주의 책임 중의 하나는 변법(變法)에 있다.

표면적으로는 신도가 자연에 순응하고 청정(清淨)한 상태로 법치를 주장하는 것은 상호 모순된 사상 같이 보인다. 실제로는 신도의 사상은 법치의 기초 하에서 사물의 본성에 따라 자연에 순응하며 법도 자연 본성을 따라야 한다는 것이다. 신도의 사상이 이러한 의미에서 노장(老莊)의 도학(道學)과 법가의 종합임은 명백한 것이다.

포박자(抱朴子)

■ 제목:

포박자(抱朴子)

■ 작자:

갈홍(葛洪) (284-364년)

■ 출간 연대:

동진(東晋) 시대

■ 책 소개:

『포박자』는 전국(戰國) 이래의 신선가(神仙家)의 이론을 집대성한 저작이다. 본 저작으로 인하여 도교의 신선 이론 체계가 확립되었다. 또한 위백양(魏伯陽)의 진단(陳丹)이론을 계승했고 위진(魏晉) 연단술(煉丹術)을 완성시킨 고전으로 평가된다.

동진(東晋) 시대의 도가 이론 저작으로 진(晉)대 이전의 도교사 및 사상사에 대한 귀중한 사료로서의 연구의 가치가 있다. 저자인 갈홍은 양진(兩晉) 시대의 인물로 문학자이다. 단양(丹陽) 포용(包容, 오늘날의 강소성)인으로 사도(司徒) 왕도(王導)를 위해 주부(主簿)직을 맡았으며 산기상시(散騎常侍) 직에 임명되었으나 부임(赴任)하지 않았다. 후에 광주(廣州)로 가서 나부산(羅浮山)에서 연단을 수행(修行)했다.

■ 역사 배경과 영향 등:

갈홍의 정치주장은 서한(西漢)의 양유음법(陽儒陰法), 즉, 겉으로는 유가사상을 신봉(信奉)하고 속으로는 법가를 믿는 사상의 경향이나 태도와는 달리, 또 진(晉)대의 허위(虛僞)적인 명교(名敎)와도 다르다. 또한 선진(先秦) 법가의 치국(治國)의 방책(方策)과도 다른 점이 있다. 그는 유법(儒法), 즉, 유가와 법가를 병용(竝用)할 것을 주장하고 마음을 다스리는 것으로부터 시작하여 예악(禮樂)의 목적을 달성하려고 했다.

갈홍의 사상을 종합적으로 관찰하건데 갈홍의 사상 체계에 유가와 도가 사상이 상호 융합이 되어 있고 이 양자의 사상이 상호 보완하고 상호 완전하게 보충하는 역할을 한다는 점을 어렵지 않게 발견할 수 있다. 본질적으로 유가와 도가의 양자가 일치성을 가지고 있다.

갈홍은 『새난(塞難)』에서 다음과 같이 주장하고 있다. '양성(養性), 즉, 인성(人性)을 도야(陶冶)하는 일은 도(道)를 닦은 다음의 일이다. 예악(禮樂)은 유가의 말단(末端)과 같은 것이다. 그러므로 유가를 신봉하는 사람은 유가로써 풍속을 바꿀 수 있어야 한다고 생각한다. 단지 예절의 구체적인 것만을 중시해서는 안 된다고 생각한다. 그러므로 도가를 숭상하는 사람은 말없이 수양에 힘써야 한다. 양생의 일에만 매달리면 안 된다.

유가와 도가가 선후(先后)가 있다면 중니(仲尼), 즉, 공자는 하나만을 믿지 않을 것이고 노자는 하나의 사상만을 고집(固執)하지 않을 것이다.' 이러한 진술로 보아 유가와 도가의 일치성을 상세하게 논술하고 있다. 구체적인 주장이 다르게 보일 수도 있지만 사회 교화라는 점에서는 둘 다 없어서는 안 될 사상이다.

기실(其實) 『포박자』의 내용으로 보아 외편은 유가에 속하고 내편은 도가에 속한다. 이런 상황은 본래 갈홍이 유가와 도가를 겸용해서 수양해야 하고 상호 융합하는 주장을 주로 하고 있다.

그 외에 『포박자』에 많은 미학(美學)과 예술(藝術)의 신 견해가 많이 제시되어 있다. 유가 사상에서 출발하여 갈홍은 역사상의 자서(子書) 저작 들을 편애하고 시부(詩賦) 등 문학작품을 경시(輕視)한다. 옛날보다 현재가 발전한다는 역사 진화론의 사학관(史學觀)에 기초하여 오늘이 과거보다 낫다고 하는 문학관을 제시한다.

『균세(鈞世)』에서 갈홍은 '세월이 흐르면 세상도 바뀌는 것이 당연한 이치이다. 만약 주차(舟車)가 도보(徒步)를 대신하고 문묵(文墨)으로 결승(結繩, 글자를 필기할 때 새끼줄 등으로 묶는 형상으로 글자를 나타내는 원시 형태의 글자)을 대신하여 얼마나 진보했는가. 그 공적은 천만 배 좋아졌다고 할 수 있다.'고 주장한다.

또한 자신의 사상을 변화되는 세상의 이치와 병행하는 것으로 간주한다. '이러한 일은 너무 많다. 부지기수(不知其數)이다. 세상 사람 모두가 현재가 과거보다 나은지 아는데 어찌 글만 현재 것이 과거 것보다 못하단 말인가? 사회는 끊임없이 발전하는 것이다. 사회를 반영하는 문학도 변화에 따라 발전한다. 이로써 변화된 사회에 적응하려 한다.' 갈홍은 이에 결론을 내린다. 오늘날은 옛날보다 더 낫다.

『균세(鈞世)』에 수록된 구체적인 작품으로 금고(今古)를 비교한다. 동시에 갈홍은 문장 내용과 문사(文辭) 등 분야에 있어서 우열(優劣)이 많이 차이가 나는 이유는 작가의 품부(稟賦), 즉, 천부적 재능과 재기(才氣)에 따라 작품이 천차만별(千差萬別)의 차이가 있다고 본다.

작품이 호탕(浩蕩)하나 깊지 못하고 사정을 잘 묘사하고 있으나 표현이 지지부진(遲遲不進)하며 사물의 이치에 어두우나 글 솜씨가 뛰어나며 긴 문장은 널리 아는 사람의 것이 아니다. 갈홍은 작자의 재기와 청탁(淸濁)의 차이가 있고 강하고 미약(微弱)함의 차이가 있으며 그러므로 작품의 성취와 풍격(風格)은 천차만별(千差萬別)의 차이가 반드시 드러나기 마련이라고 주장한다.

재기(才氣)는 선천적인 품부(稟賦)에서 기원하는 것이다. 이러한 논단은 무단(武斷)적이고 주관적(主觀的)임을 면(免)치 못하지만 작품 창작에는 풍격과 재정(才情)의 관계 문제가 중요한 것으로 부각(浮刻)됨을 일깨워 주고 있는 문학 작품사와 이론 및 평론 부분의 중요한 저서이다.

■ 책 주요 내용:

『포박자』 「내편(內篇)」 20편은 주로 신선의 방약(方藥), 귀괴(鬼怪) 변화, 양생(養生) 연년(延年), 양재(禳災) 각병(却病) 등의 내용을 서술하고 있는 도가의 범주에 속하는 고전이다. 전체를 통틀어 관통하는 사상은 구체적으로 다음과 같이 개괄(概括)할 수 있다.

우주(宇宙) 본체론(本體論)에 대한 논술, 신선의 확실한 존재에 대한 논증(論證), 금단(金丹)과 선약(仙藥)의 제작 방법 및 그 응용에 대한 서술, 각종 방술(方術)의 학습과 응용에 대한 토론, 도경(道經)의 각종 서목(書目, 책 제목의 열거)에 대한 논술 및 세인(世人) 수련(修練)의 광범(廣範)성에 대한 설명 등으로 요약(要約)할 수 있다.

『포박자』 「외편(外篇)」 50편은 사회에서의 각종 사정(事情)을 주로 논술하고 있어서 유가(儒家)의 범주에 속하는 내용으로 구성되어 있다. 이로써 작자의 유가로부터 도가로 전이(轉移)하는 사상 발전의 궤적(軌跡)을 읽을 수 있다.

그 내용은 구체적으로 다음과 같이 개괄할 수 있다. 인간(人間) 득실(得失)에 대한 논의, 세속(世俗)에 대한 풍자(諷刺), 백성에 대한 통치의 방법, 세상사의 선악(善惡)과 득실(得失)에 대한 평론, 재능을 잘 갈고 닦아 쓰일 때를 기다리는 방법, 군주를 보필(輔弼)하는 방법, 군주가 어질고 능력 있는 인재를 등용하게 간(諫)하는 방법, 백성 사랑과 절제, 권력의 독점(獨占), 세속의 초탈(超脫) 및 수신(修身) 저서(著書) 등이다.

결론적으로 『포박자』는 현학(玄學)과 도교(道敎) 신학(神學), 방술(方術)과 금단(金丹), 단정(丹鼎)여부(與符 혹은 연부(煉符), 유학(儒學)과 선학(仙學)을 모두 하나의 체계로 귀납했다. 이로써 도교의 신선 이론 체계가 확립되었다.

갈홍의 관심은 신선이 되는 방법에 있었다. 그의 생각은 신선이 되려면 반드시 선행(善行)을 쌓아야 한다는 것이었다. 공덕(功德)을 세우고 자선(慈善)의 마음을 항상 지녀야 하는 것이었다.

『포박자』 중에 강조한 것은 사람이란 단순하게 방술(方術)을 수련(修煉)하는 것에서부터 시작하는 것은 안 된다는 점을 강조했다. 인생의 포부도 산림(山林)에 은둔(隱遁)하게 내버려 두지 않는 것이다. 진정으로 수련하여 신선이 되려면 세상에서 공(功)을 세워야 하고 수신(修身) 제가(齊家) 치국(治國)과 평천하(平天下)를 해야 한다.

현실 사회생활 중에 정신 해탈(解脫)과 육체가 비상(飛上)할 수 있게 수련해야 한다. 세상에서 정치를 하더라도 세속을 초월하여 성인(聖人)의 경지에 올라가도록 수양해야 한다.

갈홍은 주장한다. '상사(上士, 최고의 인성(人性)을 지닌 지식인)는 삼군(三軍, 즉, 속세의 권력)을 얻는 도를 닦고 중사(中士, 중간 정도의 인성을 지닌 지식인)는 도시(都市)에서 도를 깨우치며 하사(下士, 인성이 비교적 저급인 지식인)는 산림(山林)에서 득도(得道)한다.'고 주장한다.

갈홍은 보덕(保德, 덕을 보전함)하여 장생(長生)하고 치세(治世, 세상에서의 정치)하여 태평(太平)을 이룰 수가 있다고 말한다. 수련을 통해 장생을 획득할 수 있으며 신체를 상하지 않게 잘 보전하는 것이 최대의 효도(孝道)이다.

산해경(山海經)

■ **제목:**

산해경(山海經)

■ **작자:**

미상(未詳)

■ **출간 연대:**

미상(未詳)

■ **책 소개:**

선진(先秦) 고적(古籍) 중의 하나로 일반적인 고전의 성격과 사뭇 다른 내용과 체제를 가지고 있는 중국 문화와 역사 상 기서(奇書)로 불린다.

신화와 전설이 가득 들어 있는 가장 오래된 지리서이다. 주로 고대 지리, 물산(物産), 신화, 무술(巫術), 종교 등에 대해 기록하고 있다. 고사(古史), 의약(醫藥), 민속, 민족 등 분야의 내용도 수록되어 있다. 이 외에도 하나의 혹은 여러 사건이나 사물을 서술할 때 기교 없이 간단하게 선후(先後)를 기록하는 방식인 소위 유수장(流水帳) 방식으로 기괴한 사건들을 기재하고 있다.

이러한 사건들에 대해 아직까지도 비교적 논쟁이 많이 진행되고 있다. 『산해경』에 수록된 고사(故事) 중에서 가장 유명한 것들로 과부(夸父) 축일(逐日)(과부가 해를 좇다), 여왜(女媧) 보천(補天)여왜가 하늘을 떠받치다), 정위(精衛) 전해(塡海)(정위가 바다를 메우다) 곤우(鯀禹) 치수(治水)(곤과 우가 홍수를 다스리다) 등 중국 문화에서 유명한 신화와 전설의 주요 출전(出典)이 된다.

『산해경』 전서(全書, 책의 전체 내용)는 18편, 약 31,000자로 되어 있다. 공장산경(共藏山經) 5편, 해외경(海外經) 4편, 해내경(海內經) 5편, 대황경(大荒經) 4편으로 되어 있다. 『한서(漢書). 예문지(藝文志)』에는 13편으로 기록되어 있다.

대황경과 해내경을 산입(算入)하지 않았기 때문이다. 책 전체의 내용은 오장산경 5편과 해외경 4편을 1조(組)로 하고 해내경 4편을 1조로 하였으며 대황경 5편 및 책 마지막 편인 해내경 끝 편 1편을 1조로 하였다. 매 조의 조직 구조는 수미(首尾)를 갖췄으며 전후(前後)가 하나로 꿰맞춘 듯 일관되어 있고 강목(綱目)을 정해서 체계를 갖추었다.

오장산경의 1조는 남, 북, 동, 중의 방위에 따라 편을 나누었고 매 편은 또한 약간의 절로 나누었으며 전(前) 1절과 후 1절은 관련된 어구로 서로 호응하게 배치하여 편절(篇節) 사이의 관계를 매우 분명하게 한 것이 전체 책의 특징이다.

본 책은 시간에 따라서가 아니라 지역에 따라 사물을 일일이 기록하고 있다. 기록한 사물의 대부분은 남쪽에서부터 시작하여 서쪽으로 향하고 북쪽으로 향해서 최종적으로 대륙(즉, 구주, 九州) 중부에 도달한다. 구주의 주위는 동해, 서해, 남해와 북해로 포위(包圍)되어 있다.

고대 중국은 줄곧 『산해경』을 역사로 간주하여 중국 각 대(代) 사가(史家)의 필요(必要)불가결(不可缺)한 참고서로 간주(看做)하였다. 이 책이 완성된 시기가 비교적 고대이므로 사마천(司馬遷)이 『사기(史記)』를 집필할 때 '『우본기(禹本紀)』, 『산해경』에 나오는 모든 괴물을 전부 언급할 수 없다'고 말할 정도였다. 고대 역사. 지리, 문화, 중외(中外), 즉, 중국과 외국의 교통, 민속과 신화 등의 연구에 참고의 가치가 있는 고전이다.

■ 역사 배경과 영향 등:

『산해경』은 전국 초년(初年)부터 한(漢) 대 초년까지 다수의 작자가 집필한 내용을 집성(集成, 모아서)하여 편집한 고서(古書)이다. 작자는 대부분 초지(楚地)의 초(楚)인이다.

『산해경』은 신화를 그 주요 내용으로 하는 책으로 방대(尨大)한 범위를 포괄하고 있고 대량의 신화 자료를 보존한 것 외에도 학술 영역의 각 방면에 관련된 내용을 담고 있다. 종교학, 철학, 역사학, 민족학, 천문학, 지리학, 동물학, 식물학, 의약위생학 등의 범위가 여기에 포함된다. 내용이 천지 만물을 모두 포괄하는 것이므로 고대 당시 생활에 대한 일용 백과전서(百科全書)라고 할 수 있다.

「오장산경(五臟山經)」의 각 경(經)의 후반부에는 대량으로 신에게 제사지내는데 사용하는 동물과 물건, 수탉, 개, 목양(牧羊), 규(圭), 벽(璧), 장(璋), 서(糈) 등이 묘사되어 있다. 그리고 '서(糈)'자 같은 경우 각 경(經) 중에 가장 많이 보인다.

'서(糈)는 정미(精米)로 신에게 제사지내는데 쓰인다.' 무사(巫師)가 정미로 제사를 지내는 것을 말한다. 『산해경』에서 제사 지내는 물건 중에 서(糈)가 많이 쓰인다. 또한 의약, 주금(咒禁), 신괴(神怪) 등에 대해 서술하고 있다. 그러므로 노신(魯迅)이 『중국소설사략(中國小說史略)』에서 '(산해경)은 옛날의 무서(巫書)이다.'라고 한 마디로 『산해경』의 성격을 표현하고 있는 것이다.

『산해경』은 전국 시대의 40여 개 방국(方國)에 대해 기록하고 있다. 그 외에도 550 곳 산, 300곳 수도(水道), 100 여 역사 인물 등이 등장하고 있고 특이한 동물 400 여 종류가 출현한다. 그러므로 지리지(地理志), 민족지, 방물(方物)지, 민속지를 한데 엮어 놓은 것으로 볼 수 있으며 무술(巫術)과 대량의 원시 신화를 이 한 권의 저서에 종합하여 수록하고 있다.

『산해경』은 1인의 저작이 결코 아니라 집단 창조의 소산(所産)이다. 그 내용이 광범하여 민간의 개인이 결코 집필할 수 없는 성격이다. 씨족 부락의 지도 집단도 책의 일부분을 편찬했을 뿐이다.

고대의 지역, 교통 조건의 제한으로 인하여 한 부락이 각 상황을 이해할 수 있다는 것은 불가능하다.

그러므로 무사(巫師)의 구전(口傳)으로 그 내용이 누적되어 후세에 통일이 되었을 때 그 내용을 정리하고 편집하여 책으로 엮어 내고 하였다. 조기(早期) 무사의 직책(職責)이 그들 문화지식의 구조를 결정했다. 천문, 지리, 역사, 종교, 생물, 의약, 제왕(帝王) 세계(世系) 및 중요한 기술 발명 등이 모두 혼재(混在)되어 수록되어 있어 매우 복잡한 내용의 양상을 보이고 있다.

『산해경』에 출현하는 산, 수(水), 민족, 동물, 식물, 광물, 약물 등은 대부분이 특이하고 희귀한 것인 외에도 일부분은 항상 보이는 것이다.

그러나 특이하고 괴이한 것이든 일상적인 것이든 모두 고대 역사, 지리와 풍속의 한 측면을 예시하는 것이라 할 수 있다. 그러므로 고대의 산천 지리, 민속 풍물, 기괴한 짐승, 신선 마귀, 금옥(金玉) 진보(珍寶), 자연 광물, 신화 고사를 이해하기 위해서는 불가불 『산해경』을 일독(一讀)하지 않을 수 없다.

『산해경』에 보존된 중국인에게 익숙한 '정위가 바다를 메우다', '과부가 해를 좇다.', '예(羿)가 아홉 해를 활로 맞추다', '우설이 홍수를 다스리다', '공공(共工)이 노하여 불주산(不周山)을 건드리다' 등의 여러 신화와 전설은 중국인들의 문화와 역사, 자연환경과의 조화와 모순의 생활사를 반영하는 것이다. 환상적인 형식으로 자연과의 모순을 반영하고 인간의 자연 속에서의 삶의 의지를 다시 확인하여 주는 고무적인 역할을 해 준다.

매일 태양이 떠오르고 지며 달이 매월 차고 기울며 일 년 사계절의 한서(寒暑)의 변화 등 자연계와 관련 있는 변화 등에 대한 기술은 상고(上古)인에게 자연 현상에 대한 해석을 하기 위해 창작된 것으로 더욱 중요한 점은 인간에게 탐색(探索)의 용기를 주었다는 점이다.

■ **책 주요 내용:**

다음 몇 가지로 『산해경』의 주요 내용을 정리할 수 있을 것이다. 첫째, 술도(述圖)에 대한 책이다. 2000천 년(千年) 이전의 전국 시대에 '산해도(山海圖)'가 세상에 유행했었다. 『해경(海經)』 부분은 그림이 먼저 배치(配置)되어 있고 그 다음에 글이 설명되어 있는 형식을 취하고 있다. 그러므로 '그림으로 서사(敍事)하는' 서술 방식을 띠고 있다.

적어도 전국 시대에 이미 일종의 '문화형식'이 형성되었는데 이로써 관련 학자들은 『산해경』의 모본(母本), 즉, 원본은 그림이 있었을 것으로 추정한다. 책이 일부분의 그림에 의거하여 글이 있는 형식을 취하고 있을 것이라는 가정이다. 고도(古圖), 즉, 옛날의 그림은 없어지고 문자만 남아 유전(流轉)되어 전승되어 내려오고 있는 것이다. 이것이 우리가 현재 보고 있는 『산해경』이다.

또 한 가지 『산해경』의 중요한 특색은 황당하고 신화적인 색채에 있다. 이것은 『산해경』의 특수한 내력(來歷)과 관계있는 것으로 추측한다. 이러한 특징은 고대 문헌 중에 유일한 것이다. 간단히 말해서 이 책은 술도(述圖)를 나타내는 저작이다. 즉, 오늘날 우리가 보는 『해경(海經)』은 먼저 그림이 나오고 그 다음 책이 나오는 순서로 구성이 되어 있다.

책 중의 내용은 1폭의 그림에 내용을 담은 설명으로 배치되어 있다. 『산해경』 중의 구성은 정태(靜態)적인 각화(刻畫)를 많이 갖고 있고 동태(動態)적인 서술을 적게 배치하고 있다. 공간적인 방위(方位)를 다수 기록하고 시간적인 진전 과정은 적게 배치한다. 이것을 '술도'라고 하고 그 특징이 일목요연(一目瞭然)하게 드러난다.

기실 옛날 사람은 이러한 특징을 알아차렸다. 가장 일찍 이러한 특징을 알아 낸 사람은 송(宋) 대의 주희(朱熹)였다. 그러나 여기에 옛날 사람들의 오해(誤解)가 있었다. 즉, 『산해경』 전체, 즉, 『산경(山經)』을 포함하여 전체 저작의 내용은 모두가 술도(術道)로 되어 있었다. 실제적으로 『산경(山經)』과 같이 만물을 포괄하는 박물학(博物學) 지식은 그림으로 그려낼 수 없는 것이었다.

하물며 수많은 동물의 소리, 습성 등을 어떻게 기재할 수 있었겠는가? 이러한 내용은 또한 어떻게 도화(圖畫)로 표현할 수 있었겠는가? 옛날 시대에 이미 현재와 같은 매체 기술이 있었다면 몰라도 말이다. 그러나 『해경(海經)』에 나타난 도화는 일찍이 없어져버렸다. 오늘날 우리가 보는 『산해경』 중의 삽화는 기괴하고 눈요기 감으로 휘황찬란한 그림들로 후대 사람들이 책 중의 내용으로 상상해서 보충해 놓은 것이다. 우리가 말하는 옛날 그림과는 완전히 다른 이야기이다.

둘째, 『산해경』에 다량의 원고(遠古) 시대의 사료(史料)를 보존하고 있다. 『산해경』의 '황당하고 불경(不經)한' 내용으로 인하여 중국 고대사의 경전인 『상서(尙書)』의 내용마저도 뛰어

넘는 파격(破格)을 선보인다. 중국 상고사(上古史)가 염황이제(炎黃二帝)로부터 시작한다는 정설(定說)아닌 정설을 파괴한다. 이러한 원인에는 『산해경』의 완성 과정에 대한 추측과 관련이 있다.

예를 들어 「산해동경」에 공충(工蟲)이 북쪽에 있고 머리가 둘이다. 하나는 군자국(君子國) 북쪽에 있었다. 『산해경』에 의하면 그림이 먼저 배치되고 그 다음에 글자가 있는 책 집필 과정에 의거하여 추측하건데 「산해경도(山海經圖)」에 군자국의 북쪽에 무지개(채홍, 彩虹)의 홍(虹) 자가 그려져 있었다. 이로 보아 그 지역에서는 항상 무지개를 볼 수 있었던 것이다. 당시의 도상(圖像)문자는 갑골문과 유사한 홍자였을 것이다. 무지개의 도상으로 양끝에 머리를 달고 있다.

후대인이 『산해경도』에 의거하여 『산해경』을 저술할 때 시간은 이미 몇 백 년을 초과하였고 저자는 문학가였을 것으로 보이지는 않는다. 이 때 무지개의 홍자는 이미 '공충(工虫)'의 모습으로 변해 있고 그러므로 무지개를 '공충'으로 묘사하고 있다.

그리고 뜻을 만들어내어 '각기 머리가 둘이다'라고 묘사한다. 후대 사람들이 알아차릴 수 없었던 것은 도대체 서술하는 것이 하늘가의 무지개인가 아니면 머리가 둘 달린 괴물인가 하는 점이었다. 그러므로 사마천 마저도 '나는 감히 언급할 수 없다'고 신중하게 말했던 것이다.

셋째, 『산해경』은 동방(東方)의 이족(夷族)과 관련 있다. 제준(帝俊)은 중국 고대 신화에서 신비한 신성(神性) 인물이다. 그의 사적(事迹)은 정사(正史)에 기록되어 있지 않고 제자(諸子)에도 전기(傳記)가 수록되어 있지 않다. 오로지 『산해경』에만 보인다. 특히 '대황(大荒)', '해내(海內)'의 양(兩) 경(經) 중에 기재되어있다.

신계(神系)의 연원과 맥락을 연구하면 제준이 염제(炎帝)의 세계(世系)에 속하지도 않고 황제(黃帝)의 세계에도 속하지 않았음을 알 수 있다. 염과 황 양대 신계와 병존하는 제3신계(神系)임을 알 수 있다. 제준의 중국 고대 제신(諸神) 중의 지위는 오늘날 여러 가지 설이 많으나 일반적으로 제준은 상고 시대 동방 민족은 조상신으로 인식하고 있다. 이러한 이론은 학자들 사이에서 일치된 견해를 나타낸다. 왜냐하면 『산해경』에 기재된 제준의 활동 지역과 그 자손의 국가도 대부분이 동방에 위치하고 있기 때문이다.

제준이란 인물은 『산해경』 안에서 혁혁(赫赫)한 인물이다. 그를 기록한 사건이 적어도 16회가 나오고 이러한 유래가 드문 16회라는 언급 횟수는 다음의 몇 가지를 표시하는 것이기도 하다.

첫째는 제준이 동서남북 그의 활약이 안 미친 데가 없다. 둘째는 고대의 중요한 대발명은 거의 전부 그의 자손에 의해 이루어졌다. 셋째는 희(姬)성(姓), 강(姜)성과 요(姚)성을 포함하여 수많은 씨족이 모두 그로부터 분가해 나왔다. 넷째는 태양은 그의 아들이다. 달은 그의 딸이다. 그의 아래(부하)에는 '인면(人面), 즉, 사람 얼굴, 개의 귀, 짐승 몸, 청 뱀으로 귀걸이를 한 신인(神人)과 오채(五彩)의 새인 하우(下友)가 있었다.

넷째, 『산해경』이 지금까지 전해져 내려온 형식을 보면 「산경」과 「해경」이 각각 하나의 체계를 가지고 있고 「해경」은 또 두 조(組)로 나뉜다. 한 조는 「해외사경」과 「해내사경」이고 다른 한 조는 「대황사경」과 「해내경」이다. 이 양조의 기록은 대략 같다. 그들은 일종의 도화(圖畵)로 설명서를 삼았다. 그러므로 한 사물의 두 가지 기록이라고 할 수 있다. 현대의 관련 연구는 이 점에 동의한다.

다섯째, 『산해경』의 지리 묘사의 순서와 현실의 순서는 다르다. 『산해경』의 순서는 남, 서, 북, 동으로 되어 있어 이것이 고대인의 '천남지북(天南地北)'의 습속과 관련이 있는 것으로 본다. 곧 고(古) 『산해경』과 현재의 지리도(地理圖)는 방위(方位)가 다르다. 『해외동경』의 탕곡(湯谷) 지망(地望, 씨족이 위치한 지역)을 예로 들면 '흑치국(黑齒國)이 그 북쪽에 있고 사람들이 흑인(黑人)이다.(검다) 쌀을 주식으로 하고 뱀을 식용한다. 붉고 푸른 뱀이 사람 옆에 있다. 한 사람은 수해(竪亥) 북쪽에 있고 사람 머리가 검다. 쌀을 먹으며 뱀을 부린다. 그 중 한 뱀은 적색(赤色)이다.'

이러한 기재 내용으로 보아 『산해경도』에 흑치국은 그림의 상방(上方)(남방)에 있고 탕곡은 흑치국의 하방(下方)(북방)에 있다. 이것이 『산해경』의 지명에 방향 상의 좌표를 고증하여 제공해 주는 것이다.

시자(尸子)

■ 제목:

시자(尸子)

■ 작자:

시자, 즉, 시교(尸佼)(기원전 390-330년 경)

■ 출간 연대:

선진(先秦)

■ 책 소개:

『시자(尸子)』는 선진(先秦) 잡가(雜家)의 저작으로 『한서(漢書). 예문지(藝文志)』에 『시자』 20편이 있다고 기록되어 있고 잡가로 분류하고 있다. 반고(班固)의 주석(註釋)에는 시자를 다음과 같이 기술한다. '이름이 교(佼)이고 노(魯)국인이라고도 하나 일반적으로 그를 위(魏)국인으로 본다.

유향(劉向)은 그를 진(晉)국인으로 기술한다. 진(秦) 국 재상인 상군(商君), 즉, 상앙(商鞅)과의 관계가 깊다. 상앙의 식객(食客)으로 시교는 상앙을 위해 여러 가지 계교(計較)를 낸 바 있다. 상앙의 국가 입법과 백성에 대한 정치에 대한 일은 모두 시교와 상의(商議)했다고 한다.

'대우(大禹)가 홍수를 다스리기 위해 장례의 방법을 제정했다. 효도를 하는데 몸을 상하거나 심지어는 지팡이를 짚을 정도로 몸을 지탱(支撑)하지 못하게 부모의 장례를 3년 상을 치르면 안 된다. 그렇게 하면 수재(水災)를 극복할 수 없을 것이다. 그러므로 산(山)능(陵)에서 죽으면 산능에 묻고 수택(手澤)에서 죽으면 수택에 묻고 삼촌(三寸)되는 오동나무 관으로 안장(安葬)한다. 3일장이면 족하다.'

이것은 절장(節葬), 즉, 장례 간소화의 방침으로 묵자(墨子)의 주장에서 본받은 것이다. 비악(非樂), 즉, 음악을 인간 정신의 도야(陶冶)를 위한 도구가 아닌 사치(奢侈)로 보는 음악의 기능에 대한 반대의 입장을 밝힌 것도 묵자와 의견을 같이 한다.

그러나 유가(儒家) 사상에 대한 내용이 주를 이루고 있다. 특히 백성의 중요성은 통치자에게 중요성을 가진다는 주장이 시교 사상의 중요한 정치 이론이다. 시교는 공자의 제자 자하(子夏)의 이론을 빌려 '고기가 물이 없으면 죽고 물은 고기를 잃어도 여전히 존재한다.'는 민심(民心)의 중요성을 강조한다. 또한 '천자(天子)는 백성을 잃으면 멸망하고 제후는 백성을 잃으면 망하게 된다.'는 등의 백성의 국가 안정과 공고화에 관건(關鍵)적인 역할을 수행함을 밝히고 있다.

둘째, 국정(國政)의 중요성을 강조한다. 통치자가 나라의 정사(政事)를 잘 처리하는 것이 가장 중요한 임무이다. 시교는 말한다. '군주가 진(晉)국의 국정을 잘 하지 못해 내적으로는 대부의 마음을 잃고 밖으로는 백성의 마음을 잃는다.', '천자는 천하가 (곧 백성의) 마음을 얻어야 하는 것이 가장 중요한 사명이다. 군주의 마

음이 부당(不當)하면 천하는 난리에 빠진다.'

또한 시교는 농노(農奴)를 주요 노동력으로 하는 개체 경제를 발전시킬 것을 강조했다. '천하의 모든 남자들은 농사를 지어 밥을 먹게 하고 부인은 옷을 지어 입게 한다.' 이로써 농노(農奴)의 생활을 개선하고자 하는 목적을 가진다.

『시자』에는 일관되게 유가 사상적인 의미에서의 민중의 중요성을 강조한다. '차가 가볍고 길이 가까우면 채찍이 필요 없다. 채찍이 필요한 이유는 길이 멀고 사명이 막중(莫重)하기 때문이다.' 그러나 시교는 형벌의 남용에 반대했다. '형(刑), 즉, 형벌은 교(敎), 즉, 교화(敎化)로 보충하여 불복종하는 백성을 복종시킨다.' 통치자가 형벌을 사용하는 이유는 '백성에게 형벌을 부과하는 것이 좋아서가 아니다. 부득이한 조치일 뿐이다. 형벌로써 개선하고자 하는 목적이다.'고 주장한다.

셋째, 권학(勸學), 즉, 교육을 고취하고 교화(敎化)를 강조한다. 교자는 교육의 힘이 통치자에게 백성(百姓)을 다스리는데 가장 중요한 원동력임을 강조한다. '군주는 항상 배우는 것을 게을리 하지 말아야 백성을 다스릴 수 있다. 교화하는 일을 게을리 하지 말아야 백성을 다스릴 수 있는 것이다.', '천하에 난리를 일으키는 사람이 없었던 것이 아니다. 요순(堯舜)의 도로 사람들을 교화시킬 수 있다.'

조금도 동요되지 않고 수양하여 의(義)를 행하며 충효(忠孝)를 실천하며 선인(善人)과 현인(賢人)을 중용하는 것이 요구된다. 군주는 이 뿐만 아니라 쉼 없이 학습해야 한다. 이러한 시교의 사상은 적극적인 의의와 합리적인 요소를 갖고 있어 후일 순자(荀子)의 '권학(勸學)'사상에 선도(先導)의 역할을 담당했다.

넷째, 사인(邪人)과 사욕(私慾)을 제거한다. 시교는 사회의 동란(動亂)은 '사인(私人)', 즉, 사악한 인물이 만들어 내는 것이라고 판단한다. 인간이 악을 행하는 이유는 '사욕(私慾)'을 갖고 있기 때문이다. 그러므로 '사인(私人)'을 제거하면 '사욕(私慾)'을 제거하게 되는 것이다.

『시자』에 이에 관해 다음과 같이 주장한다. '나라가 혼란해지면 사인을 잡아 제거해야 한다. 그러면 국가가 안정될 것이다. 마음 속에 난리를 일으킬 마음을 가지고 있으면 그 사욕을 제거하면 덕(德)이 바로 설 것이다.', '눈으로 보아 아름다운 것인데 마음에 불의(不義)가 되면 보지 말고 입에 단 것이나 마음에 의(義)가 아닌 것은 감히 먹지 말며 귀에 즐거우나 마음에 옳지 않은 것은 감히 듣지 말고 몸에 편안하나 마음에 옳지 않다고 생각되는 것은 감히 입지 말라. 그렇게 하면 천하에 명령을 내리면 실행해 옮겨지며 금지하면 하지 않는 것이 바로 마음의 작용 때문이다.'

'그러므로 마음은 몸의 군주이며 천자는 천하를 다스릴 때 마음의 명령을 받으며 마음이 정당하지 않으면 천하가 어지러워진다. 제후는 나라를 다스릴 때 마음의 명령을 받으며 마음이 정당하지 못하면 나라가 혼란에 빠진다.'

'필부(匹夫)는 자신의 신체를 다스릴 때 마음의 지배를 받으며 마음이 깨끗하지 못하면 몸이 죽임을 당한다.'고 하여 인간의 직분인 군주, 제후 및 일반 백성에 이르기까지 올바르고 정당한 마음을 가져야 천하, 국가와 개인이 바로 선다고 하였다.

다섯째, 마음의 작용이 중요하다. 마음이 발라야 된다. 시교의 논리에 따르면 정치는 군주의 마음의 작용이 가장 중요하다. 그 다음 대부, 그리고 필부(백성)의 마음이 모두 발라야(정, 正) 바른 마음으로 세상을 다스리고 자신의 본분(本分)에 충실(充實)하게 된다.

만약 마음이 바르지 못하면(불의, 不義) 눈, 입, 귀와 몸 등 감각기관의 부정당한 욕망을 제지하지 못한다. 시교는 그러므로 마음의 역할이 그의 정치사상의 핵심을 이루고 있다고 강조한다. '마음은 몸의 군주이다. 천자부터 필부에 이르기까지 모두 이 몸으로 마음의 명령을 받는다. 마음이 부정(不正)하면 천하가 화(禍)를 당하게 된다. 혹은 몸이 살육(殺戮) 당하게 된다.

시교는 마음이 모든 만물을 주재(主宰)하는 핵심 역량으로 강조한다. '신(神)이 만물의 시작이다. 또한 만물의 기초(기, 紀)이다.', 그러므로 '신을 잘 다스리면 일은 쉽고 공(功)은 배가 된다. 그러므로 덕의(德義)로 심신(心神)을 다스리는 것이 가장 근본적인 일이다.'

시교의 이러한 사상은 맹자(孟子)의 '정기(正己)', '수신(修身)' 등과 '마음이 능히 이목구비(耳目口鼻)의 감각기관이 물(物)에 가리어지게 된다.', 와 '만물은 모두 나에게 구비되어 있다.' 등의 이론과 일맥상통하는 주관적 유심주의(唯心主義)의 선구자(先驅者)격인 이론의 위상을 점하고 있다.

시교의 상술(上述)한 이론은 '권학', '덕의' 같은 개념들을 포함하여 당시의 실제 상황에 근거하여 완성된 것이다. 농민의 반란으로 사회의 모순이 격화되고 계급의 모순을 완화하기 위해 또한 국가정권을 공고하게 하기 위해 시교는 통치자에게 충심어린 간언(諫言)을 하는 것을 그의 사상의 주된 존재의 근거로 여기고 있다.

'선왕(先王)의 술수(術數)를 잘 이해하고 이를 수양으로 삼아 화난(禍難)의 뿌리를 제거하고 천하의 장부(丈夫)로 하여금 농사를 열심히 지어 안정된 생활을 할 수 있게 하며 부인은 방직을 하여 옷을 지어 입게 한다.' '통치자가 선정(善政)을 실행하여 백성을 잘 돌보아주고 백성으로 하여금 자신의 직분을 잘 수행하도록 한다.

자신의 생업에 잘 종사하게 하고 기본 소비생활을 잘 하도록 한다. 그러면 백성은 반항하려 하지 않을 것이고 살육을 면할 것이다. 그러면 통치자도 화환(禍患)을 제거할 수 있게 될 것이다. 이렇게 하면 사회가 부유하게 되고 만물이 잘 자라나게 하고 천하의 재물을 늘려 이익이 되게 하니 좋은 일이다.'

여섯째, 천하를 다스리는 근본 방법으로 시교는 '명분(名分)을 세우는 것(원어로 심, 審, 즉, 심사하는 것)을 주장한다.' 명분이라는 것은 성인이 이를 심사(審查)하는 것이다. 그러므로 명분을 심사하기 때문에 군신(君臣)은 모두 자신의 지력(智力)을 다하지 않을 수 없다. 천하가 다스려지려면 명분이 바로잡히도록 해야 하며 시비를 잘 판별(判別)해야 한다.

명분을 시교는 '하나(일, 一)'라고 보았다. 명분을 바로 세우면 만사가 성공할 수 있다. 명분을 바로 잡으면 만사가 이치에 맞는다. 명실(名實)은 둘로 나눌 수 있으나 합하면 하나가 된다. 시비(是非)는 명분에 따라서 판단할 수 있고 상벌(賞罰)은 시비에 따라 판단할 수 있다. 옳으면(시, 是) 상을 주고 그르면(비, 非) 벌을 준다. 독단(獨斷)적 이었던 인군(人君)이 명군(明君)이 된다.

시교는 명분을 심사하여 판정하면 만사가 이치에 들어맞게 되고 시비를 판단할 수 있게 되며 상벌이 분명하여 인군이 명군이 된다고 주장한다.

'분(分)'과 '치(治)'의 관계는 무엇인가? 『시자』에서 이에 대해 설명한다. '천지가 만물을 낳고 성인이 이를 잘 양육한다. 만물에 따라 명분을 제정하고 일에 따라 관직을 만든다. 군신과 부자, 상하와 장유(長幼), 귀천(貴賤)과 친소(親疎) 등은 모두 명분을 얻으면 잘 다스려지고 백성에 대한 사랑이 명분을 얻으면 인(仁)이 되며 시혜(施惠)가 명분을 얻으면 의(義)가 된다.

염려가 명분을 얻으면 지(智)가 되고 행동이 명분을 얻으면 달(達)이 된다. 발언(發言)이 명분을 얻으며 신(信)이 되고 모두 이렇게 명분을 얻으면 그 다음에는 인간이 원만(圓滿)해진다. 명왕(明王), 즉, 명군의 백성 다스림에는 수고를 적게 하고 공을 세운다. 신체가 평안해지면 국가가 통치되어진다.

여섯째, 현(賢)을 들 수 있다. 시교는 '현'의 중요성을 강조한다. '현'이란 현인(賢人)을 등용하는 것을 말한다. '우(虞)가 천하를 다스릴 때는 선(善)을 실현시켰고 은(殷)주(周)가 천하를 다스릴 때는 인재를 등용(登用)했다. 현인이 많아 이를 등용하면 우(虞) 같은 성덕(盛德)을 누리게 된다.'

『시자』의 명분 심의(審議)의 이론은 순자(荀子), 한비(韓非), 도가의 사상들에 일맥상통(一脈相通)하는 영향을 미쳤다.

종합해 보건데 『시자』는 각(各) 가(家) 학설을 종합하여 이를 자신의 이론화 시킨 것이다. 『시자. 광택(廣澤)』은 시교의 학술 사론을 표명(表明)한 것이다. 각 가의 융화(融和)와 통용(通用)을 통해 각 가의 종합을 주장한다. 시교 자신의 각 가에 대한 종합을 보자. '묵자(墨子)는 겸애(兼愛)를 중시하고 황자(皇子)는 충(衷)을 중시하며 전자(田子)는 균(均)을 중시하고 열자(列子)는 (虛)를 중시하며 요자(料子)는 별유(別囿)를 중시하며 그 근원이 서로 상이한 것은 오래되었다.(수세, 數世)가 되었다)'

국어(國語)

■ **제목:**

국어(國語)

■ **작자:**

미상(未詳)

■ **출간 연대:**

전국 시대

■ **책 소개:**

중국 최초의 국별(國別) 역사의 저작이다. 주(周) 조(朝) 왕실과 노(魯)국, 제(齊)국, 진(晉)국, 정(鄭)국, 초(楚)국, 오(吳)국과 월(越)국 등 여덟 제후(諸侯)국의 역사를 기록한 것이다. 주(周) 목왕(穆王) 12년(기원전 990년)과 서쪽의 견융(犬戎)을 정벌한 때인 기원전 947년까지부터 지백(智伯)의 멸망인 기원전 453년까지의 500여 년 간의 역사 범위를 포함하고 있다.

책의 내용은 주로 제후국 각국 귀족 간의 조빙(朝聘, 제후가 천자를 알현하는 예의 제도), 풍간(諷諫, 풍자적인 간언, 諫言), 변설(辯說, 논쟁적인 언설, 言說), 응대(應對)하는 언사(言辭)와 역사적인 사건 및 전설 등의 내용을 담고 있다.

그 체제는 「주어(周語)」 3권, 「노어(魯語)」 2권, 「제어(齊語)」 1권, 「진어(晉語)」 9권, 「정어(鄭語)」 1권, 「초어(楚語)」 2권, 「오어(吳語)」 1권과 「월어(越語)」 2권 등 총 21권으로 7만여 자(字)로 구성되어 있다. 각 어(語) 순서의 배열은 주(周) 왕실(王室)과 각 제후국 간의 친소(親疎) 관계를 드러내주고 있다.

노(魯), 제(齊),와 정(鄭)을 앞에 배열하고 이 네 제후국과 주(周)와의 친밀 관계를 예시해주고 있으며 편찬자가 제(諸) 하(夏), 즉, 중원(中原)의 제후국 들을 중시하는 태도가 나타난다. 초(楚), 오(吳)와 월(越)을 뒤에 배치하여 이 세 제후국과 주가 소원(疏遠)한 관계임을 보여주고 있다. 또한 변원(邊遠), 즉, 변방(邊方)의 멀리 떨어져 있는 소수민족 제후국 들인 이적(夷狄)을 경시하는 태도를 보이고 있다. 이것이 춘추(春秋)와 전국 시대 초기의 시대 관점이고 민족과 문화에 대한 개념이 형성되기 시작한 것이다.

『국어』 의 독특한 역사 기술 방식은 각 국가에 대한 사건을 국가 별로 기술하는 '국별사(國別史)'의 양식을 중국 역사서 상 최초로 시도한 것이다. 이것이 선례(先例)가 되어 이후 중국 역사책 기술에 상당한 영향을 미쳤다. 진수(陳壽)의 『삼국지(三國志)』 등이 본 『국어』 에서 그 체제를 모방하여 기술한 것이다.

『국어』 의 여덟 제후국에 대한 역사 기록은 체계적으로 기술된 것은 아니다. 그리고 전면적(全面的)인 기술이 아닌 중점적으로 몇 몇의 역사 사건과 인물을 기록하고 있다. 그러므로 각 국의 어(語)에 대한 중요도가 다르다. 가장 많은 기록을 남긴 부분은

「진어(晉語)」로 9권이 있으며 제(齊), 정(鄭)과 오(吳) 삼국의 어(語)는 각 1권씩을 배정(排定)했다.

여기에 기록된 역사의 내용은 기본적으로 『좌전(左傳)』과 동일하게 춘추 시대의 역사를 기록하고 있다. 그러나 『좌전』이 노(魯)국의 사사(史事)를 위주로 하여 『춘추 내전(內傳)』으로 불리는 것에 반해서 『국어』는 8국의 기사(記事)를 나누어 기록했기 때문에 『춘추 외전(外傳)』으로 불린다.

『국어』와 『좌전』이 모두 춘추 시대를 배경으로 일어난 역사 사실을 기록했기 때문에 중복이 되는 부분이 있다. 통계(統計)에 의하면 『국어』 기사(記事) 중에 『좌전』의 내용과 중복되는 부분이 대체로 60 여 조(條)에 이른다. 양서(兩書)의 내용의 차이가 대부분을 차지하기 때문에 두 책은 모두 역사서로서의 독자(獨自)적인 가치를 지닌다.

양서의 차이가 가장 두드러진 부분은 조(趙)의 오(吳)국 멸망에 대한 기사이다. 기타 「제어(齊語)」에 제환공(齊桓公)이 관중(管仲)을 임용하여 내정(內政)과 군사(軍事) 조직(組織)을 개혁한 기사 및 춘추 말기에 오(吳)와 월(越)의 쟁패(爭霸) 과정(科程)은 모두 생생한 묘사를 하고 있어 『좌전』의 제환공이 패권의 일부를 차지한 내용과 오월(吳越)이 패권 쟁탈을 한 기재 내용의 부족함을 보충해 주고 있다.

『국어』의 작자에 대해서는 여러 가지 설(說)과 논쟁이 있어왔다. 현재까지 정론(定論)이 없는 셈이다. 사마천(司馬遷)이 가장 먼저 『국어』의 작자가 좌구명(左丘明)이라고 언급한 인물이고 그 후의 반고(班固)와 이앙(李昻) 등은 모두 좌구명이 작자라고 하였으며 『국어』를 『춘추외전(春秋外傳)』 혹은 『좌씨외전(左氏外傳)』이라고 칭(稱)했다.

그러나 진(晉) 조(朝) 이후에 다수의 학자들이 『국어』가 좌구명의 저작이 아닐 것이라고 의문을 제기하여 당(唐) 시기에 고대에 대해 회의를 품는 풍기(風氣)가 심해져서 『국어』의 저자에 대한 논쟁이 더욱 가열되었다.

대표적인 현대 이전까지의 논쟁의 결과는 청(淸) 시대의 역사학자 조익(趙翼)이 주장한 '『국어』는 춘추 시대의 각국 사서(史書)의 원문(原文)이고 좌씨, 즉, 좌구명이 이 중에서 일부분을 골라 정리하여 지금에 전해 내려오고 있는 것이며 결코 좌구명의 저작이 아니다'라는 설이 유력하다.

현재까지 『국어』의 저자에 대해 학계에서 논쟁이 끊이지 않으며 일반적으로는 좌구명이 작자라는 것을 부정하고 있다. 그러나 이에 대한 정확한 증거가 불충분하다. 보편적인 견해는 어느 한 사람의 저작이 아니라 여러 사람의 손으로 시대를 거치고 공간적으로 광범위한 범위에서 작성되었을 것으로 본다.

일반적인 견해는 『국어』가 전국(戰國) 초기에 각국 역사 지식에 해박한 사람이 당시 주(周)왕실과 각 제후국의 사료(史料)를 참작(參酌)하여 정리하고 가감(加減)하여 편집하여 완성한 것이라는 설이다. 『국어』는 일정한 순서에 따라 배열이 되어 있으며 내용 상 역사인물에 대한 기술(記述)에 편중되어 있다. 또한 춘추 말과 전국 시대 초기의 사회 변화 과정 중에 일어난 역사 사실을 그 배경으로 하고 있고 역사 진보(進步)적인 관점을 띠고 있다. 이것이 『국어』의 체제상의 최대의 특징이다.

■ 역사 배경과 영향 등:

『국어』는 내용적으로 강렬한 윤리적인 경향을 띠고 있다. 덕(德)의 정신을 널리 선전하는 내용을 위주로 기술하고 있다. 예(禮)의 규범을 존중하고 '예(禮)'가 치국의 근본임을 주장한다. 충군(忠君)사상을 부각시킨다.

『국어』의 정치 관점은 비교적 진보적이고 전제(專制)와 부패(腐敗)를 반대하고 민의(民意)와 인재(人才)를 중시하며 농후한 민본(民本)사상을 가지고 있다.

『국어』는 춘추(春秋)시대의 경제, 재정, 군사, 병법, 외교, 교육, 법률, 혼인 등 각 분야에 대한 내용을 포함하고 있어 선진(先秦) 시대의 역사를 연구하는데 중요한 자료가 된다.

『국어』는 중국 고대를 이해하는 중요한 역사서임에는 틀림없다. 그러나 이에 대한 평가가 지금까지 부족한 것도 사실이다. 사마천의 『사기(史記)』에 필적(匹敵)하는 중요한 역사의 원천(源泉)이 되는 자료이다.

일반적으로 중국 문화의 맥락 상 『국어』를 『좌전』과 유사한 성격으로 비교해 얘기한다. 위소(偉昭)는 『국어(國語)해서(解

敍)』에서 『국어』가 실제적으로 유가(儒家) 경전(經典)으로 손색(遜色)이 없다고 단언(斷言)한다. 오히려 제자(諸子)백가(百家)의 지위(地位)를 능가(凌駕)한다는 것이다.

당(唐) 대의 유종원(柳宗元)은 『비(非)국어(國語)』를 저술해 그 미신 색채를 비판했다. 그러나 '문장의 심오함과 오묘함은 시대를 통해 빛난다.'는 조의 표현 방식에 대해 칭찬을 아끼지 않고 있다. 그러나 근대에서 현대에 이르는 기간 동안 『국어』의 사상과 문학적 성취에 대해 부정하는 태도를 나타낸다. '황당(荒唐)하고 자아모순적인 표현이 많다는 것'과 '문체 표현이 너무 번잡하고 수사(修辭)가 많아 의미를 나타내기가 어렵다'는 등이 그 주된 이유이다.

현대에 있어 이러한 현상은 별로 개선되고 있지 못하다. 즉, 『좌전』보다 못하다는 인식이 그것이다. 그러나 우리는 그 독특(獨特)함과 표현상의 절묘함, 그리고 역사 교훈의 메시지 등에 대한 올바른 인식을 통해 『국어』에 대한 선입견(先入見)을 버려야 한다는 주장이 제기되고 있는 실정이다.

■ 책 주요 내용:

몇 가지 중요한 내용을 정리, 요약 및 분석한다.

첫째, 폭군의 통치를 반대한다. 『국어』는 전통의 『주례(周禮)』에 대해 어느 정도 찬성하지만 이것이 폭군의 통치를 반대하는 뜻에 위배되지 않는다. 「주어상(周漁上)」에 보면 언론(言論) 압제(壓制)에 대한 반대와 산림, 천택(川澤) 등 재산의 통치자의 독점과 백성의 이에 대한 개발을 저지하는 대한 반대의 내용이 기록되어 있다.

여왕(厲王)이 '국인(國人)'을 박해하여 백성들의 생활의 방법이 없어지자 최후에 '국인'이 기의(起義)를 일으킨다. 이들은 여왕에 의해 쫓겨난다. 이는 작자의 폭군(暴君) 통치자에 대한 비난의 관점과 압박에 대한 반항의 필연성을 표현하고 있다.

둘째, 탐욕과 사치를 반대한다. 『국어』는 탐욕과 사치는 백성을 착취하는 통치자 계급의 본성이라고 규정한다. 『국어』의 작자가 탐욕과 사치에 반대하는 이유는 이것이 통치자의 패망으로 이르게 할 수 있다는 것이다. 그러므로 통치자를 경각(警覺)시켜야 한다.

「초어(楚語)」 상(上)과 하(下)에는 초(楚) 영왕(靈王)이 백성의 사활(死活)을 돌보지 않고 장화대(章華臺)를 수선하는 토목을 벌이다가 결국 군사의 쿠데타가 일어나 자살하고 말았다는 비극적인 고사(故事)를 교훈으로 두 차례나 반복한다. 오왕(吳王) 부차(夫差)가 고소대(姑蘇臺)를 수리(修理)하려다가 민력(民力)을 소진하고 멸망으로 가는 중요한 원인을 제공했다는 사실(史實)을 교훈으로 제공하고 있다.

탐욕과 사치에 반대하는 것은 절검(節儉)을 칭찬(稱讚)하는 것과 같은 의미이다. 「주어중(周語中)」에 유(劉)강(康)공(公)이 노(魯)국에 초빙되어 간 후 귀국하여 주(周) 정왕(定王)에게 노국의 계(季)와 맹(孟) 양가(兩家)의 절약과 검약에 대해 보고하고 있는 대목이 기록되어 있다. 봉록(俸祿)이 생활 소비에 충분하여

전 가족의 생활을 보장할 수 있어 가족 부양에 어려움이 없다는 내용이다.

셋째, 오만(傲慢)과 무례(無禮)한 언행(言行)을 반대한다. 『국어』의 작자는 오만과 무례한 언행이 한 인생의 실패를 가져온다고 경고한다. 가장 극적인 사례(事例)가 『국어』에 수록되어 있다. 「주어중(周語中)」에 진(晉)국의 단양공(單襄公)이 언능(鄢陵)에서 초(楚)군을 격파한 후 주(周)왕실에 와서 천자에게 '경사를 보고' 하는 과정에서 전승(戰勝)의 공로(功勞)를 전부 자신에게 돌리고 있다. 『국어』는 그러나 그가 결국 피살(被殺)되었다는 사실을 전한다.

넷째, 인재를 중시한다. 『국어』의 여러 장(章)에서 수시로 볼 수 있는 인재 중시에 대한 내용이 강조되어 있다. 「진어구(晉語九)」에서 조간자(趙簡子)가 장치자(莊馳玆)에게 오(吳)와 월(越) 일대에 가장 어진 인재가 누구인지를 묻고 있다. 장치자는 그에게 즉시 축하의 인사를 드린다. 그 이유는 '한 국가가 흥기(興起)할 때 당권자(當權者)는 항상 어진 인재를 대우하고 초빙하려고 하고 국가가 멸망하려 할 때는 현인(賢人)을 질투하는 법이다.'고 했다.

정치 박해 때문에 인재가 유출되는 것에 대한 것에 대한 비판의 내용을 담고 있는 내용도 보인다. 초(楚)국의 인재가 당권자의 시비(是非)가 불분명한 이유로 억울함을 가지고 다른 곳으로 떠난다. 그곳에서 인재들은 시비가 가려지는 날을 기다리며 고국(故國)을 돌아가기를 바란다. 그러나 이러한 바람이 실현되지 않자 진(晉)국을 도와 초(楚)국을 정벌한다. 그 결과 초국에 큰 손실을 가져왔다. 그러므로 『국어』의 가르침은 정치가 청명(淸明, 발라야)해야 인재 유출을 막을 수 있다는 것이다.

다섯째, 군중의 역량을 간파하고 있다. 영웅사관을 가지고 있다. 즉, 개인의 작용을 중시한다. 「주어상(周語上)」에 보면 노예주 귀족이 군중의 역량을 알아보고 군중을 진압(鎭壓)할 수 없다는 것에 대한 진술의 내용을 담고 있다. 발언의 내용은 백성의 발언을 막는 것은 강하(江河)의 물줄기를 막는 것 보다 더 위험(危險)하다고 본다. 강과 하천의 물줄기를 막아 버리면 많은 사람을 익사(溺死)시킬 수 있고 백성을 탄압하는 것도 마찬가지이다.

『국어』는 기존의 고대 중국의 역사 서적과 다른 면모를 가진다. 특히 내용이 비슷한 『좌전』과 비교해 보면 이러한 『국어』의 특징을 알 수 있다. 다음 몇 가지로 그 특징을 나눌 수 있다. 첫째, 기언문(記言文) 체를 위주로 한다. 기언문 이라는 것은 대화체(對話體) 같은 형식을 말한다. 『국어』는 역사 인물의 대화를 위주로 하여 기록한 일종의 역사서이다. 『좌전』이 서사(敍事)를 위주로 한 표현 형식과 문체에 비해 생동감과 사실(史實)을 그대로 가급적 보여주려는 의도가 드러난다.

인물의 언론(言論), 대화와 상호 반박 등을 통해 역사 사건을 반영하거나 관점 등을 설명한다. 그래서 책 이름을 『국어(國語)』라고 한 것이다.

책의 전체 내용을 보면 역사 득실(得失)에 대한 성패(成敗)를 기술하는데 역점을 두고 있다. 그리고 사실(事實)을 열거한 후 결론을 내리는 방식을 주로 취하고 있다. 「조어하(趙語下)」는 범여(范蠡)가 구천(句踐)을 도와 오(吳)왕 부차(夫差)가 구천이 전쟁에 패배하자 화해를 청하여 결국 실패한 교훈을 잘 배우게 하여 부차의 전철(前轍)을 다시 밟지 않게 하여 오국을 멸망시켜야 한다는 내용을 담고 있다. 이러한 사건으로 얻을 수 있는 역사의 교훈은 고대인이 역사를 '가르침'의 목적으로 주로 사용했다는 것과 관련 있는 것이다.

둘째, 생동감있고 유머가 넘치는 재기 발랄한 문장 표현 양식을 들 수 있다. 문장 중에는 역사적인 구체적인 내용과 대화가 생동감과 유머 있게 생기(生氣)발랄(潑剌)한 문체로 마치 인물이 살아 있는 듯이 묘사(描寫)되어 있는 특징을 보인다.

「진어팔(晉語八)」에 진(晉) 평공(平公)이 한 마리의 메추라기를 활로 쏘았으나 죽지 않았다. 수양(竪襄)으로 하여금 잡아오라고 시켰으나 잡지 못했다. 그래서 평공이 수양을 죽이려고 했다. 숙향득(叔向得)이 이 일을 전해 듣고 바로 평공에게 즉시 수양을 죽이기를 권고했다. 이유는 진국의 시조 당숙(唐叔)이 시우(兕牛), 즉, 외뿔소를 활로 쏘아 죽여서 그 가죽으로 큰 갑옷(대갑, 大甲) 하나를 만들었다. 이것으로 진군(晉君)에 책봉(冊封)될 수가 있었다.

그가 평공에게 말했다. 당숙의 후대(後代)로써 메추라기 한 마리도 못 쏘아 잡고 또한 잡아 오지도 못하니 이것은 당신에 대한 치욕을 널리 알리는 꼴이다. 그러므로 반드시 수양을 빨리 죽여 이 일이 널리 퍼지지 않게 해야 한다.

이러한 식으로 자신의 정식(正式)의 내용(정화, 正話)을 알리는 데에 반대되는 표현(반설, 反說)을 사용하여 생동감있는 표현을 극대화를 꾀하고 있는 것이다. 화살 하나로 큰 외뿔소를 쏘아 잡은 당숙이 작위를 수여받았다는 사실과 평공이 조그만 메추라기 한 마리 못 잡고 오히려 사람을 죽이려 하는 사실을 선명한 대비(對比)를 하고 있다. 평공이 무능하고 잔혹하다는 점을 두드러지게 나타내는 것이다.

이러한 날카로운 비평이 평공으로 하여금 자괴(自愧)감이 들게 하여 수양을 사면하게 했던 것이다. 이러한 유의 교훈 조의 내용이 「진어구」에 만도 여러 차례 출현한다. 이러한 양식은 선진(先秦) 고적(古籍)에 드물게 나오는 내용이다.

셋째, 특정한 환경과 모순의 투쟁을 통해 구체적이고 세밀한 대화를 사용한다. 인물의 정신 상태를 생생하게 묘사하는 방법이다. 「진어이(晉語二)」에 진(晉) 헌공(獻公)이 호색(好色, 여색, 女色을 좋아함, 밝힘)의 인물로 어리석은 인물로 부각되고 있다.

남의 아첨이나 모함의 말을 잘 듣고 여희(麗姬)가 악독하게 모함하는 말을 그대로 듣고 신생(申生)을 박해했던 것과 신생이 우둔하나 충성스러운 성격의 소유자로 기꺼이 죽음을 기다리고 있는 사실, 이극(里克)이 속이 좁은 인물로 소심하여 중립을 지키는 태도 등이 그대로 이 인물들을 대하는 것 같이 생생한 묘사로 표출되고 있다.

또 한 가지 유명한 일화를 보자. 「오(吳)어(語)」 중에 오자서

(伍子胥)에 대한 묘사가 기록되어 있다. 오자서의 오(吳)와 월(越)국에 대한 병존(竝存)의 불가능하다는 형세에 대한 분석을 잘 묘사하고 있다. 구천(句踐)이 오(吳)국에 대한 복수의 음모를 꾸미고 있음을 신랄(辛辣)하게 밝히고 있으며 부차가 대중을 동원하여 고소대를 중수(重修)하는 행위를 반대한다. 대중의 재력과 인력을 소모시킨다는 점에서이다.

또한 제(齊)국을 정벌하여 패권(覇權)의 한 축을 차지하는 것을 반대하는 상소를 올리고 마지막으로 자살하게 강요되기까지의 오자서의 명철한 지혜(智慧)와 충정(忠貞), 과감(果敢), 결단력 있는 정신력의 면모의 전 과정을 생생하고 사실적인 묘사를 통해 일개인에 대한 존중의 숭고한 형상을 성공적으로 각인(刻印)시키고 있는 것이다.

춘추번로(春秋繁露)

■ 제목:

춘추번로(春秋繁露)

■ 작자:

동중서(董仲舒)(기원전 179-104년)

■ 출간 연대:

동중서 생전

■ 책 소개:

17권으로 구성되어 있으며 작자인 동중서는 서한(西漢)의 철학자이며 금문(今文)경학(經學)의 대사(大師)이다. 『춘추공양전(春秋公羊傳)』을 전공했으며 박사(博士)를 역임하고 한무제(武帝)때 현량(賢良) 문학(文學)의 사(士)를 천거하는데 동중서가 건의(建議)를 한다. '육예(六藝)의 과(科)와 공자(孔子)의 학술에 속하지 않은 것은 모두 그 도(道)를 단절시켜 육예(六藝)와 공자의 학술과 같이 공부하게 하지 않게 하자'는 내용이었다.

이 건의를 무제가 채택하여 이 이후 2천 년 동안 봉건사회를 정신적으로 지배한 이데올로기 통치 이념을 유학(儒學)으로 정하고 이를 정통(正統)을 삼는 시발점(始發點)이 되었다. 동중서는 이 책 외에도 『동자(董子)문집(文集)』이 있다. 이 책은 유가 경전인 『춘추(春秋)』를 해석한 것으로 서명(書名)을 『번로(繁露)』라고 하였다.

『사고전서총목(四庫全書總目』에 번(繁)은 번(蕃)이라고도 하고 고자(古字)에서는 서로 상통한다. 이름을 이렇게 지은 뜻은 분명하지 않다고 기술하고 있다. 다른 문헌에서는 면(冕), 즉, 면류관의 내려뜨린 모습, 즉, 연관 있는 내용을 가리키고 이것은 곧 『춘추』와 연관되는 역사 사건에 대한 서술을 의미하는 것이라는 해석도 있다.

또한 동중서 이후의 문헌에 서로 편(篇)명(名)에 차이를 보인다. 그러므로 동중서의 작품이 아니라고 하기도 한다. 그러나 『사고전서총목』에서 이에 대해 다음과 같이 설명한다. '비록 책이 모두 동중서의 손에서 창작된 것은 아니지만 그 중의 많은 내용이 극히 이치에 맞는 기술이므로 결코 후대 인물이 모방할 수 없는 것이다.'

동중서는 『춘추공양전(春秋公羊傳)』의 견해를 최대한 존중하여 '춘추대일통(春秋大一統)'의 뜻을 전개한다. 봉건 통일설을 가장 중요한 진리로 보고 결코 이를 바꿀 수 없는 것으로 간주한다. 그는 자연계의 천(天)이 초자연(超自然)적인 의지(意志)를 지닌 인격신(人格神)으로 생각하고 신학(神學)목적론(目的論)학설을 건립했다.

이는 봉건 왕권의 통치를 포함한 인간(人間)세(世)의 모든 것을 하늘(즉, 상천, 上天)이 목적을 가진 안배로 간주한다. 천상(天上)의 신권(神權)과 지상(地上)의 왕권(王權)을 연결하여 '왕권(王

權)신수(神授)'를 위해 이론 근거를 제조해 내었다.

동시에 음양오행설(陰陽五行說)을 자연계와 사회 인사(人事)에 적용시키고 이론화하여 견강부회(牽强附會)를 만들어낸다. '천인(天人)감응(感應)'론의 유심주의(唯心主義) 형이상학(形而上學)의 신학 체계를 건립한다. 동중서가 창조한 '인부천수(人副天數)'설이 그 주요 내용으로 인간 신체의 골절, 오장, 사지 등을 1년의 일수(日數), 월수(月數)에서부터 오행(五行), 사시(四時)의 수(數)에 비유해 적용한다.

인신(人身)의 오장과 오행부(五行符)를 맞추고, 사지(四肢)와 사시(四時符)를 맞추는 데에서 '인간은 천(天)이다.'라는 이론을 도출(導出)해낸다. 인류(人類) 자신의 모든 것을 하늘이 부여해 준 것으로 간주한다. 하늘에 음양(陰陽)으로 인생을 비유하고 '하늘이 음양의 시혜(施惠)를 내려 주시고 신체는 탐인(貪仁, 탐욕의 마음과 어진 마음)의 성(性)을 가지고 있다.' 천도(天道)는 음양의 두 종류의 작용을 겸비(兼備)하고 있다는 의미이다. 인신(人身)도 탐욕과 인심(仁心)의 본성(本性) 등을 겸비(兼備)하고 있는 것이다.

개괄적으로 말해서 동중서의 신학 체계는 '삼강(三綱)', '오상(五常)', '삼통(三統)', '삼정(三正)', '성삼품(性三品)' 등의 학설을 포함하고 있다.

■ 역사 배경과 영향 등:

『춘추번로』는 봉건 통치제도를 수호하는 데에 이론적인 뒷받침을 제공하는 저작이 되었다. 이를 위해 발명된 여러 개념들이 논리를 위해 동원되었는데 그 중 대표적인 개념이 바로 '삼강오륜(三綱五倫)'이다. '삼강오륜'의 윤리관은 한(漢) 왕조가 봉건 대(大)일통(一統)의 필요성에 의해 마련된 것으로 중앙전제집권제의 반영이기도 하다. 이것은 당시 국가 통일과 봉건 제도를 보호하고 유지하기 위한 방편으로 수립되어 봉건 정치 체제 유지에 적극적인 작용을 하였다.

전체 지주(地主) 계층의 역사 지위가 나날이 보수화됨에 따라 '삼강오륜'의 논리는 혁명 반대와 피지배 계층에 대한 정신적인 마비와 족쇄의 역할을 담당했다. 전체 지주계급의 기본적인 이익을 고도(高度)로 집중적으로 반영하였기 때문에 수천 년 동안의 봉건 사회의 도덕 윤리 규범을 답습하게 되었고 중국 고대에 심각한 영향과 위해(危害)를 끼치게 되었다.

『춘추번로』 가 철학의 차원에서 보면 신학적 몽매(蒙昧)주의이고 정치적인 입장에서는 봉건 전제(專制)주의를 그 기초로 하기 때문에 이에 대한 완전한 사상 체계를 제시한 의의를 지닌다. 각 왕조의 철학 사상이 상호 변화와 상이점이 있지만 이 사상은 줄곧 중국 봉건 사회에서 통치 지위를 유지하고 있었다. 특히 자연현상과 사회문제를 무조건적인 비유를 하는 사상 해석의 방법은 자신의 필요에 의한 결론을 만들어 낼 뿐이며 미신과 속임수에 불과하여 중국 고대 정치, 사회와 문화 각 방면에 악 영향을 끼쳤다.

■ **책 주요 내용:**

『춘추번로』 의 내용을 다음 몇 가지로 요약, 정리해 보자. 첫째, 고대 중국의 기(氣)문화에 대한 성격과 내용의 언급이다. 기문화의 배경 하에 그의 신학체계가 자리를 잡게 된다. 동중서의 가장중요한 관심사는 '천인(天人)합일(合一)'과 '천인(天人)감응(感應)'설을 중심으로 하는 신학 목적론이다. 하늘은 의지(意志)를 가지고 있다. 하늘은 우주 만물을 주재(主宰)한다.

지고(至高)무상(無上)의 신(神)이다. 『춘추번로』는 자연 현상과 사회현상을 신비화 시켜 인간의 제(諸) 현상에 상응하는 의미를 갖다 붙인다. 하늘이 자신의 형체(形體)에 따라 인간을 제조(製造)했다고 주장한다.

인간은 하늘의 부본(副本), 즉, 복사본이다. 인류의 모든 것이 하늘의 복제품(複製品)이다. 이것이 '천인합일'사상의 본질 내용이다. 하늘이 음양(陰陽)과 오행(五行)의 기(氣)의 변화를 통해 그 의지를 체현(體現)한다. 또 이 같은 이치로 사회와 자연을 주재(主宰)한다.

초목(草木)이 계절의 변화에 따라 생장하고 조령(凋零), 즉, 잎이 지는 순환적인 현상을 모두가 하늘의 인덕(仁德)과 형살(刑殺, 즉, 형벌)의 표현이다. 사회 중의 존비(尊卑)와 귀천(貴賤) 제도가 모두가 천신(天神)이 음(陰)을 귀히 여기고 양(陽)을 천하게 여기는 의지의 체현(體現)이라는 것이다.

군(君), 부(父)와 부(夫)가 양이며 신(臣), 자(子)와 부(婦)는 음이다. 그러므로 군신, 부자와 부부의 관계는 주종(主從)관계이다. '천자'는 하늘을 대신하여 인간 세상에서 통치를 실행하는 것이다. 군주의 권리는 하늘이 부여해 준 것이며 하늘의 의지에 따라 백성을 통치하게 된다. 이것이 바로 신화(神化)된 군권(君權)의 '군권(君權)신수(神授)' 사상이다.

『춘추번로』는 오행(五行) 상생(相生)의 관계를 운행하여 사회 인사(人事)에 부응한다. 목(木)은 화(火)를 낳고 화(火)는 토(土)를 낳고 토(土)는 금(金)을 낳고 금은 수(水)를 낳으며 수는 목을 낳는 것을 부자(父子)에 비유한다. 목(木)은 왼쪽에 위치하고 금(金)은 오른쪽에 위치하며 화(火)는 앞에 위치하고 수(水)는 뒤에 위치하며 토(土)는 중앙에 위치하는 것을 부자(父子)의 순서에 비유한다.

이런 것들은 고대의 소박한 유물주의(唯物主義)의 개념, 즉, 음양과 오행이 변하여 하늘의 의지와 목적을 체현하며 이것이 총체적으로 봉건 제도를 신격화하는 도구의 역할을 수행하는 것으로 만든다.

『춘추번로』는 또한 '천인(天人) 감응(感應)'설을 대대적으로 선전한다. '하늘'은 인간 세상을 위해 정상적인 질서를 안배할 뿐만 아니라 밀접하게 인간의 활동을 주시하고 정상적인 질서의 실현을 감독한다. 만약에 인간이 봉건 도덕, 즉, 하늘의 의지를 위배하면 군주는 과실을 범하는 것이 되고 이에 반성(反省)하지 않으면 하늘이 재난을 내려 경고를 한다. 이것이 소위 '견고설'(譴告說)이다.

이와 반대로 군주가 천하를 태평하게 다스리면 하늘은 부단(符端)을 나타낸다. 즉, 좋은 징조이다. 이로써 봉건 통치자와 하늘은 상통하고 사로 감응(感應)한다. 만약에 하늘의 의지대로 행동하여 정상적인 통치 질서를 유지하면 오랫동안 안정된 생활을 할 수 있다.

천인감응의 신학목적론에 근거하여 『춘추번로』는 선험주의(先

驗主義)의 인성론(人性論)과 성삼품설(性三品說)을 제시한다. 동중서는 인성을 삼품(三品)급(級)으로 나누었다. 성인(聖人)의 성(性), 중민(中民)의 성, 두소(斗筲)의 성으로 나눈다. 성인의 성은 순수한 인(仁)과 선(善)이며, 성인은 교화(教化)의 필요가 없다.

만민을 교화하는 주체이다. 두소의 성은 탐욕과 악의 대다수 노동 군중이며 이러한 사람들은 성인의 교화를 통한다고 해도 성선(性善)자가 될 수 없는 부류이다. 그들에게는 엄격한 금지만을 적용할 수 있을 뿐이다. 중민의 성은 선(善)한 자질을 갖고 있으므로 군주의 교화를 통해 선의 경지에 이를 수 있다. 이 삼품급의 인성은 모두 하늘이 부여해 준 것이다.

이 성삼품의 인성론은 공자의 '상지(上智)와 하우(下愚)는 천성을 개조할 수 없다'는 논어 『논어(論語).양화(陽貨)』 편의 인성론을 발전시킨 것이다. 이렇게 보면 『춘추번로』는 전면적으로 '하늘은 변함이 없고 도(道) 또한 변함이 없다'는 봉건제도와 군주통치의 합리성과 안정성을 논증(論證)하는 이론을 확립하여 그 이후 이 이론이 계속 발전하는 계기를 이룬 대표적인 인물이 되었다.

소위 '도(道)'는 천의(天意)에 의해 건립된 통치제도와 방법을 가리킨다. 『춘추번로』는 형이상학의 관점을 이용하여 분석과 판단을 한다. 즉, 이 도리는 영원하고 절대적이라는 것이다. '무릇 물(物)에는 반드시 합(合)이 있게 마련이고 합은 상(上)이 있게 마련이고 하(下)가 있기 마련이다. 좌(左)가 있고 우(右)가 있으며 앞이 있고 뒤가 있게 마련이다. 표면이 있고 이면이 있다. 미(美)가 있고 악(惡)이 있다.

이러한 상반되는 물(物), 즉, 물질에는 합이 있게 마련이다. 음은 양의 합이다. 처(妻)는 부(夫)의 합이다. 자(子)는 부(父)의 합이며 신(臣)은 군(君)의 합이다. 물은 합이 아닌 것이 없으며 합은 각각 음과 양이 있다.

이렇게 『춘추번로』는 대립면의 보편적인 존재에 착안하고 물질이 변증법적인 요소를 가지고 있음을 인정한 것이다. 그러나 동중서는 이러한 대립적인 성질과 관계가 협조적이고 복종적인 관계를 주로 이루고 있다고 주장한다. 그러므로 이러한 성질들의 모순의 투쟁을 부정한다.

비록 동중서는 모순의 양 면의 성질과 지위가 다름을 인정하면서도 양과 음의 쌍방의 주종관계와 존비관계는 영원히 변화할 수 없는 것으로 파악한다. 상호 전화(轉化)할 수 없는 '하늘의 상도(常道)'인 것이다.

그러나 역사의 발전은 변화하지 않는 것이 아니다. 왕조의 교체가 때때로 발생하고 이 현상을 해석하기 위해 동중서는 '삼통(三統)', '삼정(三正)' 의 역사발전관을 제시한다. 중국 음력의 11월, 12월, 정월(正月)은 정월(세수, 歲首)이 되고 매월 초1일은 삭일(朔日)이 되며 삭일은 평단(平旦, 해가 떠오를 때), 계명(鷄鳴, 닭이 울 때)와 야반(夜半)을 시작으로 하는 3 가지 계산법을 적용한다.

모든 새로운 왕조는 건립한 후 모두 전 왕조의 정(正)과 삭(朔)의 시간을 바꾸어 버린다. 이것을 개정삭(改正朔)이라고 한다. 만약에 신왕조가 음력 정월을 세수로 선택했다면 흑색(黑色)을 숭상하고 12월을 세수로 선택했다면 백색을 숭상한다. 11월을 세수로 정했다면 적색을 숭상한다. 이것이 소위 '정삼통(正三統)'이다.

매 정조(正朝)는 자신의 선택에 따라 새로운 복색(服色)을 정한다. 이것을 '역복색(易服色)'이라고 한다. 순환 변화가 어떠하던 간에 봉건 통치를 유지하는 도(道)는 하늘과 같이 영원불변이다. '왕은 제도 개혁의 이름으로 실제의 도의 내용은 변하지 않는다.'라는 말이 『춘추번로. 초(楚)장왕(莊王)』에 기록되어 있다.

그러므로 '삼통'과 '삼정'도 동중서가 천의(天意)의 이름을 빌어 '하늘은 불변이고 도도 불변이다'라는 이론 무기를 선양(宣揚)한다. 이것의 목적은 봉건 통치를 장기적으로 보호 유지하려는 것이다.

『춘추번로』가 반영하는 동중서의 인식론은 신학 유심(唯心)주의(主義)의 철학 체계 하에서 건립된 것이다. 또한 천인감응의 신학목적론을 위해 이론적인 근거가 되는 것이다. 인류, 우주 만물과 그 변화는 모두 천의(天意), 즉, 하늘의 뜻의 안배이다.

그러므로 인간의 인식도 하늘의 뜻의 인식에 대한 것이다. 자연현상을 세밀하게 관찰하기만 하면 또한 인간 내면의 자성(自省)을 통해 하늘의 뜻을 헤아리기가 어렵지 않다. 동중서는 '명(名)'이 반영하는 것은 사물이 아니라 하늘의 뜻임을 강조한다.

그것은 성인이 발견한 것이며 사물의 이름을 부여해주며 '사물은 이름에 걸맞게 각 이름은 하늘의 뜻에 따라' 사물의 이름이 명명(命名)된다. 천(天)의 의지는 인간의 의식을 결정하며 인간의 의식은 만사(萬事)와 만물을 결정한다. 이름과 실질, 주관과 객관의 관계를 완전히 거꾸로 전도(顚倒)하는 꼴이며 유심주의적 인식의 노선을 표현하는 것이다.

염철론(鹽鐵論)

■ 제목:

염철론(鹽鐵論)

■ 작자:

서한(西漢)의 환관(桓寬)

■ 출간 연대:

기원전 81년 직후

■ 책 소개:

『염철론』은 서한 시대의 환관이 한(漢)소(昭)제(帝) 시대에 개최된 염철회의의 기록을 정리하고 그 내용을 첨삭(添削)하여 작성한 저작이다. 책 중에 당시 한무제 시기의 정치, 경제, 군사, 외교와 문화에 대한 대변론(大辯論)의 상황과 그 내용을 기술하고 있다.

이 책은 60편으로 구성되었으며 각 편은 제목을 달고 있다. 내용은 전후가 상호 연관되는 것이다. 환관의 사상과 현량(賢良)문학의 인사(人士)(한대의 고시 과목으로 현량과 문학으로 나누기도 함. 혹은 현량문학을 통해 관리가 된 사대부 계층. 덕이 있는 사람을 천거하여 관리가 되게 하는 관리 임용제도)와 상동하여 책 중에 상홍양(桑弘羊)에 대한 비평의 내용이 들어 있다.

책의 내용은 간결하고 생동감 있는 기술을 통해 변론의 내용과 상황 등이 적절하게 드러나며 현대인에게 당시의 상황을 재현하는 듯하다. 1487년(명, 明) 성화(成化) 23년)의 도정(涂楨)간본(刊本)이 비교적 좋은 판본(板本)이며 현대의 참고 판본으로는 곽말약(郭沫若)의 『염철론 독본(讀本)』과 왕이기(王利器)의 『염철론 교주(校註)』가 있다.

■ 역사 배경과 영향 등:

한무제(武帝) 때 전국의 경제 상황을 장악하기 위하여 경제적으로 봉건 중앙집권 체제를 강화하여 흉노(匈奴)의 군사 침략을 방어하고 지방 할거(割據) 세력을 소탕하기 위하여 상홍양을 주도 세력으로 하는 염철 관영(官營), 주류(酒類) 전매(專賣) 및 균수(均輸, 전국에서 궁중으로 운반하는 공물, 貢物을 최상의 품질인 것만을 운수하고 나머지는 균수관이 해당 지역에서 인근 지역으로 운송하여 고가로 판매하는 등 처리한다. 일종의 물자 수급의 조절 방법), 평준(平準, 비쌀 때 매입하고 쌀 때 매출하여 물가를 조절하는 방법)과 통일 주폐(鑄幣) 등 일련의 중요한 경제 정책을 시행하였다.

이러한 경제 조치는 비록 당시 서한 왕조의 정권의 필요성에 적응하였고 서한 왕조를 위해 견실한 재정 경재의 기초를 확립하는 계기가 되었지만 농업 생산, 중소공상업과 군중 생활에 불편과 곤란을 가져오는 결과를 빚었다. 특별히 지방 제후와 부상(富商)의 기득 이익을 박탈(剝奪)하였으며 이로써 그들의 강렬한 불만과 반대를 야기했던 것이었다. 그래서 염철 관영(官營), 주류(酒類) 전매(轉賣) 등의 문제가 당시 사회, 정치 및 경제생활의 대사(大事)가 되었다.

기원전 81년(한소제 시원, 始原, 6년) 음력 2월 조정(朝廷)에서 전국 각지의 현량(賢良)문학(文學) 60 여 인을 경성(京城), 즉, 수도인 장안(長安)에 소집하여 어사대부(御史大夫) 상홍양을 중심으로 하여 정부 관리들이 공동으로 민생(民生)의 고충(苦衷) 문제를 토론했다.

후에 이 회의를 염철회의라고 한다. 회의석상에서 쌍방은 염철 관영, 주류 전매, 균수, 평준과 화폐 주조의 통일 등의 정책에서부터 둔전(屯田) 수변(戍邊)(변방을 지키며 황무지를 개간하여 생산과 전쟁을 동시에 수행하는 정책)과 흉노와의 전쟁 등에 대한 일련의 중요한 문제에 대해 격렬한 토론을 벌였다. 이것이 중국 고대 역사상의 첫 번째 대규모의 국가 대정(大政) 방침에 대한 변론회(辯論會)이다.

염철회의에서 현량문학 출신자들은 한무제 때 제정된 정치, 경제 정책을 모두 비판하고 나섰다. 그들은 경제정책에서 염철, 주각(酒榷)과 균수 등에 대한 정책을 철폐할 것을 요구했다. 그들은 유가사상을 자신들 논리의 무기로 하여 도덕, 인의를 강조하며 '언리(言利)', 즉, 이익을 논하고 이를 강구(講究)하는 것에 대해 반대했다. 염철 등 관영(官營) 정책의 실행이 '백성과 이익 다툼을 한다.'고 주장한다.

이는 고대 성현(聖賢)의 귀덕(貴德), 덕을 귀하게 여기고 재물을 가벼이 생각하는 신조에 위배된다는 것이다. 이렇게 하면 고대의 순박한 사회 풍상(風尙), 즉, 풍기를 문란하게 하는 것과 다름아니다. 인민으로 하여금 의(義)를 배반하고 이익을 추구하는 길로 가라고 유도하는 것 밖에 안 된다는 논리를 편다.

그들은 전국(戰國) 이래의 법가(法家)의 중본(重本) 억말(抑末)설, 즉, 근본을 중시하고 지엽(枝葉)말단(末端)적인 것을 경시하는 이론을 내세운다. 이 이론은 관영(官營) 공상업은 치국(治國)의 본무(本務, 근본 임무)가 아니다. '근본으로 나아가고 말단은 물려서 농업에 이롭게 하는' 정책을 제시한다. 관부(官府)가 공상업을 경영하는 것이 '상업에 종사하는 상인과 이윤을 다투는 꼴'이라고 비난한다.

현량문학은 또한 국외에 바다와 늪지 등을 개방하여 민간으로 하여금 이를 사용하게 하고 국내에 화폐를 금지하지 말고 백성이 이를 사용하게 하자는 방임(放任)적 주장도 내 놓는다. 그들의 중본억말설은 실제적으로 관영(官營) 공상업을 억제하고 개인 공상업 으로 하여금 이권(利權)을 취하게 하는 계획경제에서 시장경제로 전환되어가는 하나의 방식을 보여준다.

회의 결과 전국의 주류 전매와 관내(關內) 철관(鐵官)을 폐지했다. 그 후 30년이 지난 다음 『염철론』의 저자 환관은 이 회의의 관방(官方) 기록에 근거하여 자신의 생각을 덧붙여서 정리하고 조목(條目)을 첨가하여 쌍방이 상호 비난하는 문제를 중심으로 상세한 기술을 남긴 것이다.

■ 책 주요 내용:

전서(全書)는 10권 60편으로 구성되고 있다. 전(前) 14편은 염철회의에서의 정식 변론에 대해서 쓴 것이며 42편부터 59편까지는 회의 후의 여담(餘談)에 대해서 기록한 내용을 담고 있다. 마지막의 1편은 '잡론(雜論)'은 작자가 쓴 후서(後序)이다. 편은 각기 제목을 달고 있으며 각 편의 전후가 호응하는 체계를 가지고 있다.

대화문체를 사용하고 있어서 생동감 있는 언어로 당시 변론의 상황을 반영하고 있다. 또한 상당한 분량의 서한 중엽의 경제 사료(史料)와 풍부한 경제사상 자료를 보존하고 있는 셈이다.

한소제가 조서(詔書)를 내려 소집한 이번 염철회의 석상에서 현량문학자들은 염철 관부(官府)가 독점 전매(專賣)와 평균과 균수 등 경제정책이 백성의 질고(疾苦)를 조성한 주요 원인이라고 지적하고 염, 철과 술의 관부 전매를 제외하고 균수관을 취소하기를 요청한다.

평준과 균수는 한소제 시기인 기원전 140년에서 기원전 88년까지의 기간에 설치되었다. 그 최초 목적은 행정 수단으로 시장에 간섭하여 물가를 조절하는 두 가지 조치를 실행하는 것으로 균수는 각 지(地)에서 균수관을 설치하여 징수와 화물의 매매, 운수를 책임지고 수행하며 지방이 의무적으로 납부해야 할 공(貢)물을 같은 가치의 돈으로 계산(計算)하여 균수관에게 낸다. 균수관은 다시 각 지방 간에 싼 물건은 매입(買入)하고 비싼 물건은 매출(賣出)하여 물가를 조절(調節)하고 동시에 국가를 위해 수입을 증가(增加)시킨다.

평준은 관부에서 경사(京師), 즉, 수도와 대도시의 물가 억제 업무를 책임지며 물건 값이 쌀 때 수매하고 비쌀 때 국가에서 매출한다. 상인의 투기와 매점매석(買占賣惜) 등의 행위를 제재(制裁)하여 물가를 안정되게 한다. 그러나 이론적으로 과도하게 이상화되어 있어서 백성이 무엇을 구매(購買)하든 간에 비싼 악성 순환을 야기했다.

책 중에 등장하는 어사대부 상홍양은 봉건 중앙 정부의 입장에서 법치를 강조하고 공리(功利)를 숭상하여 국가의 경제 간섭(干涉) 정책을 견지(堅持)한다. 염철 관영(官營), 평준, 균수 등 중대 정책에 대해 단호한 보호와 유지의 태도를 취하고 있다. 이러한 조치들이 '국가에 유익하고 백성에 해가 없다.' 고 주장한다.

즉, 국가 재정 수입을 증가시킬 수 있고 변방(邊防)의 비용을 보조할 수 있으며 농업 생산을 발전시키고 붕당(朋黨)을 멀리하고 사치와 향락(享樂)을 금지하는 등의 다중(多重)의 효과를 거둘 수 있다. 그러므로 폐지(廢止)할 수 없는 것이다.

상홍양이 염철 관영 등의 정책을 변호할 때 그의 공상업에 대한 생각이 전모가 드러난다. 그는 범여(范蠡)와 백규(白圭)의 중상(重商)사상과 『관자(管子)』 중의 국가의 공상업 경영에 관한 사상을 받아들여 공상업이 인민 경제생활 중에서의 불가분의 성질이라는 것을 인식했다. 인민 생활에서 필요한 '양생(養生)'의 도구로서 상업과 공업으로써 통용(通用)해야 한다는 필요성을 인식하고 있었던 것이다.

한 제왕(帝王)을 창조해 내서 만민(萬民)을 통치하게 하고 통치의 '질서'를 건립하게 했다.

『논형』의 85편은 왕충이 30년 동안 심혈을 기울여 완성한 것으로 기서(奇書)로 불린다. 189년 채옹(蔡邕)이 절강(浙江)에 와서 『논형』을 발견하고 지보(至寶)로 여겨 소장(所藏)하고는 귀환했다. 채옹의 친구가 채옹이 절강에서 돌아온 후 갑자기 학문이 크게 진보한 것을 보고 기이한 책을 얻었을 것이라고 추측했고 찾기 시작했다. 과연 채옹이 집에 감춘 책을 찾아냈다. 그리고 몇 권을 빼앗아 달아나려고 했을 때 채옹이 황급히 당부하기를 '이 책은 너와 나만 같이 읽자. 절대로 밖으로 전파되면 안 된다'고 했다. 친구도 읽어보고는 '정말로 기이한 책이구나.'라고 찬탄했다는 고사가 전해 내려온다.

■ 역사 배경과 영향 등:

동한(東漢) 시대 유가사상이 봉건 전제 군주 시대의 통치 이데올로기 영역에서 지배적인 지위를 차지하고 있을 때 춘추전국(春秋戰國) 시대와는 다른 성격으로 이데올로기의 내용이 변화되고 있었다. 즉, 신비주의 색채를 띠게 되었고 참위(讖緯) 사상이 그 안에 삽입되었다. 참위사상이란 참서(讖書)와 위서(緯書)가 합친 개념으로 참서는 중국 고대의 진(秦)과 한(漢) 시기에 무사(巫師)와 방사(方士) 등이 지어 낸 길흉(吉凶)을 예시(豫示)하는 은어(隱語)이며 위서는 한 대 유가 경전의 의미를 확대하고 왜곡하여 개조한 내용을 말한다. 참위학은 미래에 대한 일종의 정치 예언(預言)이다.

이렇게 되면 원시(原始) 공자 시대의 유가사상이 유술(儒術)로 변질되는 결과를 가져온다. 이러한 변화된 유가사상을 집대성한 저작이 출간되었는데 당시 황제가 제정한 흠정(欽定)의 『백호통의(白虎通義)』라는 이름으로 소위 당시의 '국헌(國憲)'과 경전(經典)으로 불리었다.

이러한 사상의 상황 하에서 왕충은 『논형』의 저술을 통해 유술과 신비주의적 참위설에 대해 비판을 가한다. 『논형』은 세밀하고 날카로운 논리로 세속의 의혹(疑惑)에 대해 해석하고 시비(是非)를 가리고자 '실제적인 논리', 즉, 실(實)로 허망(虛妄)한 설에 대해 비평을 한다.

저술의 제목인 '형(衡)' 자는 본래의 의미가 천평(天平), 즉, 저울의 의미로 『논형』의 이름을 통해 당시 언론(言論), 즉, 설(說)들에 대한 가치를 평정(評定)하는 저울의 역할을 자임(自任)하는 의미를 띠었다. 그 목적은 미혹(迷惑)의 마음을 깨우쳐서 허실(虛實)의 차이를 분명하게 알게 함이라고 저자는 『논형. 대작(對作)』에서 밝히고 있다. 그러므로 『논형』은 중국 고대의 불후(不朽)의 유물주의(唯物主義) 철학 문헌이 되었다.

『논형』이 이러한 저작 창작의 배경을 담고 있었으나 당시 '공자를 평가절하(平價切下) 했다', '옛사람들을 욕(辱) 보였다'는 등의 한 대 유가 정통(正統) 사상에 반역적인 것으로 평가되어 당시 및 그 이후의 역대 봉건 통치 계급의 냉대와 공격, 그리고 금지를 당한 운명에 놓였다. 그리하여 '이서(異書)'로 평가받고 있었던 역사적 맥락을 가지고 있었다.

『논형』이 시대의 국한을 완전히 벗어나기는 어려웠지만 자연주의와 직관적인 관찰 수법으로 세계를 묘사했다고 보여 진다. 특별히 그의 사회 역사관의 기본은 유심론(唯心論)적 사고방식에 기초하고 있다. 그러나 왕충이 『논형』을 집필한 당시는 중국 역사에서 중요한 시기에 처해 있었다.

당시는 봉건 국가가 통일과 강대함, 유학과 참위 신학이 결합하여 통치 계층을 위한 정통 사상으로 정립되기 시작한 시기로 왕충은 시대의 조류에 맞서 세계는 물질로 구성되어 있다는 설을 제기하고 귀신의 존재를 인정하지 않았으며 공맹(孔孟)의 권위에 대해 도전하는 행동을 나타냈다. 자신이 하나의 비교적 완전한 고대 유물주의 체계를 확립하려고 했다.

이것이 왕충의 고대 중국 역사상의 사상사적 의의이며 시대를 긋는 작용을 했다는 점에서 평가된다. 그 이후의 유물주의자, 무신론자들인 위(魏) 진(晉) 시기의 철학자인 양(楊)천(泉), 남조(南朝) 송(宋) 대의 사상가 하승천(何承天), 남조 제량(齊梁) 시대의 무신론자 범진(范縝), 당(唐) 조의 유우석(劉禹錫)과 유종원(柳宗元), 명(明) 청(淸) 교체기의 사상가 왕부지(王夫之) 등은 모두 왕충의 사상에게서 영향을 받았던 것이다.

■ 책 주요 내용:

『논형』은 우주관에 있어서 동중서의 '천인감응설' 같은 이론을 비판한다. 왕충에 의하면 천지(天地)만물(萬物)은 인간을 포함하여 모두 '기(氣)'로써 구성되었다. '기'는 일종의 통일된 물질 원소이다. '기'는 '음기(陰氣)'와 '양기(陽氣)'로 나누어져 있고 유형(有形)과 무형(無形)으로 나누어져 있다. 인간과 물질은 모두 '원기(元氣)'가 응결되어 생성되는 것이며 사멸하면 다시 원기를 복원

한다. 이것이 자연발생의 과정이다.

'기'라는 물질성의 원소에서 출발하여 만물이 생장하는 것은 자연의 변화이다. 결코 하늘이 옥석(玉石) 같은 무지(無知)한 물건이 아니라는 것이다. 천지(天地), 만물과 인간은 모두 동일하게 우주 내에 충만(充滿)되어 있는 기로 형성되어 있고 운동의 과정 중에 형성되어 있다. 또한 운동 과정 중에 형성된다. 그러므로 겉으로 보면 움직이고 활동하는 것이 실제로 내적으로는 자연적인 것이다.

인간과 천지, 만물의 서로 다른 양상은 기아(饑餓)와 추위를 아는 것과 같은 것이다. 오곡이 먹을 수 있는 것임을 알고 이를 채취하여 식용하고 잠사와 삼베가 옷을 지을 수 있음을 알고 이를 옷으로 만드는 등이 바로 그것이다. 그러므로 인간과 오곡은 상천(上天), 즉, 하늘이 뜻을 가지고 창조한 것이 결코 아니고 '기'의 '자연적인 변화'인 것이다.

『논형』 중에서 무엇보다도 먼저 우주관을 이론적 근거로 하여 '천인감응'설의 '하늘'을 부정하고 세계의 물질성 면모로 환원시키고 있다. 그러나 『논형』 중의 우주관은 일종의 자연주의의 우주관이다. '천지가 합하여 기가 되고 물질이 우연히 자생한다.', '인간과 물질의 성숙과 미숙 등은 모두 자연적인 것이다.'라는 『논형. 물세(物勢)』 편의 주장이 이를 대변(代辯)한다.

그러므로 이러한 우주관은 인간이 자연을 이용하고 '자연의 변화'에 보조적인 성격이라는 것이다. 그러므로 인간은 자연력의 지배에 복종하지 않을 수 없다는 결론에 이른다. 이것이 고대 유물주의의 최대의 결점(缺點)이다.

'천인감응'설은 '하늘'이 인간을 장초해 내고 그 다음 제왕을 내려 주시어 인간을 통치하게 한다는 내용이 그 골격(骨格)이다. 그러므로 신권(神權)을 신격화(神格化)해야 한다. 동중서 등 '천인감응설'을 주장하는 학자들은 일종의 '부서(符瑞)설'을 주장하여 상상(想像)으로 만든 것과 자연적인 사물들, 즉, 용, 기린, 봉황(鳳凰), 우로(雨露), 가화(嘉禾)와 지초(芝草) 등을 제왕의 '명을 받은 부적(상징적 표지)'이라고 칭한다.

당시와 상고(上古) 시대에 이러한 유형(類型)의 역사 고사가 적지 않게 기록되어 있다. 예를 들어 하(夏)의 조상은 그 엄마가 의이(薏苡)라는 풀을 먹고 낳은 것이다. 상(商)의 조상은 그 엄마가 제비의 알을 먹고 탄생한 것이며 한고조(漢高祖) 유방(劉邦)은 그 엄마가 밭의 용과 교합(交合)하여 탄생한 것이고 동한(東漢) 광무제(光武帝) 유수(劉秀)는 태어나자마자 방에 빛이 비추었다는 등의 이야기이다.

『논형』 은 이러한 '황당(荒唐)'한 내용에 대해 다음과 같이 지적한다. '의이와 제비알은 근본 사람을 낳지 못한다. 용과 사람은 다른 동물이다. 서로 교합하여 사람을 낳을 수 없는 이유는 다른 종(이류, 異類)이기 때문이다.' '천지에 이류들이 서로 교접(交接)하는 일은 없었던 일이다. 왜 그런가. 이류는 각기 특수한 성격을 가지고 있어 정욕(情欲)이 서로 통하지 못하기 때문이다.(『논형. 기괴(奇怪)』 편)

그러므로 동류(同類)가 서로 교합할 수 있는 것이다. 인간은 모두 아버지와 어머니에 의해 출생하는 것이며 제왕도 예외가 아니다. 소위 '성인(聖人)의 기품(氣稟)은 하늘에서 내려왔다'는 주장은 '허망(虛妄)한 이야기'일 뿐이다. 믿을 수 없는 내용이다. 하늘, 인간과 물질의 삼자가 모두 같은 류(類)가 아니므로 서로 합할 수 없고 그러므로 '부서'와 하등(何等) 관련이 없는 것이다.

『논형』의 물종(物種) 교합과 생산에 관련된 설은 비록 과학지식이라고 말할 것 까지는 없지만 직관(直觀)적인 자연 묘사이며 이러한 직관적인 관찰은 모두 사실적이고 진실된 것이다. 그러므로 이러한 견해는 이론적으로 제시하려면 당시로서는 담력(膽力)을 지녀야 하는 것이었다.

왜냐하면 왕충이 제왕을 적나라하게 지상(地上)으로 떨어뜨린 결과였기 때문이었다. 이러한 내용은 '성인도 부인(否認)하고 법도도 없는' '성조(聖朝)를 비방(誹謗)한 죄로 자신 뿐 아니라 멸문(滅門)의 화(禍)를 당할 수 있기 때문이었다. 그러므로 왕충의 책이 위대한 이유가 바로 이러한 위험(危險)을 감수하고 당시로서는 혁명적인 진리를 밝히기 위해 노력했다는 점일 것이다.

한(漢) 대의 '천인감응'설은 사회 역사관의 맥락에서 '천인합일'의 도통관이다. 통치자가 이러한 '도통(道統)'을 취득했다면 하늘의 명(命)을 받아 '덕정(德政)'을 베풀어 이 '도통'을 보호하고 유지해서 사회가 태평하게 될 것이었다.

만약에 통치자가 '도통'을 보호하고 유지해 나갈 '덕정'을 베풀 역량이 부족하다면 사회는 변란(變亂)이 일어나고 새로운 통치자가 이를 대체하여 새로운 통치 세력이 된다. 그리고 이 '도통'을 계속(繼續) 이어 전승(傳承)해 나간다.

이렇게 '하늘도 변하지 않고 도(道)도 변하지 않는' 사회관과 '일치일란(一治一亂)'의 역사 순환론이 독특하게 결합하여 실질적으로 '동성(同姓)은 또 다시 왕이 되지 못한다'라는 왕조(王朝)순환론(循環論)을 형성하였다. 세계 역사상 만세일계(萬世一系), 즉, 한 성(姓)이 영원히 제왕이 된다는 것은 있을 수 없는 일이고 그러나 통치계층의 만민(萬民)에 대한 통치는 만고불변(萬古不變)의 전리인 것이다.

『논형』은 이러한 사회역사관에 대한 비판적인 태도를 취하고 있었다. 왕충은 사회 치란(治亂), 즉, 질서와 난리의 원인이 그 자체에 내재(內在)해 있다고 믿었다. 결코 인군(人君)의 '덕(德)'이나 '도(道)'에 있는 것이 아니라 반대로 '인군'의 현(賢)과 불초(不肖)는 사회 역사가 결정하는 것이라는 의견이었다. '세상의 다스림과 변란은 정치를 잘하고 못하고에 달려 있지 않다. 국가의 안위(安危)는 교화 여부에 달려 있지 않다.

군주의 어질고 그렇지 못함과 정치의 개명(開明)함과 그렇지 못함은 손익(損益), 즉, 손해와 이익을 따질 수 없는 것이다.'(『논형. 치기(治期)』편) 그러므로 자고(自古)로 '다스려짐과 변란의 순환'은 역시 자연 현상으로 보아야 한다. 하늘이나 인간의 의지에서 결정되는 것이 결코 아닌 것이다.

『논형』은 자연주의적 유물론의 입장에서 논리를 출발하여 사회 역사가 발전한다는 것을 논증하고 있다. 객관적인 물질의 역량을 인정하고 이로써 사회 역사는 인간의 의지에 의해 전이(轉移)되는 것이 아닌 객관적인 발전 과정으로 설명한다. '하늘'과 '인군'이 역사 발전의 역량임을 주정하고 '덕'과 '도' 및 '하늘이 불변이고 도도 불변'이라는 관점이 정확하다고 하는 당시의 사상 조류에 반기(反旗)를 들고 이를 자신의 경험(經驗)과 선험(先驗)적인 이론 체계를 건립하여 부정하는 논리를 전개하고 있다.

왕충은 사회 역사의 발전 과정을 '시(時, 즉, 세태, 世態, 세상의 상황)'와 '수(數, 술수, 術數)'에 귀결(歸結)시킨다. 왕충에 의하면 맹목(盲目)적인 자연 역량이 이에 작용한다. 일정한 사회의 계급(階級), 집단과 개인이 사회 역사의 발전 과정 중에서 하는 작용을 부정한다.

이것은 왕충의 큰 오류였다. 왕충의 사회 역사 논술은 유물주의 색채를 띤 자연(自然)숙명론(宿命論)의 사회역사관이라고 할 수 있다.

『논형』은 한 대 유가사상에 대해 유가사상을 전면적으로 부정하지는 않았지만 첨예(尖銳)한 비평을 가했을 뿐 만 아니라 선진(先秦) 이래의 각 제자(諸子) 백가(百家)의 사상을 비판적으로 흡수하기도 했다.

특별히 도가(道家)의 황노(黃老) 사상에 대해 관심을 가졌다. 선진 제자백가의 '천도(天道)', '예(禮)와 법(法)'. '귀신(鬼神)과 박장(薄葬, 장례의 간소화)', '명(命)'과 '성선(性善)과 선악(善惡)' 등의 개념에 대해 체계적인 평론을 가하기도 했다. 그러므로 후대인들은 『논형』을 '중류(衆流) 백가(百家)의 주장에 박통(博通)한' 고대 소백과전서로 부르기도 했다.

안자춘추(晏子春秋)

■ **제목:**

안자춘추(晏子春秋)

■ **작자:**

안영(晏嬰)(기원전 출생 연도 미상(未詳)-기원전 550년)

■ **출간 연대:**

전국 말기

■ **책 소개:**

춘추(春秋) 말기(末期) 제국(齊國)의 저명한 정치가 안영의 언행(言行)을 기술한 저작이다. 전체 8권으로 되어 있으며 내편(內篇)과 외편(外篇)의 두 부분으로 나누어지며 모두 215개 장(章)으로 구성되어 있다. 내편은 「간상(諫上)」, 「문상(問上)」, 「문하(問下)」, 「잡상(雜上)」 및 「잡하(雜下)」 등 6편으로 나누고 외편은 상, 하의 2편으로 나누었다. 「간하」 편은 안영이 제군(齊君, 제국의 군주)에게 간(諫)한 내용을 기술하고 있으며 「문상」과 「문하」 편은 주로 군신 사이와 경사(卿士) 사이 및 외교 활동 중의 문답에 대한 내용을 서술하고 「잡상」과 「잡하」 편은 주로 안영의 기타 각종 사건에 대한 기술이다.

외편의 2편은 내용이 비교적 복잡하고 내편 6편과 상통(相通)한 내용으로 되어 있으나 상호 구별되는 내용으로 되어 있다. 각 편의 내용은 상대적인 독립성을 지니고 있고 상호 연계가 되어 있으며 개별적이고 상호 모순되는 내용도 담고 있다.

작자인 안영은 정치가, 외교가 겸 사상가로 제국 상대부(上大夫) 안약(晏弱)의 아들로 검소한 생활과 겸손함으로 유명하였다. 키가 작고 모습이 볼품없었으나 정치적 식견(識見)과 외교적 재능과 소박한 행동거지로 각 제후들 사이에서 이름을 날렸다. 공자(孔子)는 이를 찬양하여 다음과 같은 말을 남겼다. '백성을 구하고도 자만하지 않고 세 명의 군주를 모시고도 없는 듯 겸손 하였으니 안자는 과연 군주로구나!'

안영은 두뇌가 기민(機敏)하고 언변(言辯)이 좋은 천성(天性)적인 정치가였다. 국내에서는 국정(國政)을 잘 하고 제왕에게 항상 간(諫)하였다. 대외적으로는 적응력이 빠르며 원칙을 견지했다. 외교 사절로 파견되어 가서도 절대로 욕을 당하지 않았으며 제국의 국격(國格)과 국위(國威)를 지켰다. 사마천(司馬遷)은 이러한 안영을 무척 존경했다. 그를 관중(管仲)에 비교했다.

이 책은 주로 안연에 관한 단편(短篇) 고사(故事)들로 구성되어 있으며 하나하나의 고사가 생기발랄한 이야기로 되어 있어 이를 통하여 주인공 안행과 그 주의 인물들의 형상(形象)을 그려내고 있다. 이러한 고사들은 완전히 신사(信史), 즉, 믿을 수 있는 역사로 보기는 어렵다. 그러나 대부분은 일정한 근거가 있는 것이다.

『좌전』, 『국어』와 『여씨춘추』 등 저술과 서로 증명이 되는 작용을 한다. 춘추 후기 제(齊)국 사회 역사 풍모를 반영하는 사료로 가치가 높다고 하겠다.

안영은 저명한 춘추 말기의 정치가로 제국에서 영(靈), 장(莊)과 경(景)공의 삼조(三朝)의 관리로 임용되었다. 집정(執政) 햇수로 50 여 년이 된다. 그는 정치개혁을 중시했고 민사(民事), 즉, 민간과 백성의 일을 보살피는 것을 자신의 본분으로 여겼다. 기복(祈福)과 양재(禳災) 등 미신(迷信)에 반대했다. 이 책은 안행의 언행과 정치 활동을 기록한 저술로 그의 정치 주장과 사상의 품격(品格)을 반영하고 있다.

1970년대 중국의 국학(國學)대사(大師)인 오즉우(吳則虞)가 『안자춘추 집석(集釋)』을 저술하여 『안자춘추』의 작자가 순우월(淳于越)이라고 고증한 바 있다. 역사적으로 현재까지 『안자춘추』의 판본(板本)은 '사부총간(四部叢刊)'을 위시해서 철검동누장본(鐵劍銅樓藏本) 등이 대표적이다.

『안자춘추』는 그 사상이 유가도 아니고 도가도 아닌 성격을 나타낸다. 그러므로 옛날부터 현재까지 그다지 주목받지 못했다. 그러나 자세히 연구하고 세심하게 열독(閱讀)하면 적지 않은 수확을 얻을 수 있다. 이 책이 진(秦)나라 사람이 지은 것이 아니므로 진시황은 당연히 경전에서 벗어난 반도(叛徒), 즉, 불순분자의 저작으로 치부하여 금지와 훼멸(毁滅)의 저술로 분류되었다.

『안자춘추』는 중국의 가장 오래된 단편소설집이라 할 수 있다.

전국(戰國) 말기에 저술되었는데 안행의 이름을 빌려 창작한 것으로 보인다. 이 책은 제국의 영공, 장공과 경공의 삼조 시기의 현상(賢相, 어진 재상, 宰相)인 안행의 평생의 여러 가지 일화 및 각종 전설과 일화 등 215 가지의 짧은 고사가 서로 관련되어 있고 보충하고 있다. 살아 있는 듯한 생생하고 완전한 안자(晏子)의 형상을 그려내고 있는 것이다.

이 책의 표현은 간결하고 명쾌하며 유머와 풍취(風趣)가 돋보이는 재기(才氣) 넘치는 문장으로 구성되어 있다. 인물의 대화는 성격 특징에 대한 묘사가 풍부하게 되어 있으며 특별히 인물의 표현 중의 유머감이 넘친다.

이러한 표현상의 특징이 고사의 의미와 내용을 돋보이게 하여 언어의 신랄함과 풍자를 배가시키고 있는 효과를 낸다. 작자는 비유의 수업을 운용하는데 노련하여 생활 철리(哲理)에 대한 비유를 들어 낸 고사들은 후에 독립적인 어휘나 성어(成語)가 되었다.

『안자춘추』의 내용으로 보아 편찬(編纂)자 혹은 작자는 안자의 빛나는 측면만을 부각시키려고 하고 있는 듯 보인다. 최대한 안자의 긍정적인 형상을 부각시킨다. 이로써 이 책의 저자는 안자를 경앙(景仰)하는 사람일 것으로 추측할 수 있다.

■ 역사 배경과 영향 등:

『안자춘추』는 춘추 시기(기원전 770년-기원전 476년) 제국 정치가 안영의 언행을 기록한 역사 서적이다. 역사의 사료와 민간의 전설을 모아 편집하여 책으로 엮은 것으로 책 내용은 안연이 군주가 선정(善政)을 하게 권간(勸諫)한 내용이 다수 기록되어 있다. 탐욕과 향락(享樂), 백성 애호(愛護), 현능(賢能), 즉, 어질고 능력 위주로 임용(任用)하는 것과 허심(虛心) 탄회(坦懷)하게 납간(納諫), 즉, 간한 내용을 받아들이는 행위에 대한 사례(事例)는 후인(後人)들에게 학습의 모범이 되었고 안영의 절약과 검소함의 정신은 후세 통치자에게 숭경(崇敬)을 받는 인물로 부각되었다.

책 중에 생동하는 정절(情節), 즉, 줄거리는 안영의 총명(聰明)과 기민(機敏)성을 표출한 것이며 '안영이 초국에 사자로 파견되다' 같은 내용은 민간에 널리 유전(流轉)되어 있던 내용이었다. 구체적인 사례를 통해 책은 '화(和)'와 '동(同)'의 두 개념을 논증(論症)하고 있다.

안영은 군주가 부화뇌동(附和雷同)하는 것을 '동(同)'이라 하고 이를 비평했다. 그리고 군주에게 건의 등을 올리는데 두려워하지 않았고 군주가 부족한 재능을 보충하는 것이 진정한 '화(和)'라고 했다. 이것이 제창(提唱)할만한 행위라는 것이다. 이러한 변증법(辨證法)사상을 풍부하게 갖고 있는 논술(論述)이 중국 철학사에서 빛나는 내용을 이루고 있는 것이다.

『안자춘추』는 유향(劉向)이 정리하여 내, 외 8편, 215장으로 나누었다. 주석을 단 서적은 청말(淸末) 소여(蘇與)의 『안자춘추 교주(校註)』와 장순일(張純一)의 『안자춘추 교주(校註)』가 있으며 근대(近代) 오즉우의 『안자춘추 집석(集釋)』이 참고 가치가 비교적 높은 저작이다. 그 중 『안자춘추-내편잡하』 중의 「귤유회위지(橘逾淮爲枳)」편은 특별히 경전(經典)으로 널리 유포되어 알려져 있다.

■ **책 주요 내용:**

『안자춘추』에 기록된 주요 내용을 몇 가지 정리하여 그 의미를 재현(再現)해보자. 무엇보다도 이 책에는 안영의 검소와 절약정신이 일관되게 강조되어 있다. 절약과 검소함은 현인(賢人)의 기본적인 품성(品性)이다. 안영은 부귀와 사치에 대해서 낭비하는 사람에 대해 그리고 그 행위에 대해 마음속에서부터 반감(反感)을 가지고 있었다.

그는 제경공의 극단적인 사치에 대해 여러 차례 비평을 가한 바 있다. 그리고 자신에 대해서는 절약과 검소함에 대한 자신에 대한 요구를 철저히 해 나갔다. 제경공은 여러 차례 안영에게 주택을 개수(改修)하도록 권유(勸誘)했다. 심지어는 그가 외교 사절(使節)로 외국에 나가 있는 동안 새 주택을 지어 주려고 했다.

그러나 안영은 한사코 이를 거절했다. 제경공이 그에게 차마(車馬, 마차와 말)를 하사(下賜)하였을 때 안영이 3번이나 거절하자 경공은 자신도 그러면 마차를 타지 않겠다고 했다. 그러자 그는 다음과 같이 말한다. '군주는 신하(저)로 하여금 백관(百官)의 관리로 임명하여 저는 의복과 음식을 절약하여 제국의 국민의 본보기가 되게 노력하였으나 사치하고 행동을 신경(神經) 쓰지 않은 꼴이고 이제 군주가 말을 타고 저도 말을 타고 다니면 백성이 올바르지 않다고 할 것이다.

의복과 음식에 사치하고 행동을 자제하지 못하게 되면 신(臣, 안영)이 어떻게 절약을 자제(금지)할 수 있겠는가?' 하고 거절하고 안 받았다. 안자는 절약으로 모범이 되어 백성이 과분하게 물질생활을 누려서 사회질서의 혼란과 도덕의 퇴폐(頹廢)를 조성하는 것을 방지하는 데에 안자의 의미가 있는 것이다.

『안자춘추』는 안자의 예(禮)에 대한 중시를 특별히 강조한다. 안자는 주장한다. '예는 백성을 보호하는 것이다. 예가 없이 국가가 잘 다스려졌다는 말을 나는 들어 본 일이 없다.' 예를 치국(治國)의 근본으로 간주한다. 백성 통치의 도구로 인식하는 것이다. 이렇게 예는 안자의 마음속에서의 위치를 알 수 있다. 이러한 점에서 안자와 그 후의 공자는 비슷한 점이 있다. 이렇기 때문에 안자는 무례(無禮)와 예에 맞지 않는 행위에 대해 가장 강력한 비평을 가한다.

「내간」편에 다음과 같은 일화(逸話)가 전해 내려온다. '경공이 술에 취해서 말했다. 오늘 제(諸) 대부(大夫)와 환락(歡樂)을 즐기려 한다. 예를 지키지 않아도 좋다. 안자가 감자기 안색을 변하고 말한다. 군주의 말씀이 과하다. 군신(群臣)은 군자에게 무례할 수 있다. 힘이 과하면 장자(長子)를 이길 수 있고 용기가 과하면 군주를 시해(弑害)할 수 있다.

예는 그렇지 않은 것이다. 금수(禽獸)는 힘이 정치라고 생각하고 강자는 약자를 범(犯)할 수 있어 군주를 갈아치울 수 있는 것이다. 지금 예를 없애려고 한다면 금수와 같은 것이다. 군신(群臣)이 힘으로 정치를 하고 강자가 약자를 공격한다면 군주를 갈아치우는 것이다. 군주는 어찌 통치할 수 있겠는가? 무릇 인간이 금수보다 귀한 점은 예의가 있기 때문이다.'

『시경(詩經)』에 그러므로 다음과 같은 시가 있다. '인간이 예가 없으면 어찌 빨리 죽지 않나?' 안자는 예를 가장 중요한 국가의 질서 체계로 간주한다. '예는 인간과 금수를 구별하는 표준이다. 예가 없으면 인간은 금수가 된다. 일국(一國)의 군주로써 앞장서서 예를 지키지 않는 다면 국가는 근본적으로 동요할 것이다.

「외편」에 안영의 다음과 같은 일화가 전해 내려온다. 내용이 위의 일화와 유사하다. '오늘날 제국의 오척(五尺) 동자(童子)도 힘이 저를 이길 수 있고 군주를 이길 수 있다. 그러나 감히 그렇게 못하는 것은 예를 두려워하기 때문이다. 만약 예가 없다면 아랫사람을 거느릴 수 없을 것이다.

아랫사람이 예가 없으면 윗사람을 모시지 않을 것이다. 사슴이 예가 없기 때문에 부자(父子)가 같지 않은가? 인간이 금수(禽獸)보다 귀한 이유는 예가 있기 때문이다. 안영이 듣기에 인군(人君)이 예가 없으면 국가를 다스리지 못하고 대부(大夫)가 예가 없으면 관리가 공손하게 굴지 않으며 부자(父子)가 예가 없으면 그 집이 반드시 흉(凶)하다.

안영은 신하로서의 자질과 인품 뿐 아니라 인간으로서의 숭고한 자질과 고상한 도덕적 정조(情操)를 갖춘 완전한 인격체였다. 이에 대한 감동적인 고사를 하나 들어보자. 『안자춘추』에는 이러한 고사를 통하여 안자의 고상한 품격과 인성을 드러내고 있다. 남을 대할 때의 관후(寬厚)함, 남을 책망할 때의 주도면밀함, 겸허(謙虛)하고 근신(謹愼)하는 미덕(美德)이 책 전체를 통하여 강조되고 있는 내용이다.

「내편 잡하」를 보자. '경공이 딸이 하나 있는데 안자에게 시집가기를 원했다. 경공이 안자의 집에 가서 술을 마시고 안자의 처를 보았다. 저 사람이 당신 처인가? 안자는 그렇다고 대답했다. 경공은 흥하고는 늙고 추하구나! 과인(寡人, 즉, 경공)이 딸이 있는데 젊고 예쁘다. 당신에게 시집가면 좋을 것이다. 안자는 자리를 피하며 대답한다. 제 처가 늙고 추하지만 제가 오랫동안 같이 살아왔다. 그러므로 젊고 예뻤었다. 젊어서부터 이제 늙어서 예쁜 모습이 추하게 변했다. 제 처가 저를 믿고 그렇게 된 것이니 저는 그것을 감수(甘受)해야 한다. 군주가 저에게 상(딸)을 내려 주시려 하니 어찌 제가 이중으로 돌봐야 할 사람이 되는 것이 아닌가? 재배(再拜)하고 사양(辭讓)했다.

제경공은 안자의 처가 늙고 추(醜)한 것을 보고 젊고 예쁜 딸을 그에게 시집보내려 했으나 안자가 엄한 어조로 거절한 것이다. 안자의 이러한 조강지처(糟糠之妻)를 쫓아내지 않는다는 애정(愛情)을 지키고 늙은 처를 배반(背叛)하지 않는 행위와 품덕(品德)은 남존여비(男尊女卑)의 봉건 시대의 특수상황 하에서 무척 고귀한 일일 뿐 만 아니라 오늘날에도 귀중한 교훈이 된다.

『안자춘추』는 문학사의 차원에서 보아도 가치가 있는 책이다. 인물을 중심으로 하여 일사일기(一事一記), 즉, 하나의 역사 사건마다 기록이 남는다는 원칙으로 기재되어 있다. 각 사건 사이에는 연계가 되어 있고 각자 독립되어 있어서 하나하나의 작은 고사를 형성한다. 이러한 고사들은 안자의 사상 품성을 표현하기 위해서 묘사를 한다. 전서(全書)는 안자의 언론(言論)과 사적(事迹)에 대한 모음이고 전체를 관통하여 그 의미를 살펴보면 안자전(晏子傳)이라고 할 수 있다.

이 책이 고사로 문학적 특징을 부각시키고 있는 점이 그 주요 특징인데 생동적이고 스토리 전개가 변화가 많아서 쉽게 읽히는 특성을 나타낸다. 「간하」 편을 예로 들어보자. 제국의 세 용사(勇士)인 공손접(公孫接), 전개강(田開疆)과 고야자(古冶子)의 삼인이 안자에게 죄를 지었다. 안자는 제경공에게 복숭아 두 개를 그들에게 보내주어 먹게 하도록 요청했다. 사람은 많고 복숭아는 적어서 삼인이 공(功)을 애기하여 복숭아를 먹도록 정했다.

공손접과 전개강이 공로(功勞)를 각자 말한 후 자신의 공로가 가장 크다고 주장했다. 그래서 그들은 각자 복숭아 하나씩을 가져다가 먹었다. 고야자가 자신의 공로를 다 말한 후에 공손접과 전개강은 모두 자신의 공로가 그보다 못하다고 생각했으나 복숭아를 가져다가 먹어버린 것이다. 그래서 무척 창피하게 생각해서 검(劍)을 들어 자살(自殺)했다. 고야자는 그 두 사람이 자살한 것을 보고 자신도 내심(內心) 부끄러워서 자살해 버렸다. 이 사건은 『안자춘추』에 매우 상세하고 구체적으로 묘사되어 있다. 사건의 연기(緣起), 발전, 고조(高潮)와 결말(結末) 등이 모두 명백하고 희극(戲劇)성(性)적인 성격이 농후하다.

「간하」에서는 또 다른 고사가 등장한다. 제경공의 총애하는 애첩(愛妾) 영자(嬰子)가 죽은 것이다. 제경공은 매우 상심(傷心)하여 먹지도 마시지도 않고 있어서 대신(大臣)들이 아무리 위로(慰勞)하고 말려도 소용없었다.

안자가 이 이야기를 듣고 경공에게 말했다. 술사(術士) 한 사람이 기사회생(起死回生)하게 하는 사람이 있다. 제경공이 이를 듣고 아주 기뻐했다. 안자는 경공에게 다른 곳에 가서 목욕재계(沐浴齋戒)하라고 했다. 제경공이 간 후 안자는 영자의 시체를 관(棺)에 넣어 매장(埋葬)해 버렸다.

그러고 나서 제경공에게 말하기를 술사는 이미 어쩔 수 없다고 했다. 그래서 그녀를 이미 관 속에 넣어 매장해 버렸다. 제경공이 듣고는 어쩔 수 없었다. 이 사건도 매우 생동(生動)적이고 곡절(曲折)이 많은 이야기를 묘사하고 있다.

이러한 부류(部類)의 고사가 『안자춘추』에 상당 부분의 비중(比重)을 차지한다. 『안자춘추』의 또 다른 문학적인 특성은 인물의 형상을 마치 살아있는 듯이 묘사하고 성격이나 개성을 선명(鮮明)하게 드러나도록 표현한다는 점이다. 이 책에서는 안자의 인성(人性)이 인인(仁人)일 뿐 만 아니라 지자(智者)이기도 하고 사상 도덕이 숭고하고 남의 표본과 모범이 되는 인물로 설정하여 선명한 개성(個性)을 충분히 발휘하고 있는 인물로 묘사된다.

「간상」과 「간하」에서 우리는 안자의 정치가로서의 품격(品格)을 엿볼 수 있다. 안목(眼目)이 원대(遠大)하고 심사숙고(深思熟考)하며 심후(深厚)한 정치적 소양(素養)을 갖추고 있는 인물이다. 직언(直言)과 권간(勸諫)을 서슴지 않는다. 기타 편(編)과 장(章)에서는 안자가 또 다른 형상으로 선명하게 우리 앞에 드러나고 있다.

「잡하」에 기재된 '안자가 초(楚)국에 사절(使節)로 파견되다' 라는 고사가 기재되어 있다. 아자가 초국에 사절로 갔다. 안자의 키가 작기 때문에 초인(楚人)이 대문 옆에 있는 작은 문으로 들어가라고 했다. 안자는 들어가지 않았다. 그리고 말하기를 개나라(구국, 狗國)에 오면 개문(구문, 狗門)으로 들어간다. 지금 나는 초나라에 왔으니까 이 문으로 들어가는 것이 맞지 않다. 사절(使節)은 대문으로 들어가야 한다.

초왕을 알현(謁見)했다. 초왕이 말한다. 제나라에는 사람이 없나? 안자가 대답하기를 임치(臨淄, 제나라 수도)에는 삼백 여(閭)가 있다. 소맷자락을 펼치면 그늘이 생기며 땀을 닦으면 비가 된다. 어깨를 부딪치고 발꿈치를 서로 맞닿을 정도로 사람이 많다. 어찌 사람이 없겠는가?

초왕이 말하기를 그러면 왜 당신이 사절로 왔는가? 안자가 대답한다. 제나라에는 사절이 각기 맡은 일이 있다. 어진 사람은 어진 왕 에게 사절로 가고 불초(不肖)한 자는 불초한 왕에게 사절로 간다. 내가 가장 불초하니 초나라에 바로 사절로 온 것이 아닌가?

신체가 왜소(矮小)한 안자가 초왕의 도전에 직면(直面)하여 여유 있게 조금도 흐트러뜨리지 않고 사태(事態)를 처리한다. 초왕으로 하여금 조금이라도 이익을 보게 하지 않았을 뿐 아니라 효과적으로 반격을 가해 초왕으로 하여금 난처하게 만들었던 것이다. 이 고사는 안자의 적응력과 기민(機敏)성, 반응의 민첩(敏捷)성의 특징을 유감(有感)없이 표현하고 있다.

동시에 안영의 사명(使命) 완수(完遂)를 위한 대응력이 뛰어난 그의 재능을 최고로 발휘하고 최대한의 노력을 경주(競走)하는 외교가 재능을 엿볼 수 있는 것이다.

「잡하」에 다음과 같은 일화가 기재되어 있다. 양구거(梁丘據)가 안자에게 말한다. 나는 죽어도 당신을 따라갈 수 없소! 안자가 대답한다. 내가 듣건대 노력한 자는 성공하기 마련이며 실천하는 자는 항상 이룬다는 말을 들었다.

나는 특별한 사람이 결코 아니다. 항상 국가와 군주를 위해 노력하고 행동으로 실천하는데 게으름이 없다. 어찌 이것이 어렵겠는가? 이 일단(一段)의 대화는 우리에게 안자의 솔직(率直)하고 겸허(謙虛)한 태도와 성품을 그대로 나타내고 있다.

「간상」의 기록 한 가지를 보자. 제경공이 안자, 애공(艾孔)과 양구거와 함께 우산(牛山)에 올랐다. 제경공이 인간은 언젠가는 죽어야 된다는 것을 생각하고는 슬피 울음을 참지 못했다. 눈물이 온 얼굴에 가득했다. 애공과 양구거도 따라서 울기 시작했다. 오로지 안자만이 옆에서 냉소(冷笑)를 지을 뿐 이었다. 제공공이 안자에게 물었다. 왜 웃느냐고. 안자가 대답했다.

만약 인간이 죽지 않는다면 군주 제공경이 어떻게 국군(國君)이 될 차례가 될 수 있었겠는가? 인간이 죽기 때문에 당신에게 차례가 돌아온 것이다. 당신 차례가 되었을 때 당신이 장생불사(長生不死)를 생각한다면 그것은 불인(不仁)한 사람이라는 것이다. 오늘날 어질지 못한 군주를 한 사람 보고 아첨(阿諂)하는 신하를 둘 보았기에 나는 홀로 냉소를 금하지 못하겠다.

고사 중에 등장하는 네 명의 인간 중에 한 사람은 냉소를 머금고 나머지 세 사람은 우는 장면을 상상해 보라. 웃음 속의 안자의 정직과 아첨하지 않는 성격을 볼 수 있고 우는 제경공의 탐욕과 애공과 양구거의 아부(阿附) 아첨을 적나라하게 볼 수 있는 장면이다. 인물의 특성과 성격 및 인물의 표정(表情)이 지상(紙上)에서 튀어 오르는 것 같이 느껴진다.

가의신서(賈誼新書)

■ **제목:**

가의신서(賈誼新書)

■ **작자:**

가의(賈誼) (기원전 200-168년)

■ **출간 연대:**

서한 후기 유향(劉向)이 편집함

■ **책 소개:**

『가의신서』는 가의의 문집(文集)을 모아서 정리하여 출간한 고전이다. 서한(西漢) 후기 유향(劉向)이 정리하여 편집한 것으로 처음에는 『가자(賈子)신서(新書)』라고 명명(命名)했다. 당시 유향이 정리한 기타 책들도 무슨 신서(新書)라는 이름을 붙였으므로 아직 정리하지 못한 '구서(舊書)'와 구별하기 위해서였다. 후에 다른 책들은 점차로 '신서'라는 두 글자를 떼어 내 가고 있는 추세에 있는데 반해 『신서』는 가의 문집에 붙이는 고유명사(固有名詞)가 되어 버렸다.

후에 반고(班固)가 『한서(漢書)』를 저술할 때 『신서』 중의 많은 글을 수록했다. 『한서. 예문지(藝文志)』에 『신서』와 관련

하여 다음과 같은 기록이 남아 있다. '가의 58편이 있다.' 이것은 대략 유향이 편찬한 『가의신서』를 말하는 것이다. 현존(現存)하는 최초의 『가의신서』의 판본은 명대(明代)의 것으로 송(宋)대(代)의 판본을 모방하여 판각(板刻)한 것이다.

『신서』가 후대인의 위작(僞作)이라는 설도 몇 몇 학자에 의해 제기되었다. 『사고(四庫)제요(提要)』에 관련 설명이 타당할 것이다. '책이 모두 진짜는 아니지만 또한 모두 위작도 아니다.' 현재 학술계는 보편적으로 『신서』가 기본적으로 유향이 편찬한 원래의 모습을 유지하고 있다고 믿는다. 그 중 후대인이 조금 고치거나 보충한 부분이 있을 가능성이 있지만 이러한 문제는 고서(古書)에 나타나는 일반적인 문제들이다. 이러한 조그만 문제로 『신서』가 가의의 저작이 아니라고 부정(否定)하는 것은 옳지 않은 것이다.

1975년 상해인민출판사가 펴낸 『가의집(賈誼集)』과 『신서(新書)』는 청대(淸代) 노문초포경당본(盧文弨抱經堂本)으로 10권과 다수의 편목(篇目)으로 나누어져 있다. 다수의 글이 논문(論文)이며 일부분의 문답(問答)과 고계(告誡)에 대한 글이다. 이것들은 가의가 교학(敎學)활동을 진행할 때의 기록으로 보인다.

■ 역사 배경과 영향 등:

서한 초기에 통치 계층의 중심 의제(議題, agenda)는 진(秦)조(朝) 멸망의 교훈을 분석하고 이에 대한 결론을 내리는 것이었다. 이로써 더욱 효과적인 치국(治國)의 도(道)를 탐색하는 것이었다. 가의는 이 문제에 대해 상당히 심오한 논술을 한 바 있다. 그는 백성의 거대한 역량을 인식했고 이에 백성이 '만세(萬歲)의 근본'이라고 하는 명제를 제시했다. 백성은 그렇기 때문에 무시(無視)하거나 속여서도 안 되고 경외(敬畏)의 대상이라는 관점을 내세웠다.

통치자는 반드시 인민의 기본 생활의 수요를 보증해야 한다. 진조의 실책(失策)이 바로 이 점으로 귀결(歸結)된다. 인의(仁義)를 베풀지 않고 엄형(嚴刑)과 혹법(酷法, 가혹한 법률)으로만 국가를 다스린다면 멸망에 이를 것이다.

가의는 '인의(仁義) 은후(恩厚, 후덕한 은혜를 베풀어 줌)'와 '권세(權勢) 법제(法制)'가 강유(剛柔), 즉, 당근과 채찍을 적당히 나누어서 수단으로 하여 통치해야 한다는 결론을 내린다. '권세 법제'는 통치 질서를 건립하는 전제가 된다. '세(勢, 세력)가 이미 정해지고 권(權, 권력)이 충분한 때라야' 그 이후 '인의 은후'로 백성에게 덕을 베풀면 천하의 만민이 모두 고마워하는 마음을 가질 것이라는 것이 가의의 백성 통치의 기본 논리이다.

가의의 사상은 유가(儒家)를 기본으로 하여 법가의 관점을 가미하여 통치술을 펼치는데 더욱 유리하게 하는데 주안점을 두었다. 한 대의 '패도(覇道)와 왕도(王道)를 같이 시혜(施惠)하는' 치국책략의 사상의 기초를 닦는 의의를 지닌다. 가의의 교육에 대한 논술도 봉건 왕조가 영구하게 통치하는 국책(國策)을 그 출발점으로 하고 있는 것이다.

■ 책 주요 내용:

가의의 『신서』에 나타난 사상을 다음 몇 가지로 귀납할 수 있다. 첫째, 예치(禮治)사상이다. 가의의 예치사상은 유가 사상에서 유래했지만 유가사상과 다른 양상을 보인다. 가의는 법치(法治)를 폐지하지 않고 법가의 사상 일부분을 자신의 예치사상에 흡수하여 당시 서한의 정치권력과 세태가 요구하는 강력한 중앙집권의 전제군주 통치체제를 확립하려는 체계를 건립한다.

먼저 가의는 역사의 교훈(敎訓)에서 자신 사상의 논리의 정당성을 추출한다. 진(秦) 왕조가 전국 통일의 위업을 이루었음에도 불구하고 단명(短命)으로 망한 이유를 추적한다. 상앙(商鞅)의 변법(變法)을 진 왕조의 전국 통일의 견인차적인 사상이었음을 인정한다. 그러나 가의가 상앙에게 불만이었던 점은 상앙이 법치만을 중시하고 예치를 폐기했기 때문이었다.

'상군(商君)이 예의(禮義)를 위반하고 윤리를 저버렸으며 오로지 진취(進取)심, 즉, 국가의 발전과 강국의 법술(法術)에만 전력을 쏟았다. 상앙의 변법이 시행된 지 2년 후부터 진국의 풍속이 나날이 패퇴(敗退)하기 시작했다.' 가의는 황실의 권위를 유지 보호하기 위해서 또 신하로 하여금 질서있는 법도를 지키게 하기 위해서 필요한 것이 바로 엄격히 구분된 등급(等級)있는 예절이었다. 다른 등급의 사람들이 다른 행위 규범을 준수(遵守)하게 함으로써 서로 다른 '예절'을 누리게 하는 것이다.

가의는 인위적으로 일종의 '세(勢)'를 조성하여 천자로 하여금 '존엄함을 극도로 높여서' 금자탑의 정점에 위치하게 하고 각급 관리와 귀족을 그 아래에 위치시켜 금자탑 같은 구조로 예치의 질서를 유지하게 하는 것이다. 여기에 관한 가의의 유명한 명언이 전해 내려온다. '예는 서인(庶人)에게 미치지 않고 형(刑)은 대부(大夫), 혹은 군자(君子)에게 이르지 않는다.'라는 차별적인 예의 본질에 대한 오로지 천자를 위한 목적론적 논단이다.

둘째, 민본(民本)을 중심 시상으로 하는 인정(仁政)사상이다. 가의는 인애(仁愛)가 예의 내용이 된다고 주장한다. 예는 곧 인애의 외적인 외재적 표현 형식이다. '예는 천자가 천하를 애호하는 것이다.

제후는 경내(境內)를 애호하는 것이며 대부는 관속(官屬)을 애호하는 것이며 사서(士庶)는 각기 자신의 집을 아끼는 것이며 애호의 마음을 잃으면 어짊이 없어지고 애호의 마음이 넘치면 의로운 마음이 없어진다.'

즉, 가의에게는 인애(仁愛)가 예의 기본 내용이 된다. 또한 '인의(仁義)' 혹은 '인덕(仁德)'은 영명(英明)한 군주의 본성(本性)이다. '인의(仁義)는 명군의 본성이다.' 선험적인 인성론이다. 가의가 이러한 인의의 본성을 강조하는 이유는 통치자가 인(仁)을 행함에 있어서 마치 본성에서 나온 것 같이 하기를 바라는 마음에서였다. 이렇게 함으로써 자각적으로 '인정(仁政)'을 실행하게 되는 것이다.

셋째, 중앙집권의 강력한 권력 집중을 위한 사상의 통일이다. 가의가 처한 시대적 상황은 서한 초기의 두 가지 문제가 존재하고 있었던 시기였다. 즉, 제후왕과 흉노(匈奴)의 위협이었다.

제후왕 세력의 팽창을 억제하는 방법을 가의는 정예제(定禮制)와 정지제(定地制)로 두 가지를 제안한다. 정예제는 제후왕이 예제(禮制)에 있어서 참월(僭越), 즉, 월권(越權) 행위가 없어야 한다. 이를 위해 엄격히 등급(等級)을 구분하여 각 제후왕이 신하의 예로써 매사(每事)에 임하도록 통제를 가하는 것이다. 이것은 외재적인 표면적 형식에 대한 성격이다.

정지제는 경제적 문제에서 접근한다. 즉, 경제 기초라는 하부구조(下部構造)가 예의의 상부구조(上部構造)에 영향을 미치는 독립적인 요소로 작용한다. 그러므로 중앙(中央)정부(政府)의 감시(監視)와 통제(統制) 하에 각 제후에게 토지를 나누어 주고 안정된 생활을 하게 하는 방식이다. 이렇게 되면 그들이 반란을 꿈꾸지 못할 것이라는 사고방식에서 착안한 제도이다.

흉노에 대해서는 유가와 법가사상을 결합한 전략사상을 제기한다. 무력으로 축출(逐出)할 수 없는 경우 화친(和親)은 또한 굴욕을 의미하므로 '전덕(戰德)'의 방법을 강구하는 수밖에 없다. 즉, 후덕(厚德)으로 사이(四夷, 오랑캐)를 마음속으로부터 복속(服屬)하게 만드는 것이다. 이것은 철저한 유가의 방법이다. 법가의 방법을 가미하는 것이 가의의 전략적 의미였다. 여러 가지 법가의 술수(術數)를 통해 흉노의 눈과 마음을 현혹(眩惑)시켜 중국의 문화발전에 복속하게 하는 방법을 강구한다. 장신구와 음식, 음악 무용(舞踊) 등으로 흉노의 사자(使者)를 현혹시킨다는 내용 등이다.

양자법언(揚子法言)

■ **제목:**

양자법언(揚子法言), 혹은 법언(法言)

■ **작자:**

양웅(揚雄)(기원전 53-18년)

■ **출간 연대:**

서한(西漢)

■ **책 소개:**

『양자법언』은 대표적인 중국 고대의 철학 서적으로 전 10권으로 구성되어 있으며 13편으로 세분되어 있다. 각 편에는 서(序)가 붙어있다.

본 서의 저작의 동기로 『한서(漢書). 양웅(揚雄)전(傳)』에 양웅의 자서(自序)가 기록되어 있다. '내가 보기에 제자(諸子)가 각기 지식을 과시하며 성인(聖人)을 폄훼(貶毁, 경시, 輕視)하는 태도를 보이고 궤변(詭辯) 등을 늘어놓아 세상을 현혹시키는 경향(傾向)이 있다.'

'

그러므로 비록 짧은 소견(所見)이나마 대도(大道)를 펴고 혹세무민(惑世誣民)에 빠져 있는 군중이 자신이 들은 바에 판단이 흐려져 시비를 몰라 이를 깨뜨리기 위하여 저술한다.' 사람들이 양웅에게 성인의 도에 대해 물어보는 경우가 많아 양웅은 항상 법(法)을 사용하여 응대(應對)해 주었다. 이에 13권을 저술하여 논어와 같이 법언이라고 이름을 지었다.

이러한 자서의 내용을 보아 양웅의 『법언』의 저술 목적이 분명히 유가 사상의 순결성을 지키고 발양(發揚)하고자 하는 데에 그 목적이 있음을 분명히 했다. 이와 동시에 일정 부분 유물주의론 적인 색채가 가미되어 있으며 당시에 유행하는 감응학설과 귀신도참 등 종교 미신사상에 대해 비판을 가한 것이다.

이렇게 하여 당시 유물주의 사상가들에게 찬양을 받는 등의 영향을 끼치며 동한(東漢)의 유명한 유물주의자 철학가인 왕충(王充)이 비교적 큰 영향을 받은바 있다.

『법언』의 문체 표현은 양웅의 또 다른 대표작인 『태현(太玄)』 같이 어렵고 이해가 힘든 표현이 많지 않지만 상당히 쉽지 않은 표현이 들어 있다.

북송(北宋)의 사마광(司馬光)은 이 『법언』과 맹자(孟子)와 순자(荀子)의 저작을 비교하여 이렇게 언급한 바 있다. '맹자의 문체는 직선적이고 명확하며 순자의 문체는 화려하고 수식적인 반면에 양자의 문체는 간단하고 심오하다. 이렇게 간략하고 심오하기 때문에 이해하기가 쉽지 않다.'

이러한 이유로 한(漢) 대 이후부터 북송 중기까지 주석(註釋)을 붙인 사람이 거의 없다. 사마광이 주석본에 서문을 쓴 내용을 보면 양웅에 대한 평가가 맹자와 순자와 나란히 높은 수준으로 치고 있다는 것을 알 수 있다. '한유(韓愈)가 순자를 칭할 때 맹자와 양자 사이에서 언급한다.'

또 세 성인의 중점 방향에 대해서 언급한다. '맹자는 순정(醇正)한 성인이고 순자와 양자는 큰 학자인데 반해 약간의 하자(瑕疵)가 있다. 세 성인 모두 큰 현인(賢人)이며 모두 육예(六藝)와 공자(孔子)를 그 학문과 사상의 연원(淵源)으로 하고 있다. 맹자는 시(詩)와 서(書)를 좋아하고 순자는 예(禮)를 좋아한 반면 양자는 역(易)을 좋아했다. 고금(古今)의 사람들이 모두 그들을 존경했다. 사마광도 그 등급 차이를 알지 못한다.

그러나 양웅이 이 들 중 가장 최근의 인물로 맹자와 순자에 비해 성인에 절충(折衷)적인 것으로 보인다. 도의 극치를 구하기 위해 잠심(潛心) 노력하여 머리가 다 희도록 연구하여 얻은 바를 저술했다. 그러므로 얻은 바가 많아 그 후에 덧붙일 말이 없을 정도였다.

비록 적은 하자가 없을 수 없으나 잠심(潛心) 연구한 바는 가장 심오한 것들이다. 한유는 이에 대해 정론(定論)이 아닌 것이 없다고 가장 높은 평가를 한다.

사마광(司馬光)도 『법언』을 매우 좋아했다고 기술한다. '어려서부터 이 책을 좋아했다. 정독(精讀)해서 읽고 생각하곤 했다. 오래도록 이 책을 읽었다. 늙어서 당시 남아 있던 4명의 주석본을

읽었다.'

그러나 송 대, 특히 남송(南宋) 시대는 송명(宋明) 이학(理學)의 시작과 전성기였다. 정이(程頤)부터 『법언』에 대한 인식이 바뀌기 시작했다. '만연(蔓延, 문장이 초점이 없이 전개하는 방식)하고 무단(無斷, 분명한 어조가 아님)하다. 우유(優柔, 우유부단함)하고 결단성이 없다'고 비판한다. 소식(蘇軾)은 '간심(艱深, 어려운 표현)적인 어휘의 전개와 문천이(文淺易, 문장이 깊이가 없음)'라는 평을 남긴다.

이러한 경향은 이학의 대가 주희(朱熹)에 이르러 절정에 이른다. 그는 『통감강목(通鑑綱目)』에서 '어리석은 대부 양웅이 죽다'고 대서특필(大書特筆) 식으로 비판한다. 이렇게 역사와 사상의 변화의 양상에 따라 양웅의 인품과 저작이 나날이 유가 학자들에 의해 경시되어져 갔다.

청(淸) 대 이후 제자(諸子) 백가(百家)의 학문의 부활의 경향으로 『법언』이 다시금 사람들의 주목을 받게 되었다.

■ 역사 배경과 영향 등:

양웅의 시대는 각종 학설이 통치자가 필요한 대로 사용하는 그러한 시대였다. 유가의 학설은 표면상 형식 상 그 모습이 존재하고 있었고 이러한 상황을 양웅은 참을 수가 없었다. 매우 분개하고 있던 시절이었다. 그는 유가 이외의 학설을 배격했다.

'장자와 양자는 음탕하고 법도가 없으며 묵자와 안자는 검소하나 예를 폐지했고 신자와 한비는 음험(陰險)하고 교화가 없다. 추연(鄒衍)은 노회(老獪)하고 신뢰감(信賴感)이 없다.'

양웅은 종횡가(縱橫家)를 혐오(嫌惡)했다. 왜냐하면 종횡가가 가장 인간의 눈과 귀를 어지럽히는 장본인(張本人)이기 때문이었다. 가장 대도(大道)를 위배(違背)한 것이기도 했다. 그는 참위(讖緯)를 반대했다. 음양가(陰陽家)를 '무고(巫瞽)'의 설로 간주했다.

양웅은 소년 시기와 중년 시기에 부(賦)를 짓곤 했다. 그러나 그는 사부(辭賦)가(家)를 경시했다. 부를 '동자(童子)가 벌레를 조각(彫刻)하고 전각(篆刻)한다고 하는' 것이라고 보았다. '장부(丈夫)가 할 것이 아니라'는 것이었다. '시인이 부를 지어 아름다우면 이를 규칙이라고 하고 사인(詞人)이 부를 지어 아름다우면 이것을 음란(淫亂)이라고 한다. 공자 사상의 계승자가 부를 사용해서 가의(賈誼)가 벼슬에 오르는데 어찌 이를 이용하지 않으리?'

그는 도가에 대해서는 취사선택(取捨選擇)적인 태도를 취했다. 노자가 말한 도덕(道德)을 높이 평가하면서도 노자의 인의(仁義) 철폐를 반대했다. 예학(禮學)을 절멸(絶滅)시키는 것으로 반대했다. 그의 『법언』과 함께 대표작인 『태현경(太玄經)』이 바로 이러한 노자의 영향 하에서 집필된 것이다.

■ 책 주요 내용:

양웅은 『법언』에서 주장하는 주요 내용은 성인(聖人)의 도(道)를 강조했다. 성인의 도야 말로 이 세상을 다스릴 수 있는 법보(法寶)인 것이다.

민중(民衆)은 우매(愚昧)하다. 총명이 열리지 않아 여러 가지 도리와 이피로 가르쳐야 한다. 이(理)는 배우고 실천해야 한다. 그래야만 철저(徹底)한 깨달음을 얻는다. 인간이란 배우면 바른 사람이 될 수 있고 배우지 않으면 사악(邪惡)한 길로 빠지게 된다. 그러나 무엇을 배울 것인가?

당연히 성인을 배우고 성인의 도를 배워야 한다. 성인의 도야말로 근본이다. 근본은 반드시 존중해야 한다. 성인의 도와 상대되는 것은 사람의 눈과 귀를 혼란시키는 사부(辭賦)와 인간을 잘못된 길로 인도하는 변설(辨說)로 이것이 말(末)이다. 이 끝(즉, 말)은 반드시 억제(抑制)되어야 한다.

도는 존숭(尊崇)되어야 하고 배워야 한다. 도는 소변(小辯)을 버리는 것과 자신에게서 구하는 것을 통해 진입(進入)할 수 있다. 배운 후에라야 비로소 이렇게 할 수 있음은 명백하다. 유가(儒家)와 같이 그는 '인의예지신(仁義禮智信)'을 극력(極力) 제창(提唱)한다.

양웅은 주장한다. '인(仁)은 주택이다. 의(義)는 길이다. 예(禮)는 의복이다. 지(智)는 촛대이다. 신은 부적이다. 집에 머물며 길을 걷고 초를 밝히며 부적을 붙이고 군자는 부동(不動)이나, 즉, 흔들리지 않으나 움직이면 이들을 얻을 수 있다. 도, 덕, 인, 의와 예는 몸에 비할 수 있는가? 도로 인도하고 덕으로 얻고 인으로 사람이 되고 의로 적당히 하며 예로 체득한다. 이 다섯 가지가 인간의 천성(天性)이다.

양웅은 군자가 예로 움직이고 의로 정지한다고 주장한다. 그는 공자를 존숭(尊崇)하고 공자가 말한 경(經)을 존숭한다. 그는 공자의 도는 중국을 경영하는데 필수적이며 결국 대해(大海)로 흘러가게 되어 있다고 말한다. 천을 말하고 인간사를 말하고 체(體)를 말하고 이치를 말할 때 오경(五經)을 벗어날 수 없다.

입언(立言)은 경으로 표준을 삼아야 하고 그러므로 양웅은 『주역(周易)』을 모방하고 『논어』를 모방하여 저술 활동을 한다. 그는 맹자를 존숭하고 '맹자에 비할 수 있는 것'으로 자신을 내세운다.

맹자의 시대에 예악이 붕괴하고 백가쟁명(百家爭鳴)의 길이 막혔다. 유가와 도가는 거의 묵묵(黙黙)한 명맥을 겨우 유지하는 지경이었다. 맹자가 탄생하여 변론에 능한 재능을 가지고 열심히 각지에서 유학을 선전하고 이단을 배격했다. 맹자는 유학의 수호자로 자처한다.

문중자(文中子)

■ **제목:**

문중자(文中子)

■ **작자:**

왕통(王通)(580년-617년) 문중자는 그의 호(號).

■ **출간 연대:**

왕통 사후. 수(隋)대

■ **책 소개:**

왕통은 수(隋)조(朝)의 인물로 저명한 교육가요 사상가이다. 왕통의 부친은 국학 박사로 603년 수(隋)문제(文帝) 시 수재(秀才)에 합격해 수문제에게 『태평십이책(太平十二策)』을 바친다. 그의 주장은 '왕도(王道)를 중시하고 패략(覇略), 즉, 패도(覇道)의 전략을 채택하여 옛날을 교훈삼아 오늘날에 이를 응용하면 천하통치가 여반장(如反掌)같이 쉽다'는 것이었다.

궁중 정치에 환멸을 느낀 왕통은 귀향하여 『육경(六經)』의 뒤를 이을 『속육경(續六經)』을 저술하기로 결심한다. 9년의 시간을 들여 드디어 완성했는데 이를 『왕씨육경(王氏六經)』이라고도 한다.

■ 역사 배경과 영향 등:

왕통은 위(魏)진(晉)남북조(南北朝) 시대의 동란(動亂)과 이에 따른 유학의 쇠퇴(衰退)를 만회하기 위한 노력을 할 것을 자신의 자임(自任, 사명)으로 한다. 유학이 수(隋)와 당(唐) 교체기에 회복과 발전되기 위한 충분한 사상적 준비와 여론(輿論)의 대비를 할 필요가 있었던 것이다.

그래서 왕통의 사후 그 제자들이 그를 '지인(至人)'이라고 추앙하고 '왕(王)공자(孔子)' 혹은 '문중자'라고 했던 것이다. 이는 왕통의 이러한 자신의 사명의 완수 여부에 대한 후대의 충분한 긍정적인 평가가 내려진 것으로 보여 진다. 왕통은 수당 시대의 유학의 변혁과 발전 과정에서 중요한 역사적 지위를 차지했던 것이다.

왕통은 강학(講學) 중에 많은 가치 있는 사상과 주장으로 후대에 영향을 미쳤다. 자연관(自然觀)에서는 동중서(董仲舒)를 중심으로 하는 천인감응설 및 그 후의 참위신학에 대해 비판을 가해 한 대 이후의 신학화된 유학이 이학(理學)으로 전화(轉化)되는데 선구적인 역할을 수행했다. 소위 '전(前)이학(理學)' 시기의 주요 대표인물이 되었다.

역사관(歷史觀)에서는 '도(道)'의 주재(主宰)로 '천(天)'의 주재를 대체했다는 점이다. 이학 천리(天理)사관(史觀)의 전주(前奏)를 이루었다. 윤리학 방면에서는 비교적 일찍이 '궁리(窮理)진성(盡性)'과 '주정(主靜)'의 수양(修養)방법을 제시했다. 당대(唐代) 유학, 특별히 송(宋)대에 이학 방면에 극히 중요한 영향을 미쳤다. 이학의 중요한 개념 범주를 개척하였고 치학(治學)의 방법 및 수양 방법의 선구자가 되었다. 그러나 왕통은 38 세로 요절(夭折)하여 자신의 재능을 전시(展示)하거나 발휘(發揮)하지 못했다.

■ 책 주요 내용:

왕통 사후(死後) 제자들이 그를 기념하고 유학 발전 중에 행한 공헌에 대해 널리 알리기 위하여 공자의 제자들이 『논어』를 편집한 예를 모방하여 『중설中說)』을 편찬했다. 이는 『중문자중설(中文子中說)』 혹은 『문중자(文中子)』로 불린다. 이는 왕통이 강의(講義)한 형식을 그대로 보존하여 왕통의 수업한 주요 내용의 근거와 참고 부분 등을 몇 가지 편(篇)으로 나누었다.

『중설(中說)』은 비록 『논어』의 체제를 모방하였지만 내용 부분에서는 창조적인 것이 많이 기록되어 있다. 시대적 특징을 보이는 것이다. 우선 왕통은 왕도(王道)의 창명(彰明)과 유학의 진흥을 교육의 근본 목적으로 삼는다. 권수(卷首)의 「왕도(王道)편(篇)」에 다음과 같은 기재(記載)가 이를 나타낸다. '문중자는 말한다. 제왕의 도가 어둡고 밝게 되지 못하였다.' 이러한 상황을 역전(逆轉)시키기 위하여 교육과 인재를 중요시해야 한다.

그는 국가의 흥쇠(興衰)는 각종 인재에 달려 있다고 단언(斷言)한다. 인재의 양성은 학교의 배양을 통해서 이루어져야 한다. 합격인 인재가 있어야 왕도가 비로소 밝게 빛나게 되며 유학이 진흥(振興)하게 된다.

그 다음 왕통은 인성이 모두 선하다고 주장한다. 본연의 인, 의, 예, 지, 신의 '오덕(五德)'을 구비하고 있다. 인간이 이 본성을 체현할 때 우주 및 광대한 사회 중에서 천리(天理)로 된다. 교육을 통해서만 인간이 완전한 인격체가 될 수 있도록 도와줄 수 있는 것이다. '낙천(樂天) 지명(知命)과 궁리(窮理) 진성(盡性)'의 경계(境界)에 도달하게 된다. 이렇게 하여 최종적으로 '군자', '성현(聖賢)'으로 거듭나게 되는 것이다.

셋째로, 왕통은 유불(儒佛)도(道)의 삼교가 서로 경쟁하며 투쟁하는 시대에 태어났다. 전통 유학의 교육의 정통 지위가 심각한 위협에 처하게 되었다. 그리고 유가사상의 본연의 모습은 낡고 구태의연한 현상을 나타내 보이고 있었다. 유학을 진흥시키고 발전시키기 위해 왕통은 '삼교가일(三教可一)'의 주장을 명확히 제시한다. 적극적인 태도로 불도(佛道) 사상 및 방법의 장점을 흡수하여 유학의 개조와 발전에 유익한 영양분(營養分)을 제공하려는 데에 의미가 있는 것이다.

넷째, 왕통은 교재와 교학 방법 등의 개조와 발전을 중시했다. 그의 일생 동안의 저술이 풍부하고 은거(隱居)하여 교수(教授)하는 여가에 '속(續) 공(孔)씨(氏) 『육경(六經)』 근 백여 류(類)'를 저술했다. 학생에게 대량의 경학 보조 교재를 제공하기 위하여 『속육경』을 저술한 것이 그 이유 중의 하나이다. 양한(兩漢) 이후 사회, 습속(習俗), 학술, 사상 및 역대의 통치 득실(得失)의 구체적인 상황 등과 유가 전통 사상을 결합하여 유학 발전의 역사 맥락의 입장에서 저술한 것이다.

비록 사상의 큰 범주의 차원에서 보면 공자 사상의 범주를 벗어나지 않았지만 사상 내용 방면에 있어서 새로운 견해를 적지 않게 제시한다. 특별히 역사의 변천이 사회 각 방면에 끼치는 변화에 주의하여 다각도로 문제에 대한 인식과 성격을 제시한다.

예를 들어 『속시(續詩)』를 보면 왕통은 화속(化俗) 추이(推移)의 이치를 표명한다. 그 기본정신은 전통 유학의 정신과 일치하지만 『시변론(時變論)』 사상의 기초 하에서 진(晉), 송(宋), 북위(北魏), 북주(北周), 수(隋)6조(朝)의 문학작품이 이미 『시경(詩經)』과 같은 순수한 미가 아닌 왕도(王道)가 불명(不明)인 상태로 변하였다. 풍속이 올바르지 않은 '속품(俗品)'이 되어 버렸다.

그는 『시경』 풍(風), 아(雅), 송(頌) 등의 구조 배열 방법을 변화시켜 화(化), 정(政), 송(頌), 탄(嘆) 등 4대 부분으로 세분했으며 이로써 미(美), 면(勉), 상(傷), 악(惡)과 계(誡) 등 5종의 감정의식을 체현한다. 시의 정치 경향과 설교(說敎) 특징을 부각시켜 강조한다.

황제내경(黃帝內經)

■ **제목:**

황제내경(黃帝內經)

■ **작자:**

미상(未詳)

■ **출간 연대:**

춘추(春秋) 시대 이전

■ **책 소개:**

중국 전통 의학의 4대 경전 저작 중의 하나. 4대 의학 부분의 저작은 『황제내경』, 『난경(難경(經)』, 『상한론잡론(傷寒論雜論)』과 『신농본초경(神農本草經)』이다.

중국 의학 보고(寶庫) 중 가장 먼저 완성된 의학 서적이다. 인간의 심리학, 병리학, 진단학, 치료원칙과 약물학을 연구하는 의학 부분의 최고 권위서이다.

이론적인 측면에서 '음양오행(陰陽五行)학설', '맥상(脈象)학설', '장상(藏象)학설', '경락(經絡)학설, '병인(病因)학설', '병기(病機)학설, '병증(病症)', '진법(診法)' 논치(論治) 및 '양생(養生)학'과

'운기(運氣)학' 등 학설을 건립했다.

그 의학 이론은 중국 고대 도가 이론의 기초 하에서 건립된 것으로 중국 고대의 천인(天人)합일(合一)사상을 반영한다.

유흠(劉歆)이 『십략(十略)』에서 또 반고(班固)가 『한서(漢書). 예문지(藝文志)』에서 처음으로 언급하고 있으며 원래 18권이었다고 되어 있다. 송(宋) 이후 「소문(素問)」과 「영구(靈柩)」가 『황제내경』을 구성하는 두 중요한 부분이 되었다.

■ 역사 배경과 영향 등:

춘추 이전의 천문학, 역산(曆算)학, 생물학, 지리학, 인류학, 심리학의 관련 이론을 운용하고 음양, 오행, 천인합일의 이론을 가미하였다.

인체 해부, 생리, 병리 및 질병에 대한 진단, 치료와 예방에 대해 비교적 전면적인 논술을 하여 중의학의 독특한 이론 체계를 확립했다. 중국 의약학(醫藥學)이론의 기초와 원천이 되었다.

■ 책 주요 내용:

『황제내경』은 춘추 이전에 완성된 것이며 중국 최초의 중의(中醫) 이론에 대한 전문 서적이다. 중국 고대 국학(國學) 경전 중에서의 지위가 독특하며 유일하게 성왕(聖王)의 이름으로 명명된 서적이다. 춘추 및 춘추 이전 시기의 의료 경험(經驗)과 학술 이론을 총 결론 내린 저술이다.

현존하는 최초의 중의약학 전문 서적인 『황제내경』에 수록된 성방(成方) 13수(首) 중에서 10종의 중성약(中成藥)이 있고 환(丸), 산(散), 주(酒)와 단(丹) 등 제형(劑型)이 있다.

『황제내경』은 무슨 의미인가? 내경(內經)은 많은 사람들이 인체의 내재한 규율에 대한 것이라고 생각한다. 또는 내과(內科)에 대한 내용으로 생각한다.

그러나 전문가에 의하면 '내구(內求)'에 대한 서적이다. 생명의 건강과 장수는 외구(外求), 즉, 밖에서 구하는 것이 아니라 안에서 구하는 것이다. 그래서 '내경'인 것이다. 생명이 건강(健康)하기를 바란다면 병이 생기면 어떻게 치료해야 하는지에 대해 반드시 약을 먹어야 하는 것은 아니라는 것 등 같은 지식을 말한다.

실제로 『황제내경』 정본(整本)에는 13 가지의 약방(藥方)이 있을 뿐이다. 약방이 매우 적다. 그 이유는 모두 안에서 구하기 때문이다. 안에서 구하려면 먼저 내관(內觀), 내시(內視)를 해야 한다. 우리의 오장육부(五臟六腑)를 안으로 들어가서 본다는 것이고 기혈(氣血)이 어떻게 유동하는가를 안에서 보는 것이다.

그 후 내련(內煉, 내적인 수련)이 필요하다. 기혈 조정과 경락 조정, 장부(臟腑) 조정을 통해 건강을 이루고 장수의 목적에 도달한다. 그러므로 내구는 실제적으로 우리가 정확히 생명을 인식하는 일종의 방법과 길을 가르쳐주는 것이다. 이러한 방법과 현대의학의 방법은 다르다. 현대 의학은 의기(儀器), 화학검사, 해부 등에 의거하여 내구를 진행한다. 중의는 반면에 내관, 체오(體悟)와 직관(直觀)에 의거하여 내구를 진행하는 것이다.

중국인도 다시 읽는 중국고전 I

이 상 옥 저

1판1쇄 인쇄/ 2011년 03월 11일
1판1쇄 발행/ 2011년 03월 14일

발행처/ 전주대학교 출판부
발행인/ 이남식
등록번호/ 제 43호
등록일자/ 1985년 11월 20일
전북 전주시 완산구 효자동 3가 1200
우편번호/ 560-759
전화/ 063-220-2189
FAX/ 063-220-2067
인쇄/ 싸이버기획 T.063-252-1749

* 잘못된 책은 바꾸어 드립니다.

값 17,000원

ISBN 978-89-8448-148-0 92090